教育部经济管理类核心课程教材

企业伦理

Business Ethics

主　编◎杨　杜
副主编◎许艳芳

中国人民大学出版社
· 北京 ·

序　言

本教材不是要进行道德说教，不是要感化道德上的坏人并使他们变为好人，而是为了使那些本来就德才优异的学生，使那些现在或将来要负起企业管理重任的领导者或管理者，能够将企业经营管理标准与商业伦理道德标准联系起来，进行负责任的、有效的决策。

本教材主要是“应该”（should be）、“为什么”（why）之类的知识，较少是“是什么”（what）、“怎么做”（how）之类的知识。其他企业管理领域主要教是什么、如何做的管理知识和技巧，企业伦理则引导学生思考应该怎样管理才有利于实现企业和社会、自己和他人的伦理性均衡，为什么要如此管理。

法律的本质是“必须”，科学的本质是“质疑”，伦理的本质是“应该”。你觉得应该怎么想，就是你的伦理观念；你觉得应该怎么做，就是你的伦理准则；你觉得得到的结果是应该的，就是你的伦理报应。

我们要思考一些根本性问题：

（1）为什么有的人有钱有权了反而过得不舒服？

（2）为什么有能力、贡献大的人反而容易出事？

（3）为什么谁都认为经济发展不能牺牲环境但总是做不到？

（4）你赞成“无商不奸，无奸不商”的观点吗？

（5）你赞成“为富不仁，为仁不富”的观点吗？

我们要思考一些矛盾性问题：

（1）遇到“不偷税漏税就赚不到钱”的状况，你怎么办？

（2）遇到个人利益和企业利益发生冲突的情况，你怎么办？

（3）企业的法律责任和伦理责任相冲突的时候，你怎么办？

（4）为客户服务是企业生存的之一、第一还是唯一理由？

（5）企业的社会责任是企业的首要还是次要责任？

本教材将系统讨论企业伦理的基础知识框架，界定企业伦理的内涵和外延，分析企业合德、合法、合理经营管理的机制，探讨不同企业成长阶段的不同伦理和企业伦理的进化过程。我们将阐释与企业伦理密切相关的企业文化和法律问题，讨论东西方伦理的特征并进行比较，分析中国和西方传统伦理思想对现代企业伦理的影响，探讨企业和顾客、企业和政府以及企业和经营者的伦理关系。

我们将提供大量案例以及企业伦理相关的文件资料，以供大家思考讨论或者辩论。

四流企业只知道赚钱，三流企业知道如何赚钱，二流企业知道该不该赚钱，一流企业知道建设企业文化，超一流企业知道遵从企业伦理。改革开放已经40多年，中国企业和学习企业管理的人们，已经到了要知道和遵从企业伦理的发展阶段。让我们一起来学习、思考和实践现代企业伦理吧！

本书共分10章。杨杜负责第1～4章和第10章，许艳芳负责第5～9章。刘彧彧和付彦两位老师积极参加了书稿的前期讨论，并承担了分工，非常感谢！无奈两位女士其他工作过于繁忙，没能执笔，只好先将这10章付梓。感谢中国人民大学出版社把本书列入出版计划，感谢宋继文教授在申请项目阶段给予的巨大支持。本书参考和引用了不少前人的成果，应该是一一注明了，在此一并感谢！

很多年之前就想写一本《伦理的逻辑》，一直未能成稿，借此机会，能拿出一部分文字也算对自己有所交代。感谢这个时代，感谢这个机会，感谢这个压力！

杨　杜

目　录

CONTENTS

第 1 章

做有伦理的企业

引导案例

为什么他被录取了

A公司某个岗位需要招人，先后来了四位应聘者，在招聘条件一栏中，有一项条件是必须具备两年以上相关工作经验。前三位应聘者都称自己有类似的经验，但面对企业考官的面试询问，很快就显示出自己对这一行的无知。最后来了一位男生，他坦率地对招聘者说，自己不具备这方面的工作经验，但对这项工作确实感兴趣，并且有信心经过短暂的实践后能够胜任。招聘者经过一番测试，最终录用了他。此后招聘者问道，有很多求职者在介绍自己的情况时并不诚实，在求职信上夸大甚至编造不少内容。你为什么选择以实相告呢？他说小时候有一次他拿了家里的钱，奶奶问他时，他撒了谎。奶奶在他的屁股上重重打了一下，然后告诫他："穷不可怕，只要你诚实，就有救！"他永远记着奶奶这句话。

一个诚实的人，其实是最需要勇气的。他必须敢于面对事实和真理，在别人含含糊糊、精明算计的时候，勇敢地说出真相。

这是一个企业伦理问题。围绕这个问题我们可能有不同意见需要讨论。比如：(1) 你怎么看待应聘者的这一所谓诚实做法？(2) 他为什么能胜出另外三个求职者？他们比他差在哪里？(3) 有人认为这是有德无才战胜了无德无才，要是碰上有才的怎么办？(4) 招聘条件中有一项是必须具备两年以上的相关工作经验，招聘者录用他是否违反这个条件？学完本书，你就会对上述问题有一个深入的思考。

第 1 节 你了解企业伦理吗

做企业人，和做政治人、社会人、学校人、宗教人、家庭人等的伦理行为不同。企业伦理到底是什么？在本书中，我们一是站在企业管理者的角度，以促进企业可持续成长为目的进行企业伦理的讨论，不去过多关注伦理的一般理论；二是重点从企业伦理学应用的视角去展开，不去深究企业伦理学的原理，但要给出这里所讲企业伦理的基本概念。

一、什么是企业伦理

李占祥主编的《矛盾管理学——企业可持续成长之路》中专门有企业伦理与企业成长一章，其中有关企业伦理的概念是："所谓企业伦理，是指调整企业内外关系的一种非正式规范，它用于指导人们分辨在经营管理过程中，哪些是可以做的，哪些是不可以做的。它着眼于企业有序、协调、健康和持续发展，力图实现社会伦理与企业性质的统一，并依靠领导人的权威和实践，以及企业文化、激励制度等约束力量得到推行。"

成中英在《文化·伦理与管理》一书中有一种简单解释式的概念："企业伦理是指任何商业团体或生产机构以合法手段从事营利时，所应遵守的伦理规则。"

李健在《企业伦理论纲》中所做的定义是："企业伦理应包括渗透于企业全部生活中的所有道德现象，是指在企业全部生活中所蕴含和活跃着的道德意识、道德准则的总和。"

由于企业伦理学的研究历史已经很长，国内外有关企业伦理的概念很多，各有不同角度和侧重。我们认为，企业伦理是企业组织中人的伦理规范，要界定其特殊含义必须了解企业人的基本特征。这种特征包括组织伦理特征和职业伦理特征。一般伦理学探讨抽象伦理，相对而言，企业伦理应该是具体伦理，因此，应该从企业人所隶属的具体组织和所从事的具体职业来谈企业伦理。我们认为，企业伦理是企业这种营利组织和企业中从事为他人提供产品和服务的职业的企业人的伦理观念和准则。其他各种组织则不同时具备这种组织性质和职业特征。人是有某些共同伦理规范的，但企业的组织性质和其中人员的职业特征使得企业人伦理成为一种特殊伦理范畴。这种特征包括观念的、言论的、态度的、行为的、结果的等。很明显，这和作为一个政治组织的党员、一个学校的教师和学生、一个政府的公务员、一个寺庙的僧侣或一支军队的军人的伦理是不一样的。

我们认为，企业作为当代社会最普遍的组织形式之一，是有自己相对独立的伦理规范的。企业人的伦理也不完全等同于社会人的伦理，企业组织的伦理也不同于社会组织的伦理。社会现代化进程的特征之一就是分工化或分层化。本书我们按分工法把它们分为企业生活领域和社会生活领域，又按分层法把它们分为个人生活领域和组织生活领域。

因此，我们大概可以对企业伦理做如图 1－1 所示的定位。

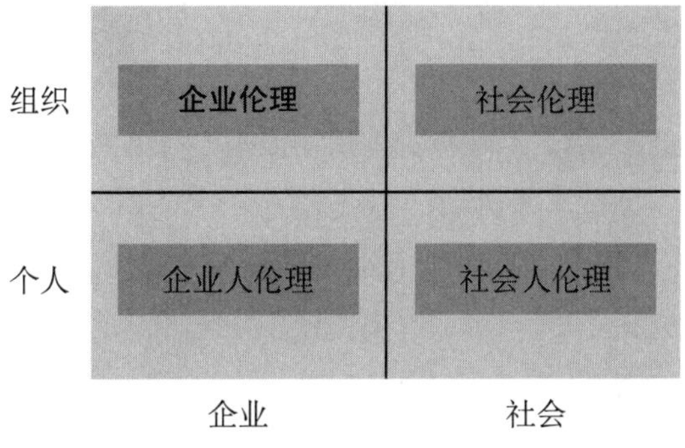

图 1－1　企业伦理的定位

我们在图 1－1 画出明确的边界和象限，就是因为，首先企业伦理不是一个通用的、泛指的、抽象的社会伦理，而是特定组织——企业的伦理，尽管企业和社会之间有着理不清的关系；其次企业伦理不是企业中哪个个人的伦理而是企业组织的伦理，比如尽管公司领导者在企业中起着至关重要的作用，他的个人伦理依然不是这里所讲的企业伦理。我们所谈的企业伦理，既不是一般社会伦理原则在企业中的应用，也不是企业领导者个人伦理观念在企业中的应用。

二、为什么要思考企业伦理

要思考企业伦理，原因在于其和一个人的人生的关系，对事业、职业的意义，以及和其他人的关系、和自己的内心感受的密切联系。

首先，思考企业伦理是为了“辨别”。企业伦理学告诉我们，做企业应该思考：哪些事业领域是有意义的，哪些事业领域是没意义的？哪些职业是受尊敬的，哪些职业是不受尊敬的？哪些业务是于人于己于社会有利的，哪些业务是不利的？哪些领域是健康的，哪些领域是不健康的？哪些领域是能够长久的，哪些领域是短命的？哪些工作是安心的，哪些工作是不安心的？据此选择企业自己伦理的投资和伦理的经营领域。

其次，思考企业伦理是为了“选择”。人生有四件大事：做事、做人、盈利与悟道。第一件事是做事。做东西要有用，哪怕把我当枪使，只要有用就行，当然这个还不够。第二件事是做人。一般认为做人与伦理密切相关，但是，企业做人不是要你做一个高尚的人，高尚的人很难做，你越高尚别人可能感觉你越低俗，还有可能会树敌。所以我们认为企业伦理所讲的做人，是要有底线，不坏，不作恶，也就是有控制力，有自制力。第三件事是盈利。这与企业联系更紧密。企业做的事情要求付出有回报，做事有成效，企业做的事情没有附加值就基本没有意义。做事做不完，做人难完美，盈利不一定。因此，第四件事就是悟道，活明白。明白做企业的道理、道路和道德（伦理）。明白哪些产品该做，哪些产品不该做；明白哪些事情该做，哪些事情不该做；明白哪些言论该说，哪些言论不该说；明白哪些人该合作，哪些人不该合作。

“该不该”就是企业伦理的特殊用词，“该不该”来自企业对自己投资、经营的言行准则界定，和“许不许”的法律用词、“愿不愿”“敢不敢”的心理用词、“能不能”“是不是”的技术用词有很大不同。

再次，思考企业伦理是为了“自律”。企业的成功不在于其做了很多好事，而在于有自律地不做坏事。一个人做点好事并不难，难的是一辈子做好事，不做坏事。一辈子不做坏事可是难上加难。企业经营面临激烈的竞争，会遇到各种压力、挫折，或者诱惑，有的企业可能做了很多好事，但有时可能恶意孳生，或者疏忽管理，存有侥幸心理，做了几件被人抓住的坏事，就可能一败涂地！远有三鹿事件，近有长生事件，导致企业破产的巨大违法行为屡有发生，做好企业伦理管理并不是一件简单的事。这需要企业具有相当强的自律能力。

最后，思考企业伦理是为了向社会利益相关群体说明企业的立场。比如为了明确与合作伙伴的关系准则，与干部、员工及其家庭的关系准则，与政府和社会组织的关系准则，以及走向海外时处理国际关系的准则等，以为企业争取更为友好合作的生态环境。因此，企业伦理比企业文化带有更多的外向性。

第 2 节　传统伦理与现代伦理

虽然本书以企业伦理为主，但没有比较就没有鉴别，要更好地理解企业伦理，我们还必须先了解一下传统社会伦理和现代社会伦理。这也是在遵循历史的脉络——现代企业产生得晚，不少企业伦理的原则深受传统、现代社会伦理，特别是家庭伦理的影响，包括有效的、无效的和反效的影响。

一、传统社会伦理观

中国社会历来极其重视伦理，我们甚至可以说中国是个“以伦为本”的社会。儒、道、释之中，儒家的影响最大，时间最长。孔孟的经典著作先不说，宋代王应麟所著《三字经》的第一句就是讨论人性问题——“人之初，性本善”，而且把伦理排在第一，把知识、才能排在第二，“首孝悌，次见闻”。做人首先要懂伦理，然后才学知识、技能。如果你才能可以，但是道德不行，那就最不好了，干坏事的能力学的多还不如不学。司马光的道德论就是如此——德高才高是圣人，德高才低是君子，才高德低是小人，才低德低是愚人。他告诫人们宁用愚人，不用小人。同样的话，在清代李毓秀所著《弟子规》中说得更为明白：“弟子规，圣人训。首孝悌，次谨信。泛爱众，而亲仁。有余力，则学文。”翻译成现代语言，就是：首先，要孝敬父母，尊敬兄长；其次，要对自己谨慎约束，对人诚实可信；再次，要博爱民众，并亲近有德行的人；最后，做好了这些如果还有余力，就去学习文化知识。大家到企业的网站上搜索一下，一定可以看到很多企业把这些理念或口号，作为自己的言论或行为准则。

二、现代社会伦理建设

现代社会提倡的“五讲”“四美”“三热爱”“两个文明一起抓”，也可以说是社会组织伦理建设的内容。此类口号式的提法还有很多，例如，要培养“四有”新人，“四有”是什么？这个大家早就耳熟能详了——有理想、有道德、有文化、有纪律。要建立正确的“三观”，“三观”是什么？就是世界观、人生观和价值观。还有“四信”，这个可能知道的人就不多了。“四信”就是坚定对马克思主义的信仰、坚定对社会主义的信念、增强对改革开放和现代化建设的信心和增强对党和政府的信任。

2001 年公布的《公民道德建设实施纲要》是我们建设社会道德的重要文件之一，社会上，包括学校和很多企事业单位也在学习、贯彻和实践类似的纲要。不少企业搞企业文化建设、精神文明建设都是以《公民道德建设实施纲要》为蓝本的。这反映了我们对伦理的看法：社会伦理与企业伦理是一脉相承，甚至是同一的。无论如何，这表现了社会组织伦理对企业组织伦理的影响，甚至起一种决定作用。而且由于企业，特别是国有企业中有健全的党、团、工会、妇联等党群组织，通过这套组织系统，政治伦理、社会伦理与某些企业的伦理建设形成了密切关联。因此在某些企业，不了解社会伦理的某些说法，就难以解释为什么企业也会如此提倡伦理建设。

《公民道德建设实施纲要》内容丰富，着意分清是非、善恶、美丑的界限。比如它反对三个主义——拜金主义、享乐主义和极端个人主义（请注意有定语“极端”二字），反对见利忘义、只讲金钱不讲道德、损公肥私、不讲信用、欺骗欺诈、以权谋私、腐化堕落等，这些现象是社会上的非、恶、丑。与此相对的是、善、美是什么呢？这就是要提倡的“二十字”公民道德规范——爱国守法、明礼诚信、团结友善、勤俭自强、敬业奉献，提倡人们树立自立意识、竞争意识、效率意识、民主法律意识和开拓创新意识。

《公民道德建设实施纲要》与政治组织伦理关系密切，核心内容基本相同。比如，我们提倡的时代精神是解放思想、实事求是、与时俱进、勇于创新、知难而进、一往无前、艰苦奋斗、务求实效、淡泊名利、无私奉献，而这些内容也为许多企业所模仿提倡。我们还提出了公民道德建设的具体内容，那就是——要坚持以为人民服务为核心，以集体主义为原则，以爱祖国、爱人民、爱劳动、爱科学、爱社会主义为基本要求，以社会公德、职业道德、家庭美德为着力点。

其中第 16 条讲到的职业道德，与企业伦理关系更为密切。“职业道德是所有从业人员在职业活动中应该遵循的行为准则，涵盖了从业人员与服务对象、职业与职工、职业与职业之间的关系。随着现代社会分工的发展和专业化程度的增强，市场竞争日趋激烈，整个社会对从业人员职业观念、职业态度、职业技能、职业纪律和职业作风的要求越来越高。要大力倡导以爱岗敬业、诚实守信、办事公道、服务群众、奉献社会为主要内容的职业道德，鼓励人们在工作中做一个好建设者。”

一般性的社会伦理道德对特殊性的企业伦理是俯视的、灌输的。第 21 条则强调了企业是伦理道德教育的重要场所。“机关、企事业单位是对公民进行道德教育的重要场所。各类机关、企事业单位应当从自己的实际出发，有计划、有重点地抓好道德教育。要把道德特别是职业道德作为岗前和岗位培训的重要内容，帮助从业人员熟悉和了解与本职工作相关的道德规范，培养敬业精神。要把遵守职业道德的情况作为考核、奖惩的重要指标，促使从业人员养成良好职业习惯，树立行业新风。”

但是，企业人毕竟不同于社会人，企业伦理毕竟不同于社会组织伦理，因而在企业伦理建设中，要特别注意不能偷懒，要具体区别不同职业（同一企业中也有不同职业）、不同企业组织的伦理特色要求。因为企业的性质和使命毕竟不同于其他组织。

第 3 节 企业伦理的内外关系

企业伦理既包括内部不同伦理的关系处理问题，也包括企业伦理与社会伦理的关系处理问题。

一、企业伦理的三个角度

企业伦理要研究的应该是属于企业组织的人的伦理，这是和政府人、学校人、军队人等的伦理所不同的伦理。企业伦理问题可以从三个角度来分析，即个人伦理、职业伦理、组织伦理。它们之间的基本关系可用图 1-2 表示。

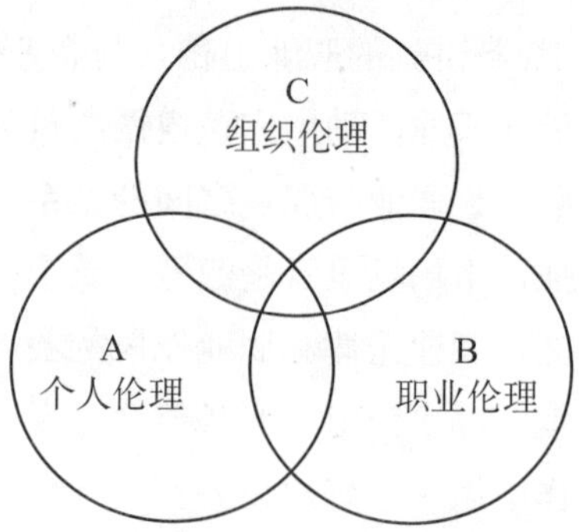

图 1-2 企业伦理结构图示

企业员工作为一个个人要遵循个人伦理；作为一个有职业的人要遵循职业伦理；作为一个组织人要遵循组织伦理。我们可以认为企业伦理就是由这三方面组成的。

但企业内部的人是不同的。如果再细分一下，不同的企业人所应遵守的核心伦理或者说伦理要求排序可以有所不同。比如，作为一个个体业主，最重要的是要遵守作为一个个人的伦理准则，这种伦理准则可能主要来自他的世界观、人生观和金钱观等，其次要遵守职业伦理和组织伦理——因为他的企业规模较小，职业分工和组织要求较弱。而对于从事律师、医生和会计师职业的人，最重要的应该是职业伦理，其次是个人伦理和组织伦理。但是，在大企业工作的人，特别是企业的经营管理者，必须时刻强烈意识到组织伦理，其次要重视职业伦理和个人伦理（见图 1-3）。

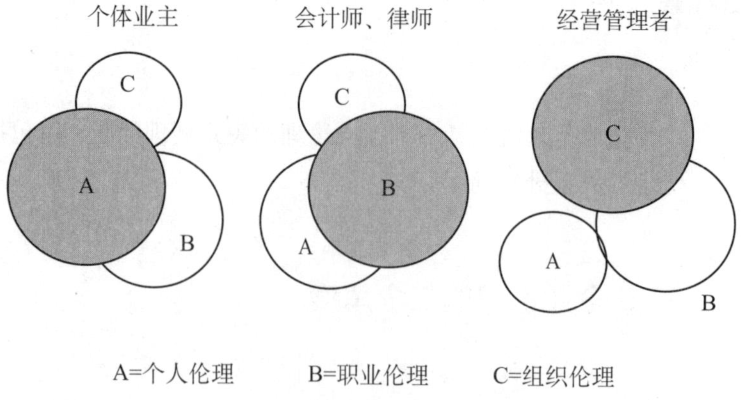

图 1-3 不同人的不同伦理结构

二、组织伦理优先，兼顾个人伦理和职业伦理

组织伦理是作为一个组织成员所要遵守的，职业伦理是作为一个职责岗位相关责任人所要遵守的，个人伦理是作为一个成年人所要遵守的。企业人自然是同时具备这三个身份的，因此三个角度的伦理都要遵守，并努力达到协调。我们可以把三个角度的伦理叫作“三个牢记”：

第一，牢记我们是组织人。企业是由个体构成的组织，员工尤其是管理者，应该优先考虑组织目标和组织利益。比如华为公司的总裁任正非就讲过：“一个职业管理者的社会责任（狭义）和历史使命，就是为了完成组织目标而奋斗。实现组织目标不是他的个人成就欲所驱使，而是他的社会责任（狭义）无时不在地给他压力”。这种狭义的社会责任感就是时刻不忘自己是个组织人的伦理意识。

企业管理的目标之一是组织建设流程化，每个员工都是这个组织中的一员。企业按照工作流程所确定的责任、权力进行职位角色设计，按照始于客户需求、终于客户满意的原则进行服务链建设，就是要淡化直线职能制组织中职能部门的权威，减少本位主义言行，换句话说就是在一定程度上淡化部门的专业权威，强化融入流程的组织权威。但是有些员工，特别是组织伦理不强、不善于组织协调的专家型员工，就可能因为接受不了这种变革而离开企业。

第二，牢记我们是企业人。政府官员、大学教授、军队官兵、僧侣尼嘛，各有各的职业使命。政府的管理者是官僚，企业的管理者是为客户服务的；大学等科研机构的研究者是科学家，企业的技术研发者是商人。为客户服务是企业生存的唯一理由，客户的价值观就是企业的价值观，客户的伦理观就是企业的伦理观。企业的一切行动目标，就是为客户服务，使客户满意，在此基础上使公司得以发展，除此之外没有什么纯技术、纯业务的个人或集体成就感可以激励企业人，使企业人满足。对企业而言，不能变为市场价值的创新就不是真正的创新，不能实现企业功利目的的管理就不是真正的管理，这是企业人的职业使命所系。

第三，牢记我们是诚信人。不少企业建立了员工诚信档案，这种记录实际是员工对自己未来的一种投资。在遵守组织伦理和职业伦理的基础上，每

位员工可以通过诚信的一言一行使自己的职业生涯资本增值。

诚信就是实事求是——错了就是错了，不懂就是不懂，不能要面子不要人格；诚信就是信守承诺——答应了就要照办，签约了就要履约，不能要利益不要信用。

企业伦理管理的具体工作之一，就是辅导员工如何避免个人伦理与组织伦理、职业伦理发生冲突，以及发生冲突时如何妥善处理。比如实行干部员工区别对待的政策：提倡一般员工做贡献，但不让做雷锋的在利益上吃亏，不提倡其为了公司利益牺牲个人利益。对待员工的政策是宽松的。反过来，提倡干部要有敬业精神、献身精神、有强烈的责任感和使命感，某些时候暂时牺牲个人利益去完成企业任务目标，只选拔这样的员工进入干部队伍，只对高级管理者严格要求。

要正确处理组织伦理、职业伦理和个人伦理的关系，就必须明确企业伦理的核心内涵。企业是组织，不是个人，企业是经济组织，不是职业协会，所以首先要遵守的是组织伦理。它的首要目标是规范作为经营性组织的企业的组织行为，这并不排斥企业员工的个人伦理和职业伦理，不能在个人服从组织的原则下，将员工的个人伦理简单置于组织伦理的统率之下。譬如有企业要求员工个人行为无条件服从企业行为，即使企业行为已侵害了社会公益或者员工个人利益，也让员工个人必须按企业行为的要求去干，这显然是错误的。员工既是组织的成员，又是自主的个人；员工个人的行为既要受组织伦理的规范，也要受个人伦理、职业伦理的约束，企业和员工应该尽量保证三者不发生矛盾和冲突。

在三者发生矛盾和冲突时，应该允许员工做出自主选择：是选择组织伦理行为，还是选择个人伦理行为或职业伦理行为。因此，必须明确当组织伦理严重扭曲到违背个人伦理或职业伦理的要求时，它对员工个人伦理和职业伦理就难以起到约束作用。这种情况下，可能最起作用的是员工个人伦理准则——员工更认同的是组织伦理、个人伦理还是职业伦理，决定他如何行动。这就必须破除狭隘的企业本位主义和企业中心论。

其实处理矛盾的办法是很多的。比如可以把企业的员工做出分类，对干部可以要求高些，对一般员工则要求低些。要求干部和企业之间形成平等、自主的协议，自愿做出在某些关键时刻个人服从组织的承诺。做到的就是干部，做不到的就当一般员工。人格上要一视同仁，管理上不要一刀切。

三、社会伦理与企业伦理的关系处理

前面我们讲到了传统和现代的社会伦理，企业伦理在中国现代企业出现的历史并不太长，其与传统与现代社会伦理的关系，还是比较难以处理的。涉及政治伦理和家庭伦理纠葛时，就更麻烦。

第一，我们提倡地位平等的企业伦理和社会伦理观。不能把企业的集体利益和社会利益、公众利益对立起来，也不能机械地对它们进行排序，搞出个高低贵贱之分。企业的制度规定不能违反国家的法律，但从社会和公众立场提出的对个人伦理的要求，也没必要高于从企业立场提出的对个人伦理的要求。如企业提出的“员工要爱企业”“要维护企业利益”等要求，这些在正常情况下是对的。但如果企业做出违反国家法律、政策的行为，则员工个人必须按照“员工要爱国、要守法”的要求对企业的行为予以否定和反对。社会讲无私奉献，尊老爱幼。这可能背离了企业提出的按奉献分配原则，是一种不讲资历、学历，以及不迁就有功人员等的伦理标准。员工为什么要服从比组织伦理和职业伦理要求还高的标准呢？企业伦理和社会伦理应该地位平等，由员工个人做出选择。

第二，社会伦理和企业伦理标准互有高低。有观点提出，“从社会立场提出的对个人伦理的要求要高于从企业立场提出的对员工个人伦理的要求，后者要服从前者”。这种观点需要讨论。首先，社会成员较企业成员范围更大，参与组织和不参与组织等的情况更复杂，这种情况下的伦理标准应该更有普遍性，一般情况下会比个别组织的伦理要求更宽松，才能照顾到大多数人。否则社会伦理就是多数人做不到的，就成了陷多数人于不义的标准。其次，对于某些企业来讲，则完全有可能制定高于社会伦理的伦理标准，好比企业在产品质量上制定高于国家标准的企业标准，企业对干部的要求高于国家对公民的要求，“党纪要挺在国法前面”一样。

第三，有人会提出社会标准高于企业标准的观点，是因为其观念里依然有着个人服从组织、局部服从整体、地方服从中央的观念，这在市场经济的规则中是不符合实际的。市场经济的基本规则是机会和地位平等、公平交易和谈判、自由进入和退出交易，以及对承诺和协议的遵守。因此，市场经济下或企业中处理不同伦理标准的可参考原则，首先是尽量避免伦理冲突的出现，其次是选择更现实有效的伦理标准，最后是通过法律和经济手段协调两种伦理之间的矛盾，而不局限在伦理手段范畴之内。

四、企业伦理思维是包容的

要理解企业伦理，可能需要理解伦理的不同思维模式。

我们把伦理思维和宗教思维、科学思维做一简单比较。

第一，宗教思维认为，宗教的说教和结论是不容置疑的，不能加一句，也不能减一句，甚至不能解释。你如果去挑战就麻烦大了，会成为异教徒。

第二，伦理思维从本质上讲，其道理和结论是可以质疑的。我企业有我企业的伦理，你企业有你企业的伦理，相同或类似的就是一类伦理的企业，不同的就是另一类伦理的企业。没有世界大同的企业伦理，各得其所，可以并存，因而企业有着不同的伦理纲领，也都经营得不错。

第三，科学思维认为什么都是必须质疑的，甚至都是可以推翻的。一个真正懂科学思维的人，一定不会认为自己永远是对的，自己的研究结论一定是可以质疑的、推翻的。

宗教讲求唯一性，伦理讲求包容性，科学讲求创新性。判断一个人说话的含义，可以看他是从宗教的角度、伦理的角度，还是科学的角度说话。所以研究企业伦理，就要从伦理的角度说话。如果作为企业领导，你说的话别人不能怀疑，必须听你的话，按你的思路走，质疑你就被干掉，这时你就是在用宗教的方法做事情。企业成功了，你就是精神领袖；企业失败了，你就是一个失败的独裁者。如果从企业伦理的角度做企业，就要做好自己，制定自己企业的伦理准则，不要介入与其他不同伦理准则企业之间的无谓之争。

第 4 节 谁是受尊敬的企业

伦理管理应该是个定性而非定量的问题，是个排序性而非非善即恶的排他性问题。但同样是伦理行为也有不同程度的差别。但目前还没有看到有说服力的对企业伦理度的研究，仅可以看到评价企业受尊敬度的一些调查研究。这里暂且用企业受尊敬度标准来替代企业伦理度标准，以便使我们的讨论向前推进一步。

一、评价企业受尊敬度的指标

美国《财富》杂志提出的评价企业受尊敬度的指标体系是管理质量、产品/服务质量、创新、长期投资价值、雇员技能、财务合理性、社会责任感、公司资产的运用和全球业务反应的敏锐程度等九项。

英国《今日管理》杂志提出的指标与美国《财富》杂志基本相似，是管理质量、产品与服务质量、财务合理性、吸引发展保留顶尖人才的能力、长期投资价值、创新能力、营销质量、环境质量、公司资产使用等，也是九项。

普华永道用于评价澳大利亚企业受尊敬度的指标有客户满意度（20）、高质量的产品和服务（14）、创新（14）、强大的公司品牌形象（13）、对新技术及公司资产的有效使用（12）、招聘发展保留人才的能力（12）、已知增长潜力（7.5）、对社区环境及道德问题的承诺（7.5）等八项。其中括号中的数字为权重。

北京大学企业管理案例研究中心和《经济观察报》参考上述指标，提出了它们认为符合中国企业情况的指标：吸引维持发展人才的能力、财务能力、社会责任感、公司形象、领导、管理质量、发展潜力、创新。后来《经济观察报》将之修改为五个关键指标：行业领袖、创新竞争、永续发展、环境友好、公益慈善。

这些指标的含义不是特别清晰，操作上还有一些困难，而且参与企业评价的人群也不是那么全面和有代表性。美国《财富》杂志采用给企业领导者、财经记者和经济管理学者发放问卷的方式进行调查研究。但无论如何，这样的调查研究为了解人们心目中受尊敬的企业提供了一定的参考，并且这些指标也基本上涵盖了企业利益相关群体的主要方面。例如：客户满意度、高质量的产品和服务反映了客户利益；长期投资价值、财务合理性、公司资产使用等反映了股东利益；吸引发展顶尖人才的能力、雇员技能反映了员工利益；社会责任感、环境质量、对社区环境及道德问题的承诺反映了对社会公众利益的关注；管理质量和创新等则具有影响上述指标水平的综合性。我们认为，如果可能，按照界定的企业利益相关群体分类，对特定目标企业进行更让人信服的评价应该是可能的，但这只能有赖于以后的深入研究。

为了参考起见，我们对北京大学企业管理案例研究中心和《经济观察报》联合进行的早年研究做一简单介绍。2001 年首次评选、入围中国最受尊敬企业名单的 50 家企业如表 1-1 所示。

表 1-1　2001 年首届中国最受尊敬企业（按得票率排序）

序号	企业名称
1	海尔集团公司
2	北京首信诺基亚移动通信有限公司
3	TCL 集团股份有限公司
4	华为技术有限公司
5	招商银行
6	杭州娃哈哈饮料有限公司
7	中国惠普有限公司
8	春兰（集团）公司
9	爱立信（中国）有限公司
10	上海通用汽车有限公司
11	麦肯锡中国公司
12	凤凰卫视控股有限公司
13	可口可乐（中国）饮料有限公司
14	北京北大方正集团公司
15	中国平安保险股份有限公司
16	青岛啤酒股份有限公司
17	远大空调有限公司
18	南方日报报业集团
19	中国乐凯胶片公司
20	上海贝尔有限公司
21	上海宝钢集团公司
22	柯达（中国）股份有限公司
23	中国银行
24	中国工商银行
25	宝洁（中国）有限公司
26	联想集团控股公司
27	微软中国公司
28	国际商业机器中国有限公司
29	北京麦当劳食品有限公司
30	摩托罗拉（天津）电子有限公司
31	戴尔计算机中国有限公司

续前表

序号	企业名称
32	上海大众汽车有限公司
33	沃尔玛中国公司
34	通用电气中国公司
35	搜狐公司
36	万科企业股份有限公司
37	强生（中国）有限公司
38	英特尔科技（中国）有限公司
39	雀巢中国投资公司
40	朗讯科技（中国）有限公司
41	思科系统（中国）网络技术有限公司
42	一汽大众汽车有限公司
43	中兴通讯股份有限公司
44	新希望集团
45	西门子（中国）有限公司
46	大唐电信科技股份有限公司
47	上海光明乳业有限公司
48	新浪网公司
49	中国北京同仁堂集团公司
50	西安杨森制药有限公司

这个表基本包括了当时大家耳熟能详的企业，这可能给人们造成一种印象：最受尊敬企业和最知名企业差不多。确实，名声可能是评价企业受尊敬度的一个基本条件，连名声都没有的企业，好坏就更没法说。有一条是没错的，只要哪家公司在名声上出了问题，名声虽然更大了，但那是恶名，就一定会从最受尊敬企业名单中消失。比如著名咨询公司安达信，由于为美国安然公司做假账而被曝光，对于这样的主要靠声誉、信用生存的公司，来自社会的不信任是绝对致命的，合作公司都怕受到牵连，避之唯恐不及，因此几天之内其客户就全部流失，公司倒闭。

没有成功的企业，只有时代的企业！2001 年的名单在今天看来，也能让人们感受到企业界的沧桑巨变。柯达（中国）股份有限公司、北京首信诺基亚移动通信有限公司、摩托罗拉（天津）电子有限公司、朗讯科技（中国）有限公司、中国乐凯胶片公司等在业界的地位下降甚至消失有目共睹。和 2016—2017 年度的名单比较，也可以看出，企业位置和企业业绩一样会发生巨大的变化，只有八家企业（表 1－2 中带＃号者）依然榜上有名。同时，2016—2017 年度的名单不再给企业打分，也不再排序，反映了企业伦理主要是定性，不是定量。你很难精细地评价一家企业的伦理水平，企业自己大概也不喜欢这样的打分排名。

表1-2 2016—2017年度中国最受尊敬企业名单（按企业首字母排序）

序号	企业名称
1	3M中国有限公司
2	阿里巴巴集团控股有限公司
3	宝马（中国）汽车贸易有限公司
4	华晨宝马汽车有限公司
5	北京京东世纪贸易有限公司
6	帝斯曼（中国）有限公司
7	东旭集团有限公司
8	泛海控股股份有限公司
9	复华控股有限公司
10	高通无线通信技术（中国）有限公司
11	广东欧珀移动通信有限公司（OPPO）
12	广汽本田汽车有限公司
13	国际商业机器（中国）有限公司#
14	海尔集团（青岛）金融控股有限公司 #
15	华侨城集团公司
16	华为技术有限公司 #
17	华夏幸福基业股份有限公司
18	嘉实基金管理有限公司
19	平安国际融资租赁有限公司
20	青岛啤酒股份有限公司 #
21	三星（中国）投资有限公司
22	上汽通用汽车有限公司 #
23	神州优车股份有限公司
24	施耐德电气（中国）有限公司
25	腾讯控股有限公司
26	完美世界股份有限公司
27	万科企业股份有限公司 #
28	微梦创科网络科技（中国）有限公司（微博）
29	协鑫集团有限公司
30	兴业银行股份有限公司
31	雪松控股集团有限公司
32	阳光保险集团股份有限公司

续前表

序号	企业名称
33	一汽-大众汽车有限公司 ♯
34	招商局蛇口工业区控股股份有限公司
35	中国东方航空集团公司
36	中国贵州茅台酒厂（集团）有限责任公司
37	中国民生投资集团
38	中国农业银行股份有限公司
39	中国平安保险（集团）股份有限公司 ♯
40	紫光集团有限公司

我们可以把企业的伦理度高低看作伦理资本的多少。但并不是所有企业的伦理资本要求同样重要，越是靠知识、靠信用、靠品牌、靠名气、靠企业家个人声望支撑的公司，对其来说伦理资本越重要。伦理资本成为企业核心竞争力是好事，也是风险较大的事。我们认为，有些行业的企业可以产生自然的伦理性。比如治病救人的医药企业、教书育人的培训企业、半企业性质的老年颐养机构等，这些带公益性的行业企业会自然产生受人尊敬的因素。反过来，有些行业的企业则会产生自然的非伦理性，不应进入受人尊敬的企业行列。可以说，烟酒行业企业给政府缴了再多的税，解决了再多的就业问题，其员工的收入和生活再好，也难以成为受人尊敬的企业，这就是社会普遍伦理所起的排序作用。因为人们知道，这类企业的巨大盈利，多数不是企业经营努力所来，而是行业垄断所致、政府政策所致。而且这种企业为社会包括为客户所创造的利益，有时还不如造成的损失大。因此，非健康产业企业基本被排除在名单之外。《经济观察报》解释道：2001 年候选名单中的烟酒行业企业像长沙卷烟厂、昆明卷烟厂、玉溪红塔烟草（集团）有限责任公司、宜宾五粮液集团等企业没有出现在后来几年的名单上。虽然烟草公司是国家利税大户，但是烟草本身会对人类的健康造成危害，所以它们不再被作为候选企业；而以粮食为主要原料的白酒企业，除了酒精对人的健康有一定的危害外，其加工过程中对粮食也造成了浪费，基于这样的原因，像宜宾五粮液这样众所周知的品牌也不再进入候选名单。尽管它们依然以某种理由存在，而且活得很不错。

我们认为，某些行业的企业是不能名利双收的。公益性的企业利低就会名高，公害性的企业利高就必须名低。当然，这些企业毕竟是少数，大多数企业是可以通过经营管理和伦理管理达到名利双收的。我们可以用图 1－4 来表示这种区别。

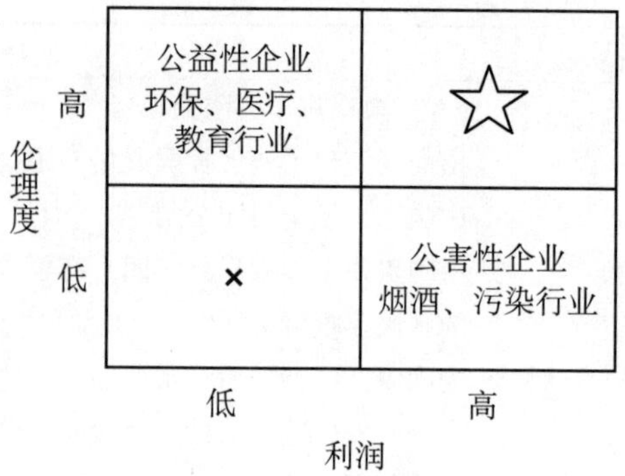

图 1-4 企业的自然伦理性

2001 年名单中的 50 家企业，有 25 家外企和中外合资企业，占比 50%。13 家国有和大集体企业、9 家股份制企业、3 家民营企业，分别占总数的 26%、18%和 6%。

2017 年名单中的企业由之前的 50 家减少到 40 家，其中内资企业大幅增加，外企和中外合资企业 11 家，占比 28%，比第一次评选时下降了近一半。这展现了中国企业伦理管理的进步。但评选单位好像在标准选择上妥协了一些，贵州茅台酒厂又榜上有名了。看来，企业上不上受尊敬企业名单，和名单的评选者及其标准设计很有关系。

二、企业家口中的企业伦理

关于企业伦理，不仅是研究者和媒体有看法，身在其中的企业家也有自己的看法。我们在此看一下几位著名企业家的企业伦理观。

杰克·韦尔奇认为："一个强大、有竞争力的公司要对社会负起责任；只有健康的企业才能提高并丰富人类及社区的生活；一个强大的公司，不仅通过纳税这一重要形式服务于社会，更为全球提供各种便利条件，增进安全和环境的标准化；强大的公司会投资到人力和设备中；健康发展的公司提供良好而稳定的工作，员工可以获得充足的时间、精力和各种资源，成倍地回报社会。""另一方面，在生死线上挣扎的企业往往会成为社会的负担，它们的利润几乎为零，交的税也少得可怜；即使交的话，也要想尽一切办法省下每一分钱，在提高员工素质和改善工作环境上，几乎不做资金投入；经常裁员的威胁让员工没有安全感和稳定感，总为自己的未来担心。这样一来，他们就更没有时间和金钱去帮助其他人做些什么了。作为一名首席执行官，最首要的职责就是确保公司的财务成功。一个健康发展的成功企业，才有能力、有条件去做好事。”

松下幸之助认为：“企业不赚钱，是对社会的罪恶。我们取用社会的资金、社会的人才，却没有创造利润，那就浪费了社会可贵的资源，这些资源如果用在他处，将会更有效果。”

华为公司任正非也有自己的企业伦理观：华为是一个功利组织，我们一切都是围绕商业利益的。但他又说，他现在想的不是企业如何去实现利润最大化的事，而是考虑企业怎么活下去、如何提高企业核心竞争力的问题；他没有远大的理想，只想着这几年如何活下去；为客户服务是华为存在的唯一理由。

你看，这几位企业家重视的是，活着、强大和赚钱。

思考题

1. 你如何看待传统伦理与现代伦理的传承和变化?

2. 你如何区别企业伦理和社会伦理?

3. 在你的印象中，哪些企业是有伦理的企业? 哪些企业是没有伦理的企业? 你是根据什么具体事情来区别它们的?

案例1

关于中央企业履行社会责任的指导意见

为了全面贯彻党的十七大精神，深入落实科学发展观，推动中央企业在建设中国特色社会主义事业中，认真履行好社会责任，实现企业与社会、环境的全面协调可持续发展，提出以下指导意见。

一、充分认识中央企业履行社会责任的重要意义

(一) 履行社会责任是中央企业深入贯彻落实科学发展观的实际行动。履行社会责任要求中央企业必须坚持以人为本、科学发展，在追求经济效益的同时，对利益相关者和环境负责，实现企业发展与社会、环境的协调统一。这既是促进社会主义和谐社会建设的重要举措，也是中央企业深入贯彻落实科学发展观的实际行动。

(二) 履行社会责任是全社会对中央企业的广泛要求。中央企业是国有经济的骨干力量，大多集中在关系国家安全和国民经济命脉的重要行业和关键领域，其生产经营活动涉及整个社会经济活动和人民生活的各个方面。积极履行社会责任，不仅是中央企业的使命和责任，也是全社会对中央企业的殷切期望和广泛要求。

(三) 履行社会责任是实现中央企业可持续发展的必然选择。积极履行社会责任，把社会责任理念和要求全面融入企业发展战略、企业生产经营和企业文化，有利于创新发展理念、转变发展方式，有利于激发创造活力、提升品牌形象，有利于提高职工素质、增强企业凝聚力，是中央企业发展质量和水平的重大提升。

(四) 履行社会责任是中央企业参与国际经济交流合作的客观需要。在经济全球化日益深入的新形势下，国际社会高度关注企业社会责任，履行社会责任已成为国际社会对企业评价的重要内容。中央企业履行社会责任，有利于树立负责任的企业形象，提升中国企业的国际影响，也对树立我国负责任的发展中大国形象具有重要作用。

二、中央企业履行社会责任的指导思想、总体要求和基本原则

(五) 指导思想。以邓小平理论和“三个代表”重要思想为指导，深入贯彻落实科学发展观，坚持以人为本，坚持可持续发展，牢记责任，强化意识，统筹兼顾，积极实践，发挥中央企业履行社会责任的表率作用，促进社会主义和谐社会建设，为实现全面建设小康社会宏伟目标作出更大贡献。

（六）总体要求。中央企业要增强社会责任意识，积极履行社会责任，成为依法经营、诚实守信的表率，节约资源、保护环境的表率，以人为本、构建和谐企业的表率，努力成为国家经济的栋梁和全社会企业的榜样。

（七）基本原则。坚持履行社会责任与促进企业改革发展相结合，把履行社会责任作为建立现代企业制度和提高综合竞争力的重要内容，深化企业改革，优化布局结构，转变发展方式，实现又好又快发展。坚持履行社会责任与企业实际相适应，立足基本国情，立足企业实际，突出重点，分步推进，切实取得企业履行社会责任的成效。坚持履行社会责任与创建和谐企业相统一，把保障企业安全生产，维护职工合法权益，帮助职工解决实际问题放在重要位置，营造和谐劳动关系，促进职工全面发展，实现企业与职工、企业与社会的和谐发展。

三、中央企业履行社会责任的主要内容

（八）坚持依法经营诚实守信。模范遵守法律法规和社会公德、商业道德以及行业规则，及时足额纳税，维护投资者和债权人权益，保护知识产权，忠实履行合同，恪守商业信用，反对不正当竞争，杜绝商业活动中的腐败行为。

（九）不断提高持续盈利能力。完善公司治理，科学民主决策。优化发展战略，突出做强主业，缩短管理链条，合理配置资源。强化企业管理，提高管控能力，降低经营成本，加强风险防范，提高投入产出水平，增强市场竞争能力。

（十）切实提高产品质量和服务水平。保证产品和服务的安全性，改善产品性能，完善服务体系，努力为社会提供优质安全健康的产品和服务，最大限度地满足消费者的需求。保护消费者权益，妥善处理消费者提出的投诉和建议，努力为消费者创造更大的价值，取得广大消费者的信赖与认同。

（十一）加强资源节约和环境保护。认真落实节能减排责任，带头完成节能减排任务。发展节能产业，开发节能产品，发展循环经济，提高资源综合利用效率。增加环保投入，改进工艺流程，降低污染物排放，实施清洁生产，坚持走低投入、低消耗、低排放和高效率的发展道路。

（十二）推进自主创新和技术进步。建立和完善技术创新机制，加大研究开发投入，提高自主创新能力。加快高新技术开发和传统产业改造，着力突破产业和行业关键技术，增加技术创新储备。强化知识产权意识，实施知识产权战略，实现技术创新与知识产权的良性互动，形成一批拥有自主知识产权的核心技术和知名品牌，发挥对产业升级、结构优化的带动作用。

（十三）保障生产安全。严格落实安全生产责任制，加大安全生产投入，严防重、特大安全事故发生。建立健全应急管理体系，不断提高应急管理水平和应对突发事件能力。为职工提供安全、健康、卫生的工作条件和生活环境，保障职工职业健康，预防和减少职业病和其他疾病对职工的危害。

（十四）维护职工合法权益。依法与职工签订并履行劳动合同，坚持按劳分配、同工同酬，建立工资正常增长机制，按时足额缴纳社会保险。尊重职工人格，公平对待职工，杜绝性别、民族、宗教、年龄等各种歧视。加强职业教育培训，创造平等发展机会。加强职代会制度建设，深化厂务公开，推进民主管理。关心职工生活，切实为职工排忧解难。

（十五）参与社会公益事业。积极参与社区建设，鼓励职工志愿服务社会。热心参与慈善、捐助等社会公益事业，关心支持教育、文化、卫生等公共福利事业。在发生重大自然灾害和突发事件的情况下，积极提供财力、物力和人力等方面的支持和援助。

四、中央企业履行社会责任的主要措施

（十六）树立和深化社会责任意识。深刻理解履行社会责任的重要意义，牢固树立社会责任意识，高度重视社会责任工作，把履行社会责任提上企业重要议事日程，经常研究和部署社会责任工作，加强社会责任全员培训和普及教育，不断创新管理理念和工作方式，努力形成履行社会责任的企业价值观和企业文化。

（十七）建立和完善履行社会责任的体制机制。把履行社会责任纳入公司治理，融入企业发展战略，落实到生产经营各个环节。明确归口管理部门，建立健全工作体系，逐步建立和完善企业社会责任指标统计和考核体系，有条件的企业要建立履行社会责任的评价机制。

（十八）建立社会责任报告制度。有条件的企业要定期发布社会责任报告或可持续发展报告，公布企业履行社会责任的现状、规划和措施，完善社会责任沟通方式和对话机制，及时了解和回应利益相关者的意见建议，主动接受利益相关者和社会的监督。

（十九）加强企业间交流与国际合作。研究学习国内外企业履行社会责任的先进理念和成功经验，开展与履行社会责任先进企业的对标，总结经验，找出差距，改进工作。加强与有关国际组织的对话与交流，积极参与社会责任国际标准的制定。

（二十）加强党组织对企业社会责任工作的领导。充分发挥企业党组织的政治核心作用，广泛动员和引导广大党员带头履行社会责任，支持工会、共青团、妇女组织在履行社会责任中发挥积极作用，努力营造有利于企业履行社会责任的良好氛围。

案例 2

我们的信条

在强生精心经营百年间保持不变的原则与理念中，尤为显著的是“我们的信条”。信条精神深入每个强生员工的心中。在过去 70 多年间，信条被译成近 50 种语言和方言，在世界各地传播。

强生信条真挚教诲每一位员工：要关注我们的客户，对医生、护士、病人、父母亲以及所有使用我们的产品和接受我们的服务的人负责；关注我们的员工，尊重他们的尊严和价值；关注我们的社会和世界，积极支持社会发展，促进人类健康；最后，如果我们依照这些原则进行经营，股东就会获得合理的回报。

我们相信我们首先要对医生、护士和病人，对父母亲以及所有使用我们的产品和接受我们的服务的人负责。为了满足他们的需求，我们所做的一切都必须是高质量的。我们必须不断致力于降低成本，以保持合理的价格。对客户的订货必须迅速而准确地供应。我们的供应商和经销商应该有机会获得合理的利润。

我们要对世界各地和我们一起共事的男女同仁负责。每一位同仁都应被视为独立的个体。我们必须维护他们的尊严，赞赏他们的优点。要使他们对其工作有一种安全感。薪酬必须公平合理，工作环境必须清洁、整齐和安全。我们必须设法帮助员工履行他们对家庭的责任。必须让员工在提出建议和申诉时畅所欲言。对于合格的人必须给予平等的聘用、发展和升迁机会。我们必须具备称职的管理人员，他们的行为必须公正并符合道德。

我们要对我们所生活和工作的社会，对整个世界负责。我们必须做好公民——支持对社会有益的活动和慈善事业，缴纳我们应付的税款。我们必须鼓励全民进步，促进健康和教育事业发展。我们必须很好地维护我们所使用的财产，保护环境和自然资源。

最后，我们要对全体股东负责。企业经营必须获得可靠的利润。我们必须尝试新的构想。必须坚持研究工作，开发革新项目，承担错误的代价并加以改正。必须购置新设备，提供新设施，推出新产品。必须设立储备金，以备不时之需。如果我们依照这些原则进行经营，股东就会获得合理的回报。

问题

1. 写一篇 500 字左右的读后感。
2. 提出 3 条修改意见。

第 2 章

不同视角看伦理

引导案例

编写“自造的”简历错了吗

几乎所有人都写过个人简历，提交给希望就职的企业或单位。简历可以概述我们的履历、经验和成就。它应当是100%真实的吗？让我们看一些例子吧。

李先生辞掉了一份工作，其职位是“信用办事员”。在寻找新工作时，他将以前的职位说成是“信用分析员”。他认为这听起来更吸引人些。这样再命名他先前的职位错了吗？

张小姐离开她以前的职位时每月挣 4 700 元。在个人简历上，她说每月挣5 700元。这错了吗？

郭小姐在大约 4 年前中断了做了 6 个月的工作到海外去旅游。担心人们会认为她不安心工作或者缺乏职业激励力，她在个人简历中写道，在那段时间她去从事“独立的咨询活动”。她这样做对吗？

刘先生现年 55 岁，有一个不简单的职业生涯。他 30 年前在大学里读了 5 年书，但没有拿到学位。他正申请另一家公司年薪 15 万元的副总裁职位。他知道自己有承担这个职位的能力和相关经历，但要是承认没有取得大学学位，他将得不到面试的通知。他也知道，人们去调查他大学时期档案的可能性很小。他应当在个人简历上写下取得了学位吗？

简历中的伪造是十分普遍的。一项对 200 名应聘者的调查发现：30%的人呈报不准确的就业日期；11%的人对其离开先前工作的原因给予其他的解释，为的是掩盖被解雇的事实；还有些人声称取得了实际并未取得的大学学位甚至修改其全部工作经历。美国有一项更大规模的调查表明，在 11 000 名应聘者中，488 人没有披露其犯罪记录；这些犯罪记录中大多数为吸毒或酗酒，但也有更严重的，如抢劫或试图杀人。

这是一个不同视角看伦理的问题。需要我们思考的是：（1）编写一份"自造的"简历，这错了吗？（2）如果不自造一些简历的内容，就可能无法获得这个职位，你会怎么做？（3）如果编写过"自造的"简历，你会让它与事实有多大的出入？下面进入本章的讨论。

第 1 节　为什么"8"成了吉祥数字

企业已经成为新伦理的重要发源地。虽然企业伦理是特定组织的伦理，但是，由于企业组织已经成为当今社会最大的人口组织，从这个意义上说，实际上企业伦理已经成为这个社会最重要的伦理范畴。据统计，世界上 3/4 的就业人口生活在企业组织中，企业这样一个追求效益、创造价值的组织，正在成为新伦理规范的最重要源泉。尽管我们国家现代企业的发展还比较落后，但企业人口也在随着经济的发展和企业的成长迅速增加，企业伦理正在受到人们的广泛重视，近年来的很多新伦理观念也开始更多地产生于企业之中。

一、企业伦理理论来自企业伦理实践

现代企业不发达，对企业伦理的研究自然就相对落后，中国的企业伦理研究可以说还没有真正从一般伦理学和经济伦理学中分离出来。目前我们一

讲企业伦理，往往用“诚信”这一内涵很窄的概念代替了。美国学界和企业界开始重视和研究企业伦理是在20世纪六七十年代，日本是在20世纪八九十年代，都和企业发展到一定阶段，伦理问题开始成为不可忽视的课题有关。我们则刚刚开始关注和研究，积累较少，企业伦理的研究内容主要还是在传统伦理学的范围内，由哲学或经济学领域过来的研究者较多，直接借鉴欧美伦理研究的较多。

企业方面多数在忙于生存问题。“衣食足而知荣辱”，尽管企业诚信等问题比较严重，但目前也不可能太重视。还得等七八年甚至更长的时间，企业才能真正重视起来，企业伦理学界也才能成长出像样的研究队伍。

企业已经成为我国社会的最重要组织，不管重视不重视、研究不研究，企业组织所形成的成文不成文的观念、行为规范必然会成为社会观念和规范的一个重要部分。在长期的农业经济社会中，中国人以家族为最主要的社会组织形式从事生产和生活，同时又有着强大的封建皇族管理和比较有影响力的宗教组织，这些构成了我国传统伦理的主要创造源泉。现在，企业组织正在起到越来越重要的作用。

二、中国企业伦理研究成果

20多年来，中国管理学界产出了一定数量的企业伦理专著、教材、案例集和论文，成立了企业伦理研究组织并积极开展了活动。不少中国企业也开始制定企业的伦理纲领或守则，参加国际上相关的企业伦理组织和加入国际契约等。

具体说来，企业伦理专著和教材分为以下几类：一是一般的企业或商业伦理学研究，包括《企业伦理学》《当代中国企业伦理模式研究》《企业伦理学教程》《企业伦理通论》《新商业伦理学》等。二是具体到一定的管理分领域的研究，比如《市场经济与企业伦理论纲》《国际商业伦理》《企业文化与企业伦理》《伦理管理：现代管理的道德透视》《信息技术与企业伦理》《企业营销道德》《公司治理层面的伦理结构与机制研究》等。三是和社会责任相联系的企业伦理研究，比如《商业伦理与社会责任》《企业社会责任概论》等。四是强调管理伦理学的研究，比如《商业伦理管理》《管理伦理学教学案例精选》。五是伦理学专家关于社会伦理与企业伦理的研究，如《新加坡的挑战：新儒家伦理与企业精神》等。与此同时，中国人民大学出版社等还引进了一批国外的企业伦理图书，比如吉耶尔的《企业的道德：走近真实的世界》、詹姆斯·E. 波斯特等的《企业与社会：公司战略、公共政策与伦理》、曼纽尔·G. 贝拉斯克斯的《商业伦理：概念与案例》、伦纳德·J. 鲁克斯等的《商业伦理与会计职业道德》等。在国内影响相当大的还有马克斯·韦伯的《新教伦理和资本主义精神》一书。

与此同时，不少企业开始制定自己的伦理准则，比如《华为员工商业行为准则》《瑞福油脂企业伦理宪章》。也有行业开始进行伦理制定活动，如《食品行业伦理与道德建设》《医药企业伦理准则》等。

三、企业伦理引导社会伦理的趋势

士农工商，学而优则仕。这种传承下来的伦理之所以成为中国社会的核心伦理，是因为社会精英基本上走的是仕途。改革开放后，社会精英依然希望进入政府部门，去当政府官员。有权有势有利的官本位机制下，自然会产生出相应的官场伦理，而且会左右社会伦理的方向。而现在，情况正在发生变化，企业伦理的兴盛不仅是因为企业人口的大幅增多，还因为很多才俊、社会精英在走向企业。干企业自然有干企业的追求、观念和约束，他要向消费者表白，向社会诉求，被消费者和社会接受的部分慢慢就成了社会的观念导向，成为一种伦理规范。改革开放以来，很多社会上新的东西、提法是从企业里出来的，比如竞争意识、市场意识、效率意识、经济效益意识、开拓创新意识等。因为是粤语“发”的谐音，寓意发财，“8”成了吉祥的数字，8字结尾和多个8字的汽车牌照和手机号码也成了抢手货。可见，在以经济建设为中心、建设是第一要务的今天，企业正在成为社会上新伦理观念的重要发源地。

第2节 先迈左脚还是先迈右脚

在这个时代，你的伦理自律程度应该和生存状况有关，就好比中国人首要追求的不是西方国家所谓的人权、言论自由权，而是生存权、发展权一样，如果超越现存时代去讲理想化的伦理标准，你就成了空想伦理主义者。

连人都活不了，还去追求谁都认为正确但就是实现不了的东西，就是不实事求是。我们所讲求的伦理行为和要求，当然不能落后于这个时代，但过于超越时代反而更坏。企业伦理不是数学命题，我们在企业伦理标准上要的不是最优解，而是满意解，是和现实中多数企业和企业家的基本伦理意识相符的标准。

一、企业伦理的满意解

一个产生污染的企业我们一定会说它不好，污染环境是明摆着的坏事。一个企业要生产产品，一定会有废水、废气、废料等副产品，有三废就可能会影响环境。比如买车时为扩大内需为国家做了贡献，但你开车上路排气总会污染空气，这到底是好还是坏？大家平时习惯把污染看成是企业行为，但如果静下心来，认真分析一些统计数字，你就会发现，世界上最多的污染物不是来自企业而是来自生活。也就是说，每个人的衣食住行造成的生活污染是最严重的污染，比工业生产造成的污染还厉害。试问，你吃不吃饭？洗不洗衣？

所以，污染问题是很复杂的，我们可能忘记了自己既是在创造财富又是在创造污染，而只是习惯性地站出来批评企业。这里不是要为污染企业开脱，而是希望大家思考应该怎样分析这个问题。谁都希望我们的社会是个既环境优美又非常富裕的社会，但它现在不是，可以说我们还处在环境不太优美、经济不太富裕的非全面小康水平。在走向这种理想社会的过程中，我们怎样迈脚呢？

是先迈右脚，先富裕起来，再抓环保？还是先迈左脚，绝不污染环境，以后慢慢再富？你会选择哪种走法？某些聪明人一定会认为这是个弱智的问题，干吗非选这两种走法，直接走既环保又富裕的道路不是最好吗？环保主义者多数会教导我们要像青蛙一样走路——两脚一起跳。不能说世界上绝对没有这样的走法，但每天跳着走路的人还真不多。

有人可能会说，你这不是想给我们讲“先污染，后治理”吗？社会上批判的就是这个观点！首先声明，我绝不赞成“先污染，后治理”的观点和做法，这里想说的是“先致富，后散步”的观点——有财富了，全面小康了，就有余力绿化好环境、在辛劳之余休假散步了。

一位日本熟人 1980 年来过北京，1996 年又来了，我问他两次来北京的感想如何，他说虽然现在北京发展了，但他还是喜欢20世纪80年代的北京。我问他为什么，他说，那时的北京一片田园风光，城市里还有马车走过，人们很纯朴，很有意思！原来他欣赏的是这个！想想那时，污染北京的不是汽车尾气，不是雾霾，而是大街上走的马车、驴车留下的大粪味。社会不进步，经济不发展，追求一种田园生活也不错。但在竞争的社会，别人发展你落后，你的田园就可能成为别人的田园。即便不如此，别人的污染工厂、工业废料照样会搬到你的美丽田园来。世界上那些所谓先进国家的治理污染，主要不是靠资金投入和环保技术，而是靠向发展中国家的污染转移。

二、企业伦理是个悖论问题

先看一个简单的案例。"我是A公司的环保部长。我们是一个化工企业，污染很大，政府有关部门对我们在环保方面抓得很紧，我们不得不采取了一些措施。实事求是地讲，我们为此做出了很大的努力，成效也是显著的，但离国家标准还是有相当的距离，真正环保达标是不现实的，不得已之下，我们只好采取一些变通的方法，蒙混过关。其实有关部门也心知肚明，我们是近6 000人的大企业，如果让我们停产，员工生活出了问题，成了社会不稳定因素，势必影响巨大，因此也就睁一只眼闭一只眼。我自认为是个讲求诚信的人，这是我做人的准则。但是在这件事面前，我不得不做违心的事、说违心的话，也只能用企业利益、6 000人的饭碗来安慰自己。"

如果是你，会怎么办？继续纠结还是辞职不干？

贫穷不是社会主义，污染也不是社会主义，2003年的"非典"危机告诉我们，不卫生、多病患更不是社会主义，"小康不小康，关键看健康"。但财富依然是基础的基础，没有比较丰厚的财力，我们对付"非典"可能会更不容易。首先我们得富起来，富起来是解决其他大大小小问题的先决条件之一。迈右脚可能是一个满意的决策，尽管有很多人会冠冕堂皇地提出反对意见，而且一定会轻易地把我们驳倒——因为在嘴上说比在路上走要容易得多。这就是价值观排序问题了，"发展是硬道理"，你到底是要先迈右脚，还是先迈左脚？是跳着走，还是坐而论道？

绿水青山就是金山银山！这是未来的梦想！关键是你怎么把绿水青山变成金山银山，这需要实现梦想的方法和智慧。有些发达国家做到了，但手段并不太符合伦理，那就是把污染产业搬到别的国家去，然后让别国的有钱人到自己这里来学习和旅游。

第 3 节 大一统伦理共同体的分化

古人说，天下大势，合久必分，分久必合。但其实“分”才是真正的大势，比如现在世界上已经有 193 个国家，越分越多。和国家的分化一样，伦理也在不断分化，由过去统一的社会伦理分化变成一些独自的，有着自己的逻辑、程序和规则的细分伦理。过去的大一统伦理共同体，演化成既相互独立又相互联系的伦理组合体。

一种观点认为，以中国几千年深厚的历史传统而言，不必研究什么企业伦理，有社会伦理应用在企业就行了。这里要讨论的是，用社会伦理标准来判断企业伦理行为是否恰当呢？本书认为这涉及三种观点：一是普遍伦理观；二是特殊伦理观；三是辩证伦理观。下面我们分别做一讨论。

一、普遍伦理观

普遍伦理观是将社会伦理视同企业伦理，赞成用社会通用的伦理标准来判断企业的活动，从社会伦理标准中汲取内容进行企业伦理的建设。有着宗教色彩、政治色彩的组织和人一般采纳这种观念。他们一般采取政治组织成员企业任职、宗教渗透、道德灌输等手段将社会伦理输入企业，一些企业照搬《公民道德建设实施纲要》内容的行为，就产生于这种观念指导之下。

普遍伦理观不承认社会分化带来的伦理分化，认为提出与大一统伦理所不同的领域化伦理，是对传统伦理共同体的威胁。该理论承认有企业伦理，但认为企业伦理只不过是一般伦理的原理在企业中的应用。普遍伦理观认为，社会伦理对企业伦理是一种包含关系，如图 2－1 所示。

由于普遍伦理观将社会人的伦理观与企业人的伦理观等同起来，因而无法区别那些由企业活动的内在逻辑所要求的特殊行为。比如约里森这样批评普遍论者：“道德原则本身不能告诉企业家应该投资多少于环境保护，应该为失业者做些什么，哪些类型的反竞争措施在道德上是允许的。要回答这些

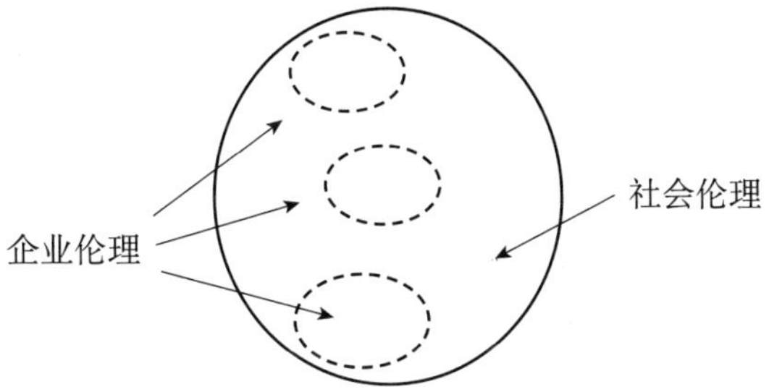

图 2－1　普遍伦理观示意图

问题，道德原则就必须面对经济的内在逻辑，而在这一点上，普遍论是做不到的。”

二、特殊伦理观

古典经济学家所持的特殊伦理观很有名，亚当·斯密就是代表。特殊论者把企业领域看作完全独立自治的市场系统的一部分，它完全独立于生活世界的文化伦理领域而存在。特殊论者认为企业有其自身的伦理规范，反对将社会道德规范运用于企业。亚当·斯密著名的“看不见的手”的理论，解释了企业在各自追求孤立的利益时是怎样促进人类的福利的。市场机制正是使主观为自己的个体行为最终达到了客观为社会的目标的机制。

虽然特殊论者认为在伦理上社会和企业是不同的，但他们不排除来自社会的伦理观念的影响。为了防止企业行为对社会可能造成的破坏性后果，社会通过两种非伦理性的手段来影响企业——市场手段和法律手段。比如企业违反了环保要求，政府就可以用法律手段给予处罚，从而通过提高企业的成本、减少企业的利润影响企业，促使它改变自己的行为。特殊论者认为，将社会普遍的道德规范简单地应用到企业领域，实际上只会引起法律要求和市场规则两者之间的混乱。

比起直接向企业提出普遍伦理要求来，聪明的人应该采取另外的手段，即把伦理要求转换为法律和市场的语言，这样，企业就会听懂，这种伦理要求就会得到企业的响应，为企业所遵守。但要知道，来自企业的响应并不是对伦理的响应，而是对法律和市场的响应。

特殊论者认为，普遍伦理是一种理想甚至是幻想中的伦理，不仅用在企业中不合适，即使用在实际生活中也有较大的弊病。很多例子告诉我们，主观上的为他人实际结果反而可能为不了他人，比如：不恰当的少数民族优惠政策反而使少数民族的生存能力越来越弱；形式主义的学雷锋反而使需要得到帮助的人得不到真正的帮助，因为“志愿者”机制比“奉献者”机制更能达到帮人的实效；逢年过节的访贫问苦、送粮送被活动，使人们忽视了应该建立一种机制才能使更多的人获得帮助。

特殊论者认为，社会要实现对企业的合德要求，必须找到实现这种要求的具体形式。这种实现形式必须是与企业的语言相接轨的，企业的语言就是以自我利益为导向的语言。实现形式主要有三个。第一是法律形式。法律是一种强制，有了法律约束，即使企业或个人不赞成和尊重法律背后的伦理思想，也会出于强烈的利益动机而遵守法律规定，使其行为合法。第二是市场形式。市场是一只无形的手，可以将买卖双方的定价行为、质量行为、广告行为等，约束在一个适当的范围之内，使其合理。第三是暴力形式。极端行为也是一种力量，比如往厂家所卖的棉被里扎针，在药品中下毒，破坏机器设备，纵火爆炸等，企业感受到这些极端分子的威胁，就不得不改变某些决定（见图 2-2）。

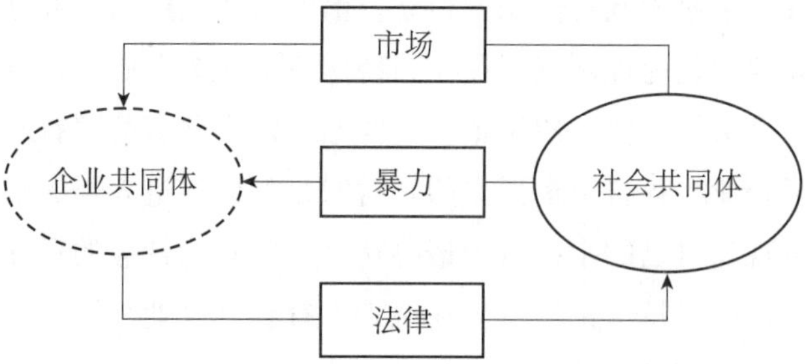

图 2-2　特殊伦理观示意图

不少企业认识到了社会普遍伦理与企业伦理的不同，同时又认为伦理是企业管理的重要一环，于是就开始制定自己的伦理规范，成立伦理委员会，有计划地开展慈善捐赠活动，等等。

三、辩证伦理观

普遍伦理观认为社会伦理和企业伦理是全体和部分的关系，特殊伦理观认为社会伦理和企业伦理是各自分开的，而辩证伦理观则认为两者既有相同的交叉部分，又有不同的各自领域（见图 2-3）。

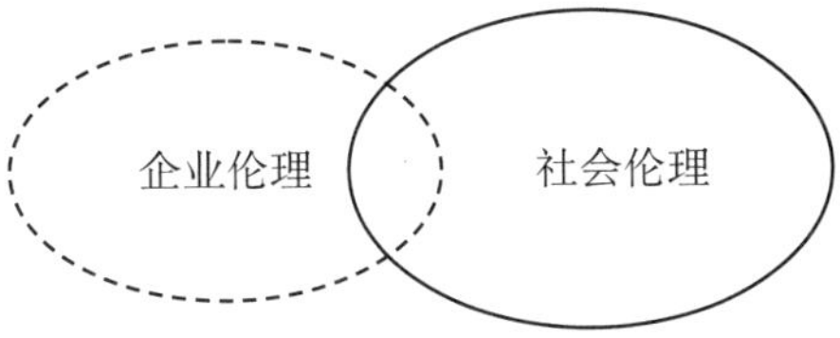

图 2-3 辩证伦理观示意图

两者的交叉部分来自组织成员双重或多重的角色和身份，比如一个人是一个企业的总经理，又是一个家庭的家长；是一个企业的领导，又是行业组织的理事；是一位人大代表，又是一名共产党员或者党委书记。他的伦理行为可能会受到不同组织性质的影响，不管是有意识的还是无意识的，多多少少总会带到企业内部，或者带到其他组织，所以才有不同类型的企业伦理、不同类型的企业家。比如除了商业型企业之外，还会有政治型企业、技术型企业、家族型企业、社会型企业、慈善型企业，以至黑社会型企业等。

辩证伦理观承认企业伦理和社会伦理的辩证关系，认为企业伦理基本是独立的、特殊的，但其又会因为核心成员的原因，而与社会伦理产生各种类型的、权变的相互影响。

同时，辩证伦理观还认为企业伦理本身不善不恶，不对不错。

管理理论没有共同认可的对错，管理实践却有真实确切的成败。这句话适用于企业伦理吗？管理理论没有对错，企业伦理也没有对错吗？本书认为，是的。企业伦理探讨善恶、对错，但企业伦理所讲的各种观点本身没有绝对的对错。企业伦理的概念有多种，企业伦理的主要观点也有多种，它们本身没有共同认可的对错，也就是没有人类普适的伦理观。

但你又必须界定自己企业的伦理观点和伦理立场，界定自己对企业各种行为的善恶或对错的看法。比如经营企业到底是不是一种高尚行为？企业是不是本质上自私的？你通过做企业成为一个富人后心底是否清净？你为什么要赚钱？社会、员工不理解你怎么办？做民营企业有人看不起你怎么办？同行与你竞争甚至攻击你怎么办？等等。

我们发现，许多企业家依然认为自己挣来的钱是有罪恶的，是自私的欲望所生；或者认为是上天、佛祖给的，因此要还愿，要把钱捐出去，才能求得心理平衡。一个人生活得是否幸福，不仅和事业、财富、家庭有关，而且和自己对自己的观念和行为是否正当的判断有很大关系。思考企业伦理问题，目的之一就是使自己的行为被自己和社会认可。你必须处理好企业伦理的辩证和悖论关系。

本书秉承辩证伦理观。

第4节 跳出伦理看伦理

本节我们讨论学习企业伦理所要提倡的三点主要原则：一是跳出伦理学伦理；二是伦理标准不能拔高；三是不评是非的建设性思维。

一、跳出伦理学伦理

了解知识的方法总是少于知识的内容，方法的变化总是少于内容的变化。我们研究的领域变了，但是坚持的某些研究或学习方法不需要变。我们不是局限在人们平时所理解的所谓伦理知识的领域来讲，而是可能要越雷池一步，跳到传统伦理学的圈外来观察企业伦理，这样大家必须用“心眼”来思考，也就更能把握和了解企业伦理的真谛和本质。“不识庐山真面目，只缘身在此山中。”跳出管理学管理，跳出伦理学伦理，就是跨界思维。不仅要用手“摸象”，还要用眼“观象”，用心“知象”。盲人摸象凭感觉，常人观象凭眼力，智者知象靠心思。

说得极端一些，伦理学专业研究者并不一定真正明白伦理，或者说，没有伦理的人才能够真正研究伦理，就好像没有精神病的人才能研究精神病一样。本意上我们想要强调的是，跳出伦理看伦理，即研究伦理尽量不要把自己的伦理观放进去。只有站在客观的立场，才能真正看清伦理的本质；只有对伦理不带情绪和热爱，才能说清伦理的逻辑。这是很难做到的，但我们应该努力做到。

同时，学习和研究企业伦理不能只研究书本，还要深入企业实践，甚至必须亲自做过企业。比如，没钱的人责骂有钱的人，其动机就可怀疑。没做过富人，一般对富人的感觉就不清晰，就不会知道越有钱的人越缺钱，他们缺的不是消费的钱，而是投资的钱。把钱拿来用于消费是有够的，但用于投资则永远缺钱。甚至可以说，只有富人才有责骂财富的权力，因为只有他们才知道财富增值的压力、财富持有的风险等。同样，没做过企业，就没有足够的能力评价企业经营者的好坏，他们很难具有与企业经营者同样的立场和角度，也不可能了解企业经营者的责任压力和事业苦恼。其实，口头上挂着“为富不仁”、天天说“无商不奸”的人，往往有暴力夺取财富的心理倾向，其理论根据是“你不仁，就别说我不义”，“你奸商，就别怪我抢你东西”。这往往成为黑恶势力攻击企业的理论基础，成为“绿林好汉”劫富济贫的理论基础。

因此，学习和研究企业伦理，要跳出自己的伦理观，跳出伦理学者的立场。

二、伦理标准不能拔高

人们尊重创造财富而不享受财富的人，比如家财万贯却衣着简朴之人、身家百亿仍辛勤工作的公司所有者。马克斯·韦伯认为，具有新教伦理和资本主义精神的新教徒的人生就是这样的：拼命赚钱，禁欲花钱，为上帝尽天职使命。一个持续成长、有活力的企业实际就是这样的，毛利水平很高，但净利并不高，把费用用于研发和投资，而不是用于分红、享受甚至浪费。我们经常说党的干部尤其是领导干部，要“先天下之忧而忧，后天下之乐而乐”，努力工作，牺牲奉献，这就是高标准、严要求。

但同时，人不能总是站在道德制高点俯视众生，伦理标准不能太过拔高。伦理标准太高，人就恶了，企业就恶了。反过来，伦理标准适合，人就善了，企业就善了。但因为强调伦理的人有伦理越高越好的思维习惯，于是有人就拿高标准来压制不同观点。伦理不是标准越高越好，而是能够为大多数人所做到为好，即追求所谓的现实性、适用性原则。企业伦理标准按某些崇高理想定得过高，实际是把广大员工置于非伦理之地，有追求的员工做不到心里难受，没追求的员工觉得反正做不到故而放弃。如果用这种多数人达不到的高伦理标准，以法律制度的形式规定下来考核人，那就整人不浅、害人于无形了。这是喜欢斗争的政客式管理者喜欢用的方式，讲得严肃些就是用伦理手段反伦理。

伦理管理要追求高标准，实行中标准，确保低标准。考核言论、行为和结果，不考核动机！高标准用于考核干部，而不是考核一般员工。

三、不评是非的建设性思维

建设性思维是搞建设不是搞破坏，是做企业家不是做评论家，是追求成功不是追求对错。一般认为，研究企业伦理本来就是研究是非问题，怎么会提倡不评是非呢？我们认为在研究时应该求是不求成，在实践时则应该求成不求是。具体讲就是，科学研究求的是问题的是非真伪，不是事情的成败；但在实践中，我们的目标就是追求成功，成功了就是是，失败了就是非。

所以我们认为，很多伦理问题与其说是矛盾问题不如说是悖论问题，与其说是性质问题不如说是程度问题。悖论问题指的是这么说对，那么说也不错。比如想当将军的士兵是好士兵，想当一辈子士兵的士兵也是好士兵。程度问题指的是现实世界中没有纯黑纯白，有的只是不同程度的灰。比如没有人绝对不喜欢财富，只是人们喜欢财富的程度不一样。

既然伦理问题是悖论式的、程度性的，那么批判自己所不同意的他人的伦理观念就是不必要的。如同文化有多样性一样，伦理也有多样性。其实，在企业伦理范畴内要想批评人很容易，因为人们为了简洁地阐述伦理问题，经常使用较为极端的、对立的措辞来讨论伦理问题，比如义利、是非、善恶、公私、贪清等。其实他要讲的不是有义无利，而是重义轻利；不是有是无非，而是大是小非；不是全善无恶，而是多善少恶；不是大公无私，而是大公小私；不是想赚钱不好，而是赚钱的手段不好。他可能只是在做程度上的分类和先后排序，然后用于实践，而非“非此即彼”地评价。

企业伦理思维是包容性的。

第 5 节 伦理不是什么

前面已经讲了伦理是什么，伦理不是什么也应该说清楚。概念边界不清或者概念泛化，往往会导致我们不科学、不理性地思考伦理问题。社会伦理不是企业伦理，企业的经营管理问题也不全是伦理问题。企业经营管理的内涵和边界较企业伦理更宽，有很多和企业伦理不沾边，在此做几点澄清。

一、企业经营管理问题不是伦理问题

一个微信群里，两位企业领导者吵了起来。一个说，你不要再给我下属打电话了，挖人也不能这样啊，你人品有问题。另一个回敬，我没做坏事，

也没骗人，光明正大，阳光灿烂。

同业之间的价格竞争可能是正常的定价问题，也可能是搞恶性的价格战，甚至造成违反法律的倾销。这属于经营战略问题、企业伦理问题，还是属于法律问题，边界就比较模糊。

企业经营管理中最基本的一些行为，如扩大市场、服务客户、吸引人才、买卖技术专利、学习技术诀窍、维护企业利益和维护公平竞争等，如果换一个词，对其到底是经营问题还是伦理问题，就会有不同的理解。比如扩大市场变成抢市场；服务客户变成抢客户；企业收购变成恶意收购；吸引人才变成挖人才、挖墙脚；技术专利买卖变成技术禁运、技术讹诈；另一方买不到就侵权、偷技术，弄得商业间谍到处都是；维护企业利益变成利用诉讼攻击对手、拖延对手的进程；最后所谓的公平竞争，可能采取了捅丑闻、揭隐私的行为（见表 2－1）。

一端是正常经营管理行为，另一端是违反法律行为，中间的模糊地带往往是企业伦理行为。

表 2－1　近似的伦理问题与经营问题

扩大市场、服务客户	抢市场、抢客户
兼并企业	恶意收购企业
吸引人才	挖人才
买卖技术专利	卡技术专利
学习技术诀窍	偷技术诀窍
维护权益	告倾销、侵权
维护公平竞争	捅丑闻、揭隐私

二、法律问题不是伦理问题

法律问题不能等同于伦理问题。有一篇写企业伦理的文章说，有的企业生产经营假冒伪劣产品，三包五保的承诺不兑现、欺骗消费者；有的企业甚至生产危害人体健康甚至威胁生命的产品。这实际上是把法律问题和伦理问题混在一起了。生产假冒、伪产品是法律问题。生产劣质品就不好说，到底属于一级品、二级品还是三级品，“劣”这种形容词很难说清楚，以次充好可能就是伦理问题。三包五保的承诺不兑现、欺骗消费者的说法也很复杂，如果是口头承诺，没有协议文字证明，商家不承认了，这基本上属于伦理问题。但是，生产危害人体健康甚至威胁生命的产品，就完全是法律问题了。

所以，法律是法律，伦理是伦理，要适当地界定开，不要把所有问题都塞到伦理问题里面。

法律和伦理都是约束我们行为的，约束性是它们的共同点。但它们约束的方向性不同，一个是不能越过的底线，一个是企业自律的准则。法律只管你不能做什么，不规定你能做什么，因为它没法把所有应该做的事情规定出来，法律只管少数几条不能做的，所谓负面清单就是如此。伦理则是自我约束，有时法律允许的事情，企业自己会认为不该做，也不去做。

在企业中，在社会上，还会有既不受法律也不受伦理约束的区域。这就是人们可以自由创新的区域。也就是说，讲伦理，讲法律，也不能把所有人的所有言行全部规定好、控制住，总会留一个比较大的自由创新和发挥空间。人们知道，在法律不太严密、伦理约束不太紧的地方，创新就比较容易发生。改革开放最初在农村、在经济特区开始就是如此。企业内的创新经常发生在组织边缘或给定的自由领域和部门，也是因为如此。

如图 2-4 所示，法律所调整的空间实际上应该很小，属于基础。比法律调整空间稍大的一块是伦理调整空间，来自个人和组织的自律。社会和企业总要向前发展，总有一些新东西出现，这就需要自由空间，这个自由空间是大家在这个社会上生存、创新所必需的。法律调整空间好比红灯，伦理调整空间好比黄灯，自由空间好比绿灯。改革开放，解放思想，中国经济和企业之所以取得了辉煌的成就，就是和这块自由空间的巨大有关系。近年来企业各种商业模式和技术创新的涌现，也和法律、伦理的约束比较宽松有关系。法律严密、宗教戒律较多的国家，反而一定程度上阻碍了创新。

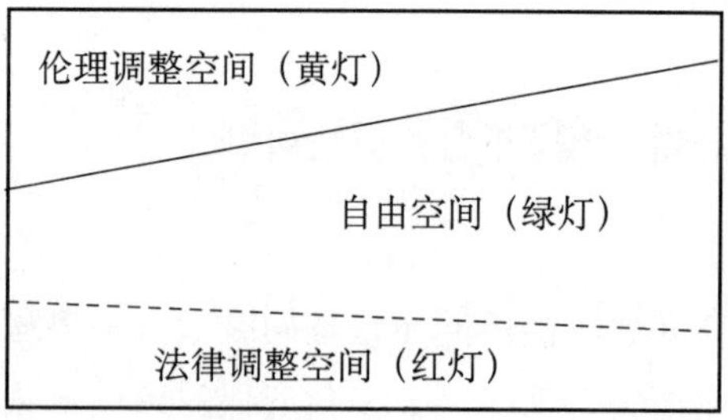

图 2-4 法律、伦理、自由三个空间示意图

三、人理问题不是伦理问题

我们把人的生理和心理问题统称为人理问题，人理不等同于伦理。我们会习惯性地说这个人好，这个人坏，归因到人的伦理道德层面。大多数情况是这个人的生理因素，或者性格、心理的某种机制导致了他的态度脾气、他的扭曲行为，而不是他的人品。有人说话慢吞吞的，你惩罚他，一时可能改变，回头他还是慢吞吞的。他可能就是慢性子，这属于一种生理上的东西。所以，管理里很多东西不能当成伦理问题看待，可以放到管理心理学、管理生理学中。

中国自古就强调做人，万事归因于人，但强调的是人的伦理道德因素，不是人的生理、心理因素。我们把人的伦理、生理和心理用道德一个要素统而化之，混在一起，因而历史上我们的心理学和生理学并不是特别发达。

我们把企业内的“大管理”分为五大块：人理、事理、管理、治理和伦理。

人理讲人个体的生理、心理和智力认知问题；事理讲人与事的效率、效果问题；管理讲人与权责利、规则制度的关系问题；治理讲人与资本所有权、经营权、监督权相关的问题；伦理讲人与人的道德、善恶是非准则问题。以往，我们常常将人的心理或生理所影响的问题，归为人的道德品质上的问题，归因上的错误必然导致解决方法的失效——经常反复的思想教育只会引起人们心理上更大的厌烦，却不解决问题。

人的生理和心理所决定的活动，往往是人本身难以控制的、较为本能的那一部分。我们认为，不能把这部分问题简单地划归伦理问题。

举个例子，你去考学、求职，首先列出的条件是你是否爱国，是否热爱社会主义，是否有道德觉悟，以及你的专业知识水平如何，这没错。但是考飞行员这种特殊职业，要求最高的是个体的生理和心理素质。不管你有多高的爱国情操和觉悟，出了紧急状况，眼睛顾不过来，脑子反应不过来，精力应对不过来，体力支撑不过来，或者心理、生理的情绪性及稳定性不足，就绝对不适合做飞行员。

飞行员是个很特殊的职业，在选拔飞行员时我们可以很清楚地看出人理因素和伦理因素的区别。首先重视的是个性品质，也就是飞行员的心理和生理因素，比如情绪的稳定性、性格的优点、注意的广度、动作的协调性等，淘汰掉那些有“事故倾向品质”的人。这些都是非伦理、非智力因素，但这是一个飞行员最重要的素质。

其次才是看飞行员的智力要素，比如知识、经验和技能。由于飞行工作的复杂性，飞行员必须有丰富的知识和经验积累，才能帮助自己迅速判断眼前所发生的问题，知识和经验是在飞行员头脑中形成的“模式化”知识包，有助于快速整体判断和处理问题。飞行员要求的知识和经验主要有六个方面：性能管理、飞机系统、领航导航、飞行标准、飞行运营和人素科学。

再次要求的就是管理了。管理主要是建立和维护防错机制问题，尽量去掉人的因素。比如，利用冗余系统原理的交叉检查，监督他人的行为动作，标准喊话、复诵等。在选拔飞行员时最重要的就是建立秩序、规则，从而保证填补飞行员在个性品质、知识和经验都尽力之后的不足。据说，飞行员个人飞错高度的可能性为五百分之一，若副驾驶参与交叉检查，则同类错误的发生率可望降低为二十五万分之一；若驾驶舱内的观察员也加入这种程序检查，经三人共同过滤，错误发生率将下降到一亿两千五百万分之一。

飞机飞行关注的界面有四个：人-硬件界面、人-软件界面、人-环境界面和人-人界面。但是，人在接受上述界面信息之后，还有一个内部信息处理的过程，这一过程的效果主要取决于人理因素。人在紧张、松弛、疲劳、非正式飞行员地位等情况的影响下，容易出现盲点、疏忽、游离、茫然、迟误等行为。这并不仅是靠提高道德觉悟就能解决的，必须在管理机制上予以补足。

最后当然要看飞行员的职业伦理道德等要素。

所以，这里主要是包含生理和心理的人理问题，而不是伦理道德问题。区分这一点，对管理非常重要。

四、其他非伦理问题

从社会伦理、家庭伦理到企业伦理，还有政治的、科学的、宗教的等，各种伦理规则很多，要求很多。有的和具体企业伦理一致，可以采取拿来主义；有的可能有冲突和矛盾，不但不能拿来，还要拒绝和反对。由于企业伦理是组织伦理，不是个人伦理，因而某些和个人修养相关的伦理，就很难用在企业里。

比如，现在年轻人强调对工作的个人兴趣，这就可能和工作时间、企业所要求的组织目标有冲突，你不能想干什么就干什么，想研究什么就研究什么，想几点上班就几点上班。即使你是公司老板，也要以客户为中心选择投资和研究方向，按照要求的时间来上班。你要干一行，爱一行，精一行。这不是非要你服从企业伦理，如果必须满足个人兴趣才行，你就应该选择自由职业，或者其他，少和团队或组织发生联系。技术的发达、网络的发达，已经使你比较容易成立个人公司，比如开个淘宝店、做个网络写手、办个网络直播等。这样就会减少个人伦理和企业伦理的矛盾。

再比如作为个人，忠诚的品质很重要，企业也希望员工忠诚于企业。一些企业的领导者经常会遇到这样的问题。一个老员工很忠诚于企业，几十年如一日，兢兢业业，怎么说怎么听，从来不会造次，但就是能力提升慢，有些任务完不成，已经跟不上企业的发展步伐，但他又以忠诚自居，有时还摆摆老资格，影响到能力强、业绩好的新生代员工。实际上这种所谓的忠诚已经成为企业的负担了，而且他占着位置、发表着言论，还影响着另一批能干的人。一边是忠诚，一边是能力，一边是听话，一边是创新，一边是态度好，一边是业绩好，等等。这两种表现，在伦理上都是对的，但企业又必须对它们进行排序，也就是确定哪种排在第一，哪种排在第二，这才能进行有效的伦理管理。

如果你作为企业领导者把个人情感或者历史功劳摆在前面，是很难对这类员工做出处理的。你会认为，公司早期大家一起打拼过来，没有功劳也有苦劳，何况他们还有些功劳，做人不能“卸磨杀驴”，做企业不能“过河拆桥”。但是你又必须尽快解决个人感情和公司制度、企业伦理和个人伦理的冲突，否则就只能等着问题严重化。因而像华为这样的公司，明确提出“不迁就有功人员”的原则。

总而言之，企业是个功利组织、经济组织，企业伦理要讲究功利性、经济性，或者叫价值性、有用性。不能提高企业功利性和经济性的伦理原则，就是无价值、无用的伦理原则，甚至会是反价值、反作用的伦理原则。企业伦理应该是影响价值评价和价值分配、促进价值创造的伦理。

思考题

1. 当企业利益和社会利益（比如环境问题）出现矛盾时，请分别站在企业、被影响的社区、政府和学者的不同角度，阐述自己的观点。

2. 你赞成普遍伦理观、特殊伦理观，还是辩证伦理观？为什么？

3. 请思考伦理思维和法律思维、科学思维的不同点。

4. 企业伦理并不是一个筐，请问有什么问题不能装到企业伦理中去？

案例

S钢铁公司的搬迁

A市S钢铁公司（简称S钢）李总走出市政府大门，耳边依旧回荡着刚刚结束的市人大会上十几位代表针对S钢环境污染问题所提出的极其严厉的批评之声："S钢为我市做出了巨大的经济贡献，这是不可否认的。但是这个钢铁大王给我们造成了太多的污染。我市申请举办1999年全国体育大会之所以失败，主要原因之一就在于S钢对空气和水资源造成了相当的污染。因此，我们有理由认为，S钢应尽快迁出A市，还我市人民一个没有污染的生活和工作空间……"

李总跨入等候多时的专车，将疲惫的身体深陷进舒适的座椅里。

车窗外，一排排高大的树木和鳞次栉比的高楼大厦急速掠过。远处的天空灰蒙蒙一片，空气中散发着混浊、刺鼻的气味。

李总闭上发涩的眼睛，不禁回想起S钢艰难的发展历程：

● 1919年，军阀时代，S钢铁厂落成。在新中国成立前的30年间，只生产了28.6万吨生铁。

● 1949—1978年，从那个大炼钢铁的年代开始，S钢一点点扩张，逐步形成了从铁矿到钢材的完整的钢铁生产联合企业。

● 1979—1995年，S钢实行承包制，企业取得了历史性的扩张与发展。

● 1996年，S钢开始实行集团化改革，大步向市场迈进。粗钢和钢材产量大幅上升，由1981年的147万吨、99万吨分别增至1996年的792万吨、688万吨；形成了以钢铁业为基础，以高新技术产业为主体，兼营海外贸易、现代农业、房地产业、服务业、矿业、机械、建筑、金融等多种行业的跨地区、跨行业、跨所有制、跨国经营的大型企业集团，被国务院确定为全国120家试点企业集团和512家重点企业之一，后又被确定为163家国有重要骨干企业之一。

● 1999年，国家对钢铁总量进行控制。S钢在落实国家限产增效方针、钢产量减少

81万吨、市场售价持续走低、减利高达14.9亿元的情况下，依靠科技进步，大力调整结构，深入开展增收节支活动，当年钢产量由1998年的812万吨减至731万吨，实现利润9.8亿元，比1998年9.4亿元增加4 000万元，达到了限产增效的目标……

专车在公司办公楼前停了下来，打断了李总的回忆。他阔步走进办公室，还未顾得上休息，就向有关人员下达了第二天召开环保工作会议的指示。

第二天上午8点整，在公司圆形会议大厅里，环保部、科技部、企业规划部、三产服务公司以及相关部门的负责人准时参加了会议。

李总首先传达了市政府关于促进可持续发展的精神，介绍了市人大代表提出的关于环保问题的议案。接着他说："作为一个具有悠久历史、长期为国家排忧解难的特大型国有集团公司，我们在企业发展和环境保护之间、在经济效益和社会效益之间，应该如何选择呢？希望大家能够集思广益，畅所欲言。"

环保部孙部长首先发言："我认为搬迁S钢是缺乏充分理由的。近年来，我们治理环境污染的诚意和成效是有目共睹的。从1995年到1999年，我们在本地区投入6.14亿元，实施污染治理项目222项。与1995年相比，1999年我们的粉尘排放量下降35.11%，烟尘排放量下降51.19%，二氧化硫下降44.63%，化学耗氧量下降41.49%。1999年，S钢钢铁生产由A市监测、控制的29个排放源，已全部实现达标排放。截至1999年，我们完成100多项治理项目，厂区降尘量下降9.2%，总悬浮颗粒物浓度下降近四成。从这些数据来看，我们的环保工作是卓有成效的。而且，在此基础上，我们还确定了新目标——第一，到2000年，同A市环境治理要求相一致，厂区环境同步达到国家二级标准；第二，到2005年，厂区环境质量达到发达国家钢铁企业的一流标准。应该说，我们的环保前景是非常光明的。"

"我同意孙部长的看法。"科技部王部长接着说："其实，造成我市空气污染的最主要原因已不是S钢，而是140万辆汽车排放的尾气和2 800万吨燃煤生成的有害气体。我们经过多年的技术改造，环境质量已经明显得到改善。例如，我们与长安大学合作研究，建成了国内第一台全烧低热高炉煤气的220吨锅炉，每年回收高炉煤气约18亿立方米，降低成本4 400万元，还获得国家知识产权局和世界知识产权组织联合授予的'全烧高炉煤气的高温高压电站锅炉'全国专利金奖。该专利技术不但解决了高炉煤气大量失散所造成的能源浪费、环境污染，而且无须燃煤，节省了大量设备和生产投资。"

企业规划部马副部长有不同意见："虽然我们一直没有停止在环保上的资金和技术投入，但是只有搬出去，才能甩掉污染大户的坏名声，才能真正保护附近市民的身体健康。我这里有一些反映深受工业尘烟之苦的市民呼声的材料。住在公司周边的市民，洗了衣服不敢往外晾，否则比没洗还脏，呼吸起来总憋得慌。想搬走但又没钱去别处买房。公司附近的建筑物黑乎乎的快遮住了本色，房顶上积压着厚厚的粉尘。可以想象，当粉尘飘落在房顶时，也同样会在附近的居民和过往行人的那里找到寄居之所，粉尘会厚厚地滞留在人们的鼻腔、咽喉、呼吸器官以及肺部。我们自己的一位员工也说，以前早晨醒来一捏鼻子，连鼻涕都是黑的。这两年好点了，但每天窗台上还有厚厚的扬尘。水质仍然极差，颜色发黄，喝着恶心。地区医院的医生讲，来地区医院的病人大多有鼻炎和慢性咽炎，这与S钢的污染有很大的关系，虽然不是唯一的原因。如果我们搬走的话，可以说基本能够解决这些问题。而且，我们所选择的迁建地点——R市的地质条件也很适合建设大型钢铁企业，那里的花岗岩结构足以承载各种巨型设备。R市的水资源也非常丰富，能够保证钢铁企业的需求。再说，那里铁路、公路、水路交通发达，电力充足，运输不成问题。因此，我认为，在A市把城市功能定位在非工业化的前提下，我们把钢铁产业全部搬出去，而仅在A市保留高新技术产业和控股公司，发展第三产业，是可行的。”

负责公司三产的周经理似有同感：“而且，实践证明，我们通过污染搬迁、资产重组、‘退二进三’等多种手段，来提升传统产业，创建非钢铁第三产业的措施是很成功的。例如，轧辊厂迁入郊区后，我们采用符合当今环保标准的新工艺建厂，生产市场需求大、而国内生产能力不足的中高合金轧辊。这不仅有利于实现工艺升级、产品换代、保护市区环境，而且，轧辊厂搬迁后，我们利用该厂的地热井资源，与其他单位合作兴建了集游泳、健身、娱乐、餐饮等服务项目于一体的娱乐城，为公司发展第三产业做出了贡献。”

一直默默倾听的李总说道：“有时，事实和数据最能说明问题。除了刚才所说的以外，大家不妨分析分析下面几组数据：(1) 第一组数据。S钢每年上缴地方政府7亿元左右的利润。目前已落实1.38亿元国家技改贷款资金专项用于环保项目。在S钢募集的16.7亿元资金中，安排了8亿元用于已实施的技改项目。(2) 第二组数据。钢铁工业以高能耗为特点，而我们传统的钢铁生产能源消耗已经发生了明显的变化。1999年，我们的吨钢综合能耗、吨钢综合电耗、吨材综合电耗、高炉煤气放散率、新水补充量、工艺循环水率六项主要能耗指标创历史新低。其中，吨钢综合能耗居全行业第二，高炉煤气放散率为全行业最低。厂区二氧化硫、粉尘、烟尘排放量比上年分别减少7%、5%、3%以上，优于A市下达的环保指标。(3) 第三组数据。按保守的估计，建设1万吨钢铁的生产能力，需要投资1亿元左右。S钢迁建200万吨就要200亿元。如果按我们更长期的规划，即最终形成1 000万吨钢的生产能力，则起码需要1 000亿元的资金。大家对这些数据有什么看法?”

马副部长说道："虽然迁建需要许多资金，但是如果不迁，那么在环保政策的压力下，我们的生产只能局限于700多万吨，企业所在地的产业政策和环保政策明摆着已经成为企业继续发展的巨大障碍，搬出去，就能轻易形成1 000万吨的生产能力，岂不两全其美？"

王部长摇摇头："你说的并非没有道理。但是，你是否想过公司员工的感受？他们长期居住在这个大都市，习惯和喜欢这里的生活，都以身为S钢人而自豪。他们愿意搬吗？"

"我想，员工们更重视的恐怕莫过于经济利益和身体健康吧？如果S钢在A市不能获得充分的发展，那么他们的经济前途何在呢？难道他们不愿搬到一个山清水秀、空气清新的海边城市吗？"马副部长坚持自己的观点。

王部长插言道："经济发展和环境保护本身就是一个鱼和熊掌的问题，二者不可兼得，关键在于我们的根本目标是什么。作为制造企业，S钢的根本任务就是发展生产、发展经济。我们也不想污染啊，但是生产的副产品就是环境污染。这是无法避免的。再说了，S钢发展到目前这样大的规模，造成污染严重，也不能全怪罪到企业身上，前些年要我们大发展，拼命扩张，污染严重了，又要我们企业背黑锅，好像企业一开始就是光为赚钱，故意搞污染似的，这让人心里没法平衡。当然，我并不是说为了经济效益就弃社会效益于不顾，为了眼前利益就弃长远利益于不顾。我们首先要在预防的前提下进行生产，但污染是无法绝对避免的，全国这样的地方多着呢。美、日等工业发达国家也不是完全没有污染，日本也是在有过几次严重污染事件之后，才逐步重视并治理好的。所以，当事实残酷地摆在面前时，我们只能积极治理，力争把社会损失降到最低。而搬出去，第一是不现实的，1 000亿元从哪儿来？第二是暂时逃避——只不过把对A市的污染转移到R市而已，以后还是要解决对R市的污染问题。"

"对，我同意王部长的观点。作为受人指责的生产企业，我们不得不在经济效益和环境效益之间做两难抉择。但是，环境保护是一项全球性的系统工程，需要全社会各方面的协同努力。造成了污染，难道仅仅是企业的过错吗？这并不是通过搬迁某一家企业就能彻底解决的——除非把所有的大型污染源都搬出去，但问题是搬到哪儿呢？搬到哪里才不是以邻为壑呢？"孙部长道。

会议结束了，但结论并没有拿出来。大家都认为这不是一两句话能说清楚的。李总回到办公室，苦苦地思索着。S钢已经是个上市公司，不考虑股民利益不行，不考虑员工利益不行，不考虑企业长远发展不行，不考虑人大代表的意见更不行。他知道，这件事情不是光企业内部就能解决的。但是，身兼公司总经理和市人大代表于一身的他，必须在近日就此事向董事会和市人大提交一份基本令人满意的报告。

附件：

A市21世纪议程简报（节选）
A市经济与科学技术可持续发展的问题和建议

A市21世纪议程领导小组办公室

A市21世纪议程领导小组办公室日前召开了第三期专家研讨会——“经济与科学技术可持续发展专家研讨会”，专家们就A市经济和科技的发展提出了很多权威性建议。

…………

2. 工业发展的很多问题有必要进一步深入研究

我市的目标是建成为我国的政治中心和文化中心，但也要大力发展经济，要集中力量把经济搞上去。而发展我市经济，要把发展工业放在重要的位置上，这些都已经得到共识。但专家认为，我市在工业发展上，还有一些问题应该注意。

● 关于城市工业发展重点。

我市虽然有一些先导行业、支柱行业，但专家认为，重点并不突出。每个先导行业、支柱行业都是范围很广的领域，到底我市的优势在哪里？其中哪些领域能在可预见的将来实现产业化，应集中精力去发展？这些问题还研究得很不够。市里的财力有限，只有抓住重中之重，“有所不为而后有所为”。目前，市里的决策层虽然对这些原则都已认同，但在实际工作中，真正下决心“不为”的不多，而想“有所为”的却不少。因此，我们应从实施可持续发展的角度重新加以审视，缩短战线，集中力量，做到“强中更强”。

● 我市工业发展重点应放在耗水少、污染低和适合大都市特点的城市型和知识密集型工业。

在市场经济下，我市应该输入耗水多、污染高的工业产品，而生产和输出耗水少、污染低和适合大都市特点的城市型和知识密集型工业产品。尤其应认识到发展城市型工业的重要性。所谓城市型工业，是指那些以劳动密集为特点，花色品种变化快、耗水少、污染低的行业，如印刷业和成衣业等。这种行业的发展不仅满足市环境保护的要求，而且可以解决就业，这对我市这样一个人口超过千万的特大城市来说，无疑意义十分重大。因此，目前有关我市产业发展的研究和政策忽略城市型工业战略地位的现象是极其有害的。

…………

问题

1. 为什么人们要求企业重视环保的呼声越来越高？
2. 李总和各部门部长的讨论能决定和影响 S 钢的搬迁吗？
3. 对于目前已经形成的污染，企业到底应该负多大的责任？
4. 如何看待先污染、后治理的普遍现象？

第 3 章

伦理的基本价值判断

引导案例

医院失窃案件

1. 事实经过与伦理问题

南海区医院发现有医院工作人员偷拿患者给医院的捐款，这是纯粹的小偷小摸行为，因为每星期里面的捐款不过一两百元。医院院长对此事十分重视，这个捐款箱已经设置两年了，捐款一般用于奖励医院中表现优秀的医护人员，作用很好。院长认为这种行为与医护人员的职业道德要求极不相符，也是对同事的极不友好。在与警方协商之后，医院悄悄安装了录像监控装置。院长决定，不论小偷是谁，一经发现，立即开除。两个星期以后，真相大白。录像中清楚记录了偷盗者是医院唯一一位脑外科医生。是他轻轻走近捐款箱，用一把钳子夹走了捐款。

当发现这个小偷竟然是院内医护人员非常尊敬的脑外科医生时，医院院长先是大吃一惊，然后变得义愤填膺。但是很快他便认识到自己遇到了一个大难题。要解雇他，南海区医院的经营就可能在近期受到沉重打击。他们正在和市医院谈判不要合并他们的几个特殊科室，脑外科就是其中之一，而且脑外科是为医院创收的重要科室，如果开除这位医生，恰恰给市医院关闭脑外科提供了借口。而如果这样，脑外科近20名工作人员就可能长期失业，患者也就不得不到市医院去看病。

院方在道德要求和医院、员工利益之间陷入了两难困境：

第一，我们是否应该在社会公众面前表现正义，解雇这位脑外科医生，同时接受关闭脑外科的可能后果？

第二，我们是否应该以医院利益的大局为重，考虑这位医生的价值，改变开除的决定，继续留用这名医生？

第三，如果留用这名医生，我们如何向员工做出解释？他们是否会要求维护正义，坚持规定面前人人平等？如果有人指责这样做有违正义，我们如何作答？

2. 案例背景

南海区医院是一个为生存而奋斗的小医院。卫生主管部门的改革方案是希望将小医院中的特殊科室全部撤掉，合并到大医院中去。小医院当然不愿意，全体员工也支持医院的决定，希望保留现在的脑外科。

在本地，这位脑外科医生是个知名大夫。虽然人们觉得他有性格上的缺点，非常自负，有时目中无人，但他有着非常优秀的专业技能和医术。医院找他谈话，要求他本人在这件事情上谨慎，不要随意说话。这位医生也希望院方不要把准备给他的处罚透露出去。

医院不评价这位医生做这件事的动机，却揭示了不愿解雇这位医生的理由。对这个医生的处罚决定先是在一个有中层干部和脑外科员工参加的会议上宣布的，并说明已经对他实施了惩罚。干部和员工的反应同样经过了三个阶段：先是吃惊，再是愤怒，最后是在医院利益和道德要求之间进行权衡判断。几个月之后，对这位医生心存鄙视的同事已经不多了。

医院公开说明了留用这名医生是出于医院利益的考虑，虽然这样做会造成严重的道德后果。因为不这样，医院就可能失去脑外科，而失去脑外科就可能意味着近20名医护人员面临失业。失去脑外科还可能会使医院在和市医院的谈判中变得更为被动。

医院在较长一段时间后才向全体员工公布了这一决定。院方解释其道德和自信心受到了挑战，也承认留用这种人很危险，但仍坚持医院的利益是应该优先考虑的。院长说在场的所有人都支持他的决定，尽管这个决定有违公平正义原则，但他们都把这个决定看作明智的决策。

前两章已经提及，伦理观和价值观是有密切联系的。伦理观方法是排他，价值观方法是排序。伦理准则或原则有多种，而企业具体的经营管理需要界定优先顺序，孰轻孰重。比如，改革开放后提出的效率优先，兼顾公平；让一部分人先富起来，先富带后富，实现共同富裕。本章提出伦理的四个基本价值判断供讨论。它们是：(1) 目的伦理还是手段伦理？(2) 尊重个性还是集体主义？(3) 效率第一还是公平第一？(4) 长期利益还是短期利益？当然，伦理的基本价值判断还有很多，比如：艰苦奋斗还是轻松快乐？物质文明还是精神文明？客户第一还是客户唯一？等等。在此不做详解，同学们可以命题讨论。

第 1 节 目的伦理还是手段伦理

一、目的的伦理性

目的的伦理性主要体现在个体或组织的追求上，在企业主要表现为经营的动机和观念。目的主要分为：利己目的或利他目的；利润最大化目的或利润满意化目的；近期目的或长期目的；企业目的或社会目的；单一目的或多重目的；利于单一利益群体目的或利于多个利益群体目的。

这些目的有的是性质上冲突的，有的是程度上差别的。企业选择哪种目的，受企业个体也受利益相关群体的影响，如国有企业的目的就与民营企业不同。如国家电网公司的宗旨是：人民电网为人民。国家电网事业是党和人民的事业，要坚持以人民为中心的发展思想，把为人民服务作为公司一切工作的出发点和落脚点。华为公司则提倡：为客户服务是公司存在的唯一理由。中国十七冶集团有限公司的企业宗旨是：为客户创造价值、为股东创造财富、为员工创造福祉、为社会创造繁荣。这就是多重目的。

到底企业应该追求什么样的目的才是符合伦理的？社会上总有公论，一个企业也总有持论才行。企业经营要对伦理的目的和非伦理的目的做出界定。也就是善恶分明，对错清晰。比如有人投资兴建一个合法经营的企业，兢兢业业，努力赚钱，他赚钱的目的是什么？可能是为了娶妻生子，为了养家糊口，为了孝敬父母，为了个人吃喝玩乐；也可能是为了做一番事业，为了回报社会等。我们的社会伦理反对拜金主义，企业伦理也不赞成偷懒怠工。社会的消费伦理观反对享乐主义，企业伦理赞成节约反对浪费。

但有的伦理观点相当绝对，认为追求营利就是自私，自私就是恶。还有的认为只要追求欲望，就是恶的。比如提倡人要无欲、无为、顺其自然，不管物质上的还是精神上的，什么追求都不要有，你追求就是自私，就是有贪欲。这就很有些极端了——食欲也是一种欲望呀，学雷锋也是一种追求呀！

在企业伦理中，我们不能把营利也看成是恶的，是不伦理的，否则所有企业都是恶的了，让恶存在的社会也是恶的了。

二、手段的伦理性

手段的伦理性主要体现在既定目的追求中的手段运用上，如采取不正当手段竞争、不诚信方式交易。比如自私不是恶，为自私的动机采取损人的手段就是恶；营利不是恶，但用了恶的手段营利，则说企业作恶！

说企业性本善、性本恶，说的是目的的对错；说企业为追求营利不择手段，说的则是手段恶。目的伦理性和手段伦理性要区别开来，一码归一码。不能说目的上你已经错了，我还管你手段好坏；也不能说你手段错了，我才不管你的目的呢。法律上也有动机犯和手段犯以至结果犯之分，比如有“动机极其恶毒，手段极其残忍”之用词。

现实中，企业的非伦理行为主要体现在手段上。我想获得客户的项目，这个项目本来对客户有用，我肯定要去争取，但采取的是贿赂、造假、强迫或者其他不正当的方式，那么我们就说这么做目的不错，但手段不对。

手段的伦理性主要受三个因素影响：

(1) 行为者的伦理知能——假设：知能越深广，达到手段伦理性越容易。

(2) 伦理问题的复杂性——假设：问题越复杂，达到手段伦理性越难。

(3) 企业问题的压力或诱惑性——假设：压力或诱惑性越大，达到手段伦理性越难。

行为者的知识水平可以是行为者的伦理发展阶段——成熟度，要提高成熟度，减少复杂度和变动性，促进伦理性。选择哪种手段也受各种利益相关群体的力量影响，手段是市场交易，或是暴力手段。既合理又合法，是相当难以达到的伦理要求，是理想的、最不包容的，也是成本最高的。

下面的象限表示四类可能的选择：目的手段皆不伦理；目的伦理，手段不伦理；目的不伦理，手段伦理；以及目的手段皆伦理（见图 3-1）。

现实中是有四类的，我们认为理想的是一类，可选的是两类，放弃的是一类，最终如何抉择靠企业自己。

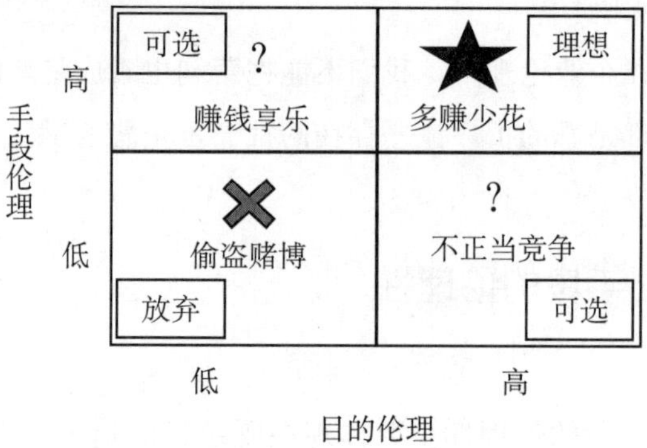

图 3-1 目的伦理与手段伦理

第 2 节 尊重个人还是集体主义

一、个人与集体链条的七个环

个人和集体的关系是企业组织中的一个基本关系。其实，现实比这个一分为二的提法要复杂一些。在个人和集体这个链条上有七个环，一端的环是个人，中间是部门、企业、行业、国家、国际，另一端的环是人类（见图 3-2）。比如一个企业也要考虑人类生态环境的问题，所以有了《巴黎协定》。除了个人以外，其他都是一定程度的集体主义，就看这个集体的领导者站在什么立场。比如美国总统搞美国优先，就退出了几个国际组织，也退出了《巴黎协定》。企业家应该站在什么立场？当然是企业立场，企业优先，以企业利益为中心，往内兼顾部门利益和个人利益，往外兼顾行业利益和国家利益。

而国际利益和人类利益只能往后排。

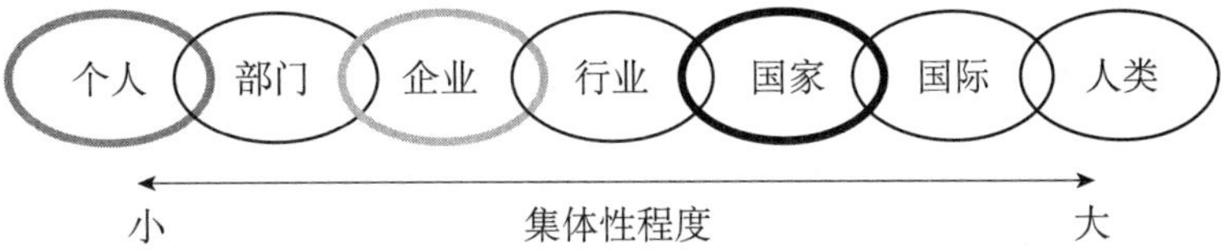

图 3-2　个人与集体链条的七个环

任何的伦理都与立场有一定关系。你站在部门立场，会对员工说个人服从部门；你站在企业立场，则会说部门服从企业。你要站在社会群体平等的立场，则会说行业利益不能损害企业利益，国家利益也不能损害企业利益。

但国家是个特殊的集体，当今世界基本处于国家主义时代，国家法律是最主要的法律体系，企业的利益有时必须符合国家的利益，否则国家会用法律或政治手段强制你。七个不同环节的利益中，个人、企业和国家是三个主要利益体。它们之间利益有矛盾的时候如何处理？这考验着一个企业的管理水平。

从现代社会的基本常识来讲，个人、企业、国家都应该是法律地位平等的。但现实中相互之间实力并不对等，多数时候个人要让企业三分，但遇到难缠的个人，企业也必须想办法来少惹是非。同样，能和自己国家抗衡的企业基本上没有。号称自由主义、市场经济国家的美国政府“整”起企业来，苹果、微软等非常有实力的大公司也基本是投降和请求和解。美国政府还实行“长臂管辖”，把手伸到别国企业那里，制裁中国企业中兴通讯公司就是例证。“我就是真理”的有实力的美国，冠冕堂皇的时候说尊重市场经济，想整人的时候说是要保障国家安全。所以，伦理只是实现目的的一种手段。

二、伦理手段的选择

是尊重个人还是尊重集体主义？不少企业提倡个人服从集体的原则。比如早期（1996 年）的华为人行为准则提出，任何时候都要以公司利益和效益为重，个人服从集体。任何个人的利益都必须服从集体的利益，将个人努力融入集体奋斗中。人们把这个原则和企业的生存联系起来：企业利益必须是第一位的，只有在确保企业利益的基础上，才会有股东及员工的利益。

后来，任正非在讲话中谈到了个人理想和公司理想的兼顾关系："我们只有一个理想，那就是华为公司的理想，每个人都要为公司的理想发挥你的才干，因而也就能实现你的理想。要提高核心竞争力，需要能干的员工，但你必须符合公司的总潮流，每个人如果都要建立自己的思想体系，仅考虑自己的发展道路，华为公司将会很难。如果说华为公司的理想我能接受，同时又在实现华为公司理想的过程中实现了自己的理想，我认为你是非常明智的。"（摘自任正非 2000 年在培训中心工作汇报会上的讲话）任正非是站在华为公司的立场说话的，同时他又希望找到能兼顾双方立场的人。

这就需要在公司的管理体制上做文章。员工个人和企业管理者之间是有矛盾的，这种矛盾是动力，但也会形成破坏力。因此，处理个人和集体的矛盾，就是要在这些矛盾中找到一个平衡点。员工和管理者之间矛盾的实质是什么？就是个人目标和公司目标的矛盾，公司考虑的是企业的长期利益，是不断提升公司的竞争力，员工主要考虑的是自己的短期利益，因为他不知道自己将来还在不在该公司工作。解决这个矛盾的机制就是员工持股，员工从个人奋斗中获得了工资、奖金、医疗福利保障等，也从对公司的长远投资中得到股份分红，他就能把个人利益和公司利益结合起来，既努力为自己挣钱，又努力为公司创造集体和长远效益。

美国联合利华公司认为，不能说个人利益要服从集体利益，如果这样的话，至少在美国的法律环境下，企业一定官司不断，员工会告企业：企业的行为损害我们的个人利益，凭什么我们要服从企业的利益？企业没有这种特权。所以，联合利华公司提出的是，希望其员工避免与企业利益相冲突的个人行为和个人利益，同时，采取相应步骤保证员工在这方面受到适当的指导。如果真有利益冲突，就协商解决或诉诸法律。

现在社会上倡导爱国主义、艰苦奋斗、集体主义，反对拜金主义、享乐主义、极端个人主义。说反对极端个人主义，没说反对个人主义，就是承认个人主义的合理性，尊重个人利益，尊重个人。

这里隐含的管理问题是，尊重个人和集体主义可以不必矛盾起来。比如在高科技企业，由于原始的创新、创意往往来自个人，尊重个人的原则和氛围有利于创新，当然，这种创新必须是符合企业战略方向的创新，只有这样创新才同时有利于企业集体的利益；而发挥集体主义精神互相共享知识，减少重复创新浪费，会有利于企业提升创新的效率和效果；有困难互相帮助的"胜则举杯相庆，败则拼死相救"的机制，也有利于个人创新的成功，自然也有利于个人利益。

是择一，是兼顾，还是权变？你有三种以上的选择。

三、小集体和大集体的关系

企业伦理中，最难处理的其实不是个人和集体的关系，而是小集体和大集体的关系。我们在讲社会伦理的时候是不是都是这么假定的呢？部门利益和企业利益，企业利益和国家利益，国家利益和国际利益。表面上说，是小集体服从大集体，实际运作起来是看相互竞争实力。最终是围绕国家利益去做。美国总统特朗普没有任何遮掩地强调国家利益优先，他的所作所为使人们惊呼“逆国际化”潮流已经开始，和我们提倡的“一带一路”构想背道而驰。我们是家族王朝的时候，西方就建立了国家；我们强调爱国主义的时候；西方又喊国际主义和人权；我们提倡国际化开放，西方又回到了国家优先、美国第一。为什么我们老是跟不上呢？

其实，过去所谓的国际化，只是表面现象。可能是发达国家为了让你开放市场，它要做国际规则的制定者，本质还是国家主义、国家利益优先的问题。我们加入了世界贸易组织，国际贸易的游戏规则一定要遵守，但这并不是国际利益一定大于国家利益。国际的游戏规则也是大家从自己国家利益的角度出发协商或妥协而制定出来的。而在世界贸易组织里规则制定权最大的是美国。这个游戏规则一定是相对有利于发达资本主义国家的，而不会是有利于发展中国家的。即使这样，中国争取了 14 年才终于进去，尽管有些加入条件对中国不利，但是不进去更不利。事实证明，中国虽然做出了很多妥协，但经过自己艰苦卓绝的努力，也从中获得了应有的利益，至少从加入世界贸易组织之后中国经济的发展结果看是如此。

因此，在国内，所谓集体主义是以企业为中心的；在国际，所谓集体主义则是以国家为中心的。

回到企业来说，企业伦理必须以企业的立场和利益为中心，对更大“集体”的事情不介入。不能像政治家提倡的那样“家事国事天下事，事事关心”，而应遵循“你事我事他人事，事事分清”。国家的事由国家管，政府的事由政府管，社会的事由社会管，企业只要做一个遵纪守法的公民，就完成了对社会的责任。也只有这样，企业才会安全、稳定。

第3节 效率第一还是公平第一

一、效率与公平

从概念的本质上讲，效率是管理问题，公平是政治问题；效率是价值创造问题，公平是价值评价问题。中国改革开放的基本方针之一就是效率优先，兼顾公平。让一部分人先富起来，然后先富带动后富。做大蛋糕，大家才能分得多。华西村吴仁宝的名言是：不怕公有，不怕私有，就怕没有。

《华为基本法》规定，效率优先、兼顾公平、可持续发展，是我们价值分配的基本原则。这就是要让优秀分子先富起来。

古人经常讲：不患寡，而患不均。这里的均讲的不是公平，而且可能被人们误解成分配结果的平均。其实公平的正确用法，应该是机会的公平。比如受基础教育的机会公平，民企参与某些项目投资的机会公平，参与竞聘岗位的机会公平等；而不是谁都要上大学，无理限定谁能投资的资格，规定大家的工资不能拉开高于多少倍的差距等。

二、没有真正绝对的公平

用唯物主义的观点看，不公平是绝对的，公平是相对的。比如个人考核，经过公司集体评议的结果，个人有什么不满意要先包涵着，然后通过奋发努力，用聪明才智改变这种暂时的不公平，切勿自暴自弃。这次对你不公平，下次也许就纠正过来了。组织和管理者不可能明察秋毫，但改革一定要往前走。我们只能通过不断地改进，尽可能做到公平、公正。如果刻意追求百分之百的公平，最后将导致对百分之九十九的人不公平。

华为公司对于应届生招聘，更是非常注意对公平的管理。“对应届生，要多宣传苦的事情，千万不要对应届生说我们公司如何公平。这是一颗炸弹。什么时候小脾气爆发了，要求公平、公正，爆起来就不得了。不同的人从不同角度，对公平、公正的认识是不一样的。这个世界上本来就没有公平，只有那些本分、知足的员工才有培养前途。华为在转型期，重点要录用那些任劳任怨、知足、有牺牲精神的员工。不满足感太强烈的员工不要录用，以免增加管理难度。你是来打工的，主要看给你的报酬是否与贡献吻合。别人挣多少，与你有什么相干？攀比心理会导致华为的失败。年轻人幻想多，我们不要给他们任何幻想。不要去迁就人才，特别是我们公司的内部环境比较宽松，过分的民主、过多的幻想，会破坏这个环境，物极必反。”（摘自任正非1996年在人力资源部应届生招聘汇报会上的讲话）

公平的度是随着管理改进不断趋近的，公平的标准是基于企业价值观的，你可以选择在企业继续努力，也可以选择跳槽。

第4节 长期利益还是短期利益

一、如何识别长期利益导向

人们经常说不要因短期利益牺牲长期利益，其伦理观念就是长期利益重于短期利益。比如有企业提高科研投入以提升企业长期发展潜力和长期利益，使员工分配和股东分红保持在合理水平，不在分配上做分光吃净的短视行为。所以，首先，看一看企业在科研投入的营收占比就了解了一个企业是长期利益优先，还是短期利益优先：科研投入高的是长期利益导向，反之是短期利益导向。

其次，看一家企业在员工和股东之间的分配比例，也会看到企业在长短期利益上的伦理导向。如果股东分配过多，就是短期利益导向。坚持长期利益优先的企业会降低资本的收入，增加劳动的收入，压缩分红，增加奖金，以便激励员工努力为公司工作。短期利益的激励是进攻性的，长期利益的激励是稳定性的；短期是机会性的，长期是战略性的；短期是要做大，长期是要做久。两者目的不同，因此，企业的短期利益和长期利益可以分开来算，员工的短期薪酬激励方案和长期股权激励方案可以分开设计，企业的短期发展战术和长期发展战略也可以分开设计。

短期利益服从长期利益的原则，是以假定长期利益大于短期利益为前提的。没有人会牺牲一个短期的巨大利益来换取长期的微小利益，没有人傻到现在有个西瓜不要而等着去捡长期的芝麻，没有人会用上百块钱的大鱼做鱼饵去钓几块钱的小鱼。因此所谓的长期利益实际是一个大利益，或者是一个不断积累起来的长久利益。在不太富足的家庭，妈妈煮饭看着饥肠辘辘的孩子，也不肯在锅里多放一把米，是因为她要考虑到青黄不接的时候，一旦无米下锅，会饿死孩子们。这是会过日子的妈妈。不会过日子的妈妈丰收了就大吃大喝，灾荒了则不知如何存活。企业保持激活机制，就是保持一定程度的饥饿感，持续努力工作，争取家里的米多一些。

曾经流行一句话："明天是美好的，但不要在黎明前死去"，说的是尽管长期利益很高很大，但是如果你活不到长期，那长期利益再好也不是你的。所以，企业首先要活下去，只有活着，才有长期利益。涉及生存的短期利益重于长期利益，涉及活着的当前利益重于长期利益，这里讲的是企业底线的问题。

二、美日企业的利益导向

相对于日本企业，美国企业好像更加注重短期利益。美国的职业经理人市场发达，企业管理者经常从一家公司跳到另一家公司，业绩不好很容易被董事会解雇。比如，业绩好的时候，美国通用电气公司每一任 CEO 平均任期为 12.5 年，韦尔奇（Welch）甚至担任了 20 年 CEO，后来的伊梅尔特（Immelt）也干了 16 年，但是由于通用电气业绩大幅下滑，仅仅干了一年弗兰纳（Flannery）就被解雇了，而且来了一位空降 CEO 卡尔普（Culp），董事会说了算，股东说了算。他们考虑的主要是公司市值。

通用电气在美国企业里还算重视长期利益的，现在的美国创业企业，以股东为大，以融资能力为尊，追求上市目的，5～6 年上不了市就赶紧破产，企业寿命基本是 5 年一个轮回，美国各种风投公司的兴旺更是推动了这种短期利益导向。

相对于此，日本公司比较考虑员工的利益，大公司基本是终身雇佣制，即使是上市公司业绩差、市值差，和公司董事长好像也没什么关系，大家按部就班地从内部逐级升迁，一代接着一代当领导。他们更加注重长期利益，而不是任期内有多好的业绩，只要不出大问题，比如企业曝出丑闻等，就可以干到年龄，光荣退休。

日本企业中的股东力量不强，主要靠稳定客户拉动发展，靠员工常年努力推动成长。企业追求百年老店，不追求上市的百年、几百年甚至上千年的家族企业数量庞大。

一般来说，日本企业主要依靠员工服务客户追求做久，美国企业主要依靠投资给股东带来资产增值追求做强。

中国企业尤其是创业企业有向美国企业学习的倾向，抓风口，重融资，拼上市。

总体看来，无论是企业文化，还是企业伦理，在改革开放以来到20世纪末，中国企业受日本企业影响较大；而随着日本企业的相对衰退，进入21世纪以来，中国企业受美国企业的影响显著增强，中国企业追求短期利益的行为增多。

思考题

1. 你赞成为达目的不择手段的观点和做法吗?

2. 有人认为现在的年轻人更强调个人主义，集体主义不再那么重要，你怎么看?站在企业的立场上，你又怎么看?

3. 你如何理解效率的概念?你如何理解公平的概念?请举例说明。

4. 请思考一下长期和短期的辩证关系。你认为长期是由短期构成的吗?请举例说明。

案例

L公司商业准则

L公司力争优秀，我们相信竞争必须是公平的。无论在世界哪个地方开展业务，我们都会严格遵守最高的道德准则。我们将这种信念通过明文规定的商业准则传达给所有员工。准则如下。

1. 操守准则

诚实、正直地从事商业活动并尊重其所涉及各方的利益。

2. 遵守法律

L公司要求其各公司遵守所在国的法律和法规。

3. 员工

L公司要求其各公司在员工的招募、雇用和职位提升时基于员工的能力及表现。

L公司保证为其世界各地的员工提供健康和安全的工作环境和条件。

L公司确信与其员工之间建立良好的沟通是至关重要的，通常通过公司内部的信息和咨询程序来实现这个环节。

4. 利益冲突

L公司希望其员工避免与公司利益相冲突的个人行为和个人利益，同时，采取相应的步骤保证员工在这方面受到适当的指导。

5. 公开活动

L公司不参与任何政治活动。

L公司努力推广并保护其合法的商业利益。为做到这点，可能直接或通过商会等团体提出问题，并对政府的有关行动和决定提出建议。

L公司在其经验可以用到的地方，积极鼓励与政府部门、个人、团体、代办处或其他团体合作参与可能影响其合法利益的立法和其他条例的制定等活动。

L公司鼓励配合政府部门和其他机构就其商业活动或所处团体有关的问题做信息查询、调查研究和咨询。

6. 产品保证

L公司致力于不断提供物有所值的产品，并保证产品使用的安全性。

7. 环境问题

L公司承诺在开展商业活动的同时建立起良好的环境保护意识。因此，其目标是：在不影响公司合法利益的同时，保证其产品及生产过程对环境给予积极的保护。

8. 竞争

L公司坚信公平竞争并支持适当的竞争法律的完善。员工将得到指导，以保证正确理解这些法律。

9. 可靠的财务报告

L公司的财务记录和有关文件必须准确地描述和反映所有交易的性质。不建立任何不公开或无记录的账户、基金或资产。

10. 贿赂

L公司不通过收送贿赂来取得业务和经济上的好处。L公司指导员工对于任何行贿和受贿的要求必须立即拒绝。

11. 适用范围

此准则适用于L公司在世界各地的所有公司，也在L公司全球的合资企业中得以积极推广。这也是L公司决定是否参与或者继续任何合资企业的重要因素。

12. 执行依据

L公司董事会负责将该准则所体现的精神传达给员工，并保证其理解和遵守。公司内部独立的审计部门将帮助董事会监督此准则的执行。

L公司董事会不会责难其管理层因坚持执行这些准则而造成的业务损失。同样，董事会保证员工在提请高级管理层注意有关违反或可能违反该准则的行为时，不会受到不公正的待遇。

问题

分正反方辩论本章中的四个问题。

1. 正方：要追求目的伦理。　反方：要追求手段伦理。
2. 正方：尊重个性比集体主义重要。　反方：集体主义比尊重个性重要。
3. 正方：效率第一。　反方：公平第一。
4. 正方：短期利益比长期利益重要。　反方：长期利益比短期利益重要。

第 4 章
从企业文化到企业伦理

引导案例

老人的担心

追求卓越科技有限公司总经理孟先生今年整 40 岁，孔子曰“三十而立，四十不惑”，可孟总偏偏到 40 岁遇到了不少的困惑。

家里老人 60 多岁了，最近抱怨很多，说来让人奇怪，其中最主要的是嫌孟总公司办得太好。年营业额接近 20 亿元，利润率比同行都高，而且每年还在快速增长，公司员工差不多每年翻番地增加，已经成为当地小有名气的公司了。孟总个人也有了几亿元的财产。老人看到孩子办成了这么大一家公司，总担心会出什么事，整天提心吊胆，近来还连续生了几场病。

一些亲戚的话就比较直白了：“钱是挣不完的，别钻到钱眼里去了，回家多陪陪老人，尽尽孝心吧！”孟总被说得不好意思，可又没法辩白，每天工作确实很忙，没有多少时间回家看看。再说现在拼命工作和以前不一样了，以前是为自己赚钱，现在是为别人赚钱。现在赚多少钱和自己的生活质量已经没有多少关系，可公司还有不少负担呢！

公司里那么多员工还等着呢！竞争对手还在那盯着呢！客户那里有那么多设备还运行着呢！怎么撒得了手？

12年前，现在的孟总当时还是一个国有大型科研所的一名工程师，所里人才济济，可研究出来的科研成果总是转化不成商品，每年花国家不少的科研经费，最后都变成了所里的样品和杂志上的论文。大家靠这些填补国内空白的成果高兴了一番，也没有耽误评职称，可总是觉得花了钱没给国家挣钱心里不舒服。看来觉悟还挺高，实际上也还有别的理由——在所里干收入太少。眼看着毕业后去外资公司和独立办企业的同学腰包慢慢鼓起来，孟总心里总不是滋味，心一横就出来创业了。

孟总创业还不是单打独斗，而是和妻子商量好一起开了公司，也就是所谓的“夫妻店”。不过还真不能小瞧孟总的公司，因为夫妇俩都是电子学研究生毕业，手头还有几项专利，一开始就是家形象不错、档次不低的高科技公司，夫妇一起创业的决心下得也是不容易，真有点破釜沉舟、不成功便成仁的意味。公司名字叫“追求卓越科技有限公司”，也能反映出他们的宏伟志向。一靠技术、二靠诚信、三靠执着，也有些机遇被他们抓住了，短短十几年公司就成气候了。可未曾想到的问题又摆在了面前。

刚开始创业办公司时，家里老人很支持，孟总夫妇一连许多天吃住在公司开发产品，老人还帮忙带孩子。现在条件好了，公司大了，老人反而不支持了。作为一家民营公司，孟总在商海里摸爬滚打十几年，经营管理包括技术上的事情基本没什么拦得住，可孝心较重的他还真不知道怎样才能解决这家里的难题。

本案例是现实生活中的一个常见案例。如果你遇到这种情况：(1) 你怎样向老人解释这些情况，让老人安下心来？(2) 老人和亲戚们的想法代表了一种什么社会观念？你怎样看待和处理？下面进入本章的讨论。

第1节　企业文化、企业伦理与伦理资本

一讲到企业，多数人想到的就是卖产品，其实企业可卖和能卖的很多，刚开始卖产品、卖服务，后来卖品牌、卖技术，再后来还可以卖标准、卖规则、卖文化、卖伦理等。

古人云：穷则独善其身，达则兼济天下。本书以为：弱者自强，强者自律；穷者致富，富者为仁。国家电网、华为等众多大公司社会责任报告的发布、商业行为准则的出台、SA8000认证的增多、企业诚信档案和员工诚信

档案的建立等一系列新动向的出现，标志着日益成长的中国企业正在由文化管理层次上升为伦理管理层次。事实上，这也是国际上优秀大公司所走过的、被证明切实有效的企业成长道路。据统计，美国有 85%、日本有 40% 以上的公司制定了企业伦理大纲或商业行为准则，中国企业正在追赶上来。

一、近似但不同的文化与伦理

文化和伦理是企业管理中两个最为接近的领域，一般企业的管理实践中往往把它们混在一起，但从优秀企业的管理文件看，分别有《企业文化纲领》和《企业伦理纲领》，它们至少有如下三点区别：

第一，企业文化更强调企业的特殊性，而企业伦理则追求企业的普遍性。企业文化用词多为激励和约束干部、员工言行的，诸如团结、自强、奋斗、创新等，而企业伦理用词多为宣示和约束企业言行的，诸如诚信、品德、责任、道义等。企业伦理多涉及企业性质和行为的普遍性问题。

第二，企业文化主要追求核心价值观被组织成员认同，而企业伦理则要求企业与社会大环境的关系调适。企业文化要营造组织的核心价值观，企业伦理则必须考虑社会的共性价值观。

第三，企业文化主要讲价值观，重排序不重取舍；而企业伦理则比较强调道德观，重取舍不重排序。价值观方法是在两善（两利）或两恶（两害）中排序，道德观方法是在善与恶、利与害、好与坏中取舍。

二、企业越大社会责任越大

讲诚信，讲伦理，讲社会责任，是对中国企业在国际化、职业化、成熟化过程中的一种必然要求。企业的成长必然要求管理的进步。

人的成长有一个由环境依赖到自我独立，再到和谐共生的过程，企业的成长也是如此。当前中国部分优秀企业的成长特征之一就是在由自我独立走向和谐共生。要和谐共生，就需要责任使命的意识，需要静水潜流的心态，需要内外环境的融合，需要对世界大同的追求。

企业成长就像在地上画圈，圈越大，接触的外界边缘就越大，就不像过去那样在独特企业文化所营造的、相对封闭的、内部的、狭窄的环境中生存，企业要考虑的环境要素不仅集中于市场、技术和政府等，而且涉及民族、宗教、政治、国际关系等，要进入跨文化管理的层次。

你对社会的影响力越大，社会对你的反作用力就越大，要求也就越高，伴随影响力而来的是大的责任。优秀企业对此是认知清晰、行动积极的。企业发布社会责任报告，就是要向社会昭示企业的定位、追求以及应承担起的企业公民责任；企业制定商业行为准则，是强调企业对员工的期望，明示企业所关注的问题，教育员工用伦理准则指导自己的言行。

企业在追求做大做强的同时，往往忽视和不适应公众对企业更大和更强的社会责任需求，因而会造成不必要的利益和形象损失。

办企业的同时要兼顾社会责任，这是对中国企业发展到一定阶段时内在和外在的必然要求。我们必须承认一个事实：中国本土企业的社会责任意识与很多跨国企业相比，存在不小的差距，大多数本土企业还停留在“不得已而为之”的“尽义务”阶段。即便是有心为之，也不知如何有效地承担社会责任，更不知道如何将社会责任与企业经营目标和使命结合起来，如何才能在不损害企业竞争力的前提下实现企业和社会的和谐。

人们不会忘记 2008 年汶川大地震时，万科公司那次因王石的博客所引起的“捐款门”危机事件。这显示了公众对房地产龙头企业万科和优秀企业家王石的高度期望。大家都在尽其所能捐款之时，王石在自己的博客里提倡每个员工的捐款以 10 元为限。有企业捐款上亿元时，万科捐了 200 万元，还说明地震前已经捐了很大部分，董事会授权能再捐的额度只剩 200 万元。在一般公众倾尽全力踊跃捐款救灾的特殊时期和氛围下，王石的“以理搏情”惹了麻烦，激动和感性的公众不买理智和冷静的王石的账。在这个时候，没有严格的公司发言人制度、王石本人在博客上的“内话外说”也是导致危机的原因之一，因为是知名人士、知名公司，具有较大的影响力、号召力和标杆作用，公众对其要求会更严格。

从伦理管理的角度看，这里存在两对矛盾。

一是制度性和灵活性的矛盾。企业高层对四大类问题是必须亲自处理的，那就是：原则问题、重大问题、突发问题，例外问题。这四大类问题各有不同的处理方式。王石把原则和制度放在第一，“以董事会授权的最大单项捐款数额”和“企业的捐赠活动应该可持续，而不应成为负担”为由，认为“200 万元是个适当的数额”，并提示“每次募捐，普通员工的捐款以 10 元为限”，其意就是不要让慈善成为负担。这种说法本无大碍，但他忽视了这样的大地震是几十年甚至几百年不遇的事情，属于突发和例外事件，应有灵活的特殊应对措施（比如不能改预算，但可申请特别经费等），王石的失误，应该是错将突发问题或例外问题当成原则问题和制度问题来处理。

二是股东利益优先还是社会利益优先的矛盾。捐不捐款必须走股东大会的程序，要维护股东权益。但如果社会形象处理不好，作为公众公司和大众产品供应商，又会反过来对股东利益造成更大损失（事后又追加1亿元的救灾捐款都难以弥补万科的形象损失）。可见，一个社会责任管理优秀的企业，必须将处理与利益相关群体关系的准则更正确、更清晰地确定下来。

各公司处理利益相关群体关系的准则是不同的。美国强生公司是客户第一、员工第二、社会第三、股东第四的排序。其实，万科是最早学习西方公司而制定商业行为准则的中国公司之一，万科的这次捐款好像很好地体现了其处理利益相关群体的排序原则——客户第一、投资者第二、员工第三、社会第四。作为上市公司，王石先生及万科公司把投资者利益和制度规则排在较靠前的位置。这种核心价值观的优点是可以保证公司实现制度化的可持续发展，但缺点是难以应对突发和例外事件。这可能是造成这次事件的原因之一。

企业的制度化和规范性好，相对而言灵活性就差些，因而企业的新闻发言人不能随意对外发言，不能将个人观点和公司官方发言混为一谈。万科的新闻发言人制度似乎没有被严格执行，王石就是万科，万科就是王石，新闻发言人和王石到底谁代表公司不太明确。于是大家就会把王石的账记在万科身上，将万科的账又记在王石身上。

和万科相比，王老吉在那次抗震救灾中的做法则更妥当，更及时有效地回应了社会公众的期望。尽管有人认为其可能有通过网络营销方式“忽悠”网友的炒作嫌疑。

营销讲究意外性和超值服务，而人们也越来越追求心理利益。使客户或公众获得意外心理利益而受益的企业一定会是领头者、创新者，跟风者是得不到这种收益的。王老吉实际上是在此关头定下了一个企业公民的较高社会责任标准，并将其固化为社会期望水平，众公司只能遵从之。这又应了我们的一个观点：三流企业卖力气，二流企业卖产品，一流企业卖品牌，超一流企业卖标准。

真正成功的营销是超越产品营销的公司营销。产品营销主要是针对客户的，公司营销则是针对各个利益相关群体的全方位营销。公司营销的机制下，企业既卖产品、卖质量，又卖品牌、卖形象。从社会责任营销的角度看，管理者的重要任务之一是处理好与公司利益相关群体的各方关系。

强势企业的营销方式往往会使其被社会要求负起更多的社会责任，跨国公司也是这样一步步走过来的。雀巢公司在一些经济较为落后的发展中国家促销其婴儿奶产品时，一直采取进攻型营销策略，利用广告、直销等多种手段向消费者、医生及其他医疗人员展开大规模促销活动。公司雇用了几百名“奶护士”在医院等场所直接与消费者接触，她们称自己曾是护士、营养专家或接生人员，通过看望孕妇、赠送样品等方式试图说服新生儿母亲或她们的家属不要用母乳喂养，而是改用婴儿奶产品。对于没有经验的消费者来说，这些穿着工作服的“奶护士”具有很强的说服力，从而大大促进了婴儿奶产品的销售。

但这些促销行为后来遭到了谴责。批评家认为，这些“奶护士”实际上是伪装的促销人员，存在对消费者的误导行为。人们对雀巢公司这种促销行为的批评主要集中于以下几点：(1) 曾有案例显示，用婴儿奶产品喂养婴儿可能导致婴儿死亡；(2) 育婴指南中忽略母乳喂养的好处或者未做强调；(3) 媒介促销引起误导，鼓励贫困、无知的母亲用婴儿奶产品喂养，而非母乳喂养；(4) 广告宣传中将母乳喂养描述为原始和不便的行为；(5) 用免费礼物和样品直接诱导用婴儿奶产品喂养婴儿；(6) 婴儿奶产品的价格对于多数顾客而言过于昂贵，因此顾客往往对婴儿奶产品加以稀释，影响了婴儿的营养和发育。

如果是在其他国家，雀巢公司的这种营销方式也许会被视为典范而加以推广，但是在较为落后的发展中国家却碰了壁，被认为是对思想单纯的人的误导营销，因此不得不加以改进或放弃。

俗话说，买的不如卖的精。交易双方讨价还价，斗智斗勇，各为自己的利益着想，公司方更专业、更强势一些，有什么不公平的！但在这里，批评家要求雀巢公司应具有最大的诚实和对弱势消费者的关心。可见，一个公司尤其是强势公司的营销行为，不仅要考虑产品质量和自身利益，还要考虑消费者的地位、其他社会群体的感受甚至批评家的意见。现代社会中，企业作为企业公民，要负起应有的社会责任：富者强者更要成为仁者。

总而言之，企业的本质是功利组织，但绝不能忽视自己的公民身份。要时刻注意公司在公众心目中的位置，关注公司与公众形成的心理契约。

三、企业和个人伦理资本的增值

一个企业在成长过程中会积累三种资本：财务资本、人力资本和伦理资本。华为公司的商业行为准则中写道：华为几十年来铸就的成就只有两个字——诚信，包括对客户的诚信，对社会、政府的诚信，对员工的诚信。诚信是华为最重要的无形资产之一，只要坚持下去，诚信所创造的价值将是取之不尽、用之不竭的。

当企业弱小的时候，客户对企业的信任首先会不足。用户不是在选择产品，而是在选择企业，选择对企业文化和企业伦理的信任程度。中国企业与世界著名企业在伦理管理上还有不小的差距，我们要向 IBM、微软、通用电气、英特尔、宝洁、沃尔玛等学习，不断缩小与它们的距离。

回首中国企业的成长历程，我们铸就诚信是要经过艰苦卓绝的努力的，某些中国产品在国际市场上出现质量问题，有自己的原因，有竞争者的手段原因，也有别有用心的人的计谋原因，很多时候还不得不背负不讲诚信伦理的企业给其他企业造成的包袱。中国企业在国际市场上与西方企业竞争，迫切需要由中国货便宜转向中国货可信、中国人可信的阶段。只有伦理资本才能真正保证我们利益的长久和最大化。

我们能做的，也是必须做的，是在力所能及的范围内，讲究企业伦理，增值伦理资本。这是任何一个追求成为世界级公司的企业所应有的态度。任何一个国家、任何一个民族，都必须把建设自己祖国的信心建立在信任自己的基础上，才会获得平等与尊重，一个企业、一个人也是如此。

有人可能会想，我只是个小企业，我只是个新员工，是不是现在可以不要讲企业伦理，以后再说呢？

恐怕不行。

伦理是一种资本，讲伦理是一种投资行为，需要长期不懈的努力才有回报。新办企业或者新员工，讲求诚信至关重要。因为这是铸就品牌、建立信誉的关键时刻。这第一步迈不好，一旦造成不良影响，就等于投资失败，以后再想改变会很难。

确实，讲诚信是需要成本和持续努力的，但不讲诚信会付出更大的代价，有时一句谎话就可能使你的人生破产。说一句谎话，可能要编造十句谎话来弥补，人会越陷越深，不可自拔。有一个杀人犯，法官问他为什么非要杀那个人，他回答说：“我其实特别想当一个好人，但也只能把他杀掉，我才能恢复成一个好人，因为我所干的坏事他知道的太多了。”

随着人生阅历的不断增长，我们会逐渐明白“身安不如心安，位高不如德高”的道理。从趋势来讲，随着知识社会的来临，随着教育培训的发达，人的知识能力水平会越来越接近，一个人在未来社会上立足的核心竞争力，会越来越从能力转向伦理品德。

值得注意的是，企业伦理与一般伦理的本质不同是企业伦理的功利性，这就是企业伦理管理的“三个有利于”原则——有利于提升企业绩效，有利于加强企业管理，有利于推动企业成长。改革开放初期，我们讲“不管白猫黑猫，抓住老鼠就是好猫”，要的是企业效益；现在我们重视企业伦理，只管赚钱的企业不一定是好企业，但是，我们也不能为了重视区分猫的颜色而忘掉猫本来是应该抓老鼠的。

第 2 节　企业利益相关群体的排序

作为一个具有公民身份的组织，企业的行为妥当与否，主要是由社会上的他人评价的，这个“他人”包括投资者、员工以及客户、供应商、竞争对手、债权人、债务人、社会公众、政府、媒体等，如图 4－1 所示。

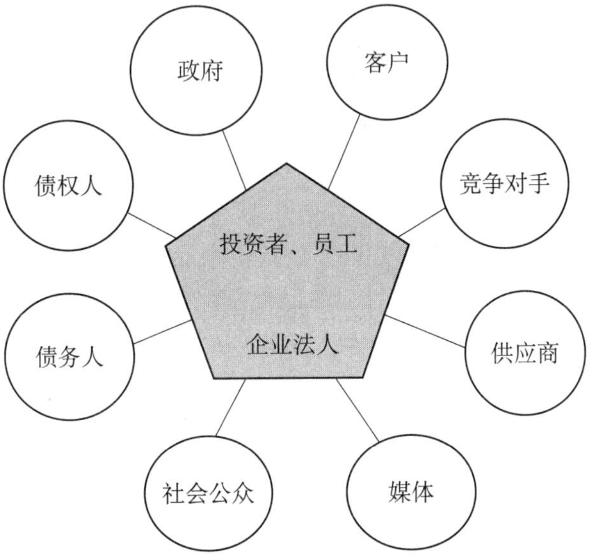

图 4－1　企业的利益相关群体

关键是各利益相关群体如何排序。

企业是功利组织，不赚钱投资者就会不喜欢你。但赚钱的企业为什么也有人骂呢？因为企业还有除投资者之外的其他利益相关群体存在。消费者说它是靠卖假冒伪劣产品赚钱的，竞争对手说它是靠不正当竞争手段赚钱的，合作者说它是靠坑蒙拐骗赚钱的，环保局说它是靠污染环境赚钱的。也有的企业什么事也没犯，就是得罪了媒体或者官员，于是也少不了挨骂。因此我们并不能笼统地定论企业的好坏，而需要具体分析企业是否对利益相关群体负起了应有的社会责任。

分析企业与其利益相关群体的社会责任关系有三个要点：第一，站在哪个群体的立场考虑问题；第二，企业能够满足几个群体的需求。第三，企业把哪个群体摆在最重要位置。

第一点比较容易明白。比如，蒙牛乳业公司的创业纲领是这样写的：股东投资求回报，银行注入图利息，员工参与为收入，合作伙伴需赚钱，父老乡亲盼税收。这个纲领隐含一个先决条件：一切群体都追求利益最大化。各个群体都有自己的需求：股东要的是分红和资产增值的最大化；员工要的是工资福利收益的最大化；客户要的是产品和服务的性能质量价格比的最大化；政府要的是税收和就业等的最大化；债权人银行等要的是债务人按时还本付息；等等。你站在不同的立场，对企业行为的判断就不一样。比如你是员工，即使企业很赚钱、产品很好，如果工资福利太差，你也不会对企业有好感。企业给政府缴再多的税，员工的收入再高，作为消费者你买了企业的伪劣产品，也可能会对该企业留下坏的印象。

第二点，企业需要满足的利益相关群体越多，就可以说企业的社会责任越大。简单讲可分为六个主要利益相关群体。第一是客户。企业必须用自己的资本、劳动、技术和管理创造产品和服务满足特定客户的需求，对客户负责。企业主观上是为了盈利，但盈利的前提条件是必须为客户服务，为客户创造价值。站在客户的角度讲，企业给客户提供了价廉物美的产品和服务，这个企业就是不错的。我们平时所说的企业声誉，主要就是客户满意度和客户忠诚度。第二是股东。没有股东（投资者）就没有企业，股东投资的目的就是获利。企业分红了，资产增值了，股东尊敬你，认为你是好企业，就可能再给你投资，企业就可以获得更大的发展。无论股东是国家、法人还是个人，他们的根本利益追求是一样的，只要你对提高股东利益有贡献，就会认为你是一个负责任的好企业。第三是员工。不能提供好的工资收入、福利设施和劳动条件的企业，是不受员工欢迎的。第四是友商（竞争与合作者）。企业能够遵循正当的市场交易原则，妥当地处理与竞争者、供应商、合作企业的关系，就会成为受业界尊敬的和负责任的企业。第五是政府。合法赚钱的企业一定会在经营过程中依法纳税，包括流转税、增值税、所得税以及各种事业杂费。来自企业的税收是政府运转和社会公共福利事业建设的重要支柱之一，政府看一个企业好坏，重要标准之一是它是否按时依法纳税，纳多少税。第六是社会公众。环境保护、社区贡献、慈善捐助等，是企业博得社会大众尊敬的重要举措，是企业的慈善责任表现。

六个方面都能做好的企业，一定是能够担负广泛社会责任的企业。现实情况是，能够全面做到这些很不容易，需要企业具有较好的经营状况、财务状况和企业家高度的社会责任意识、高超的社会责任管理水平。

第三点，企业把哪个利益相关群体摆在最重要位置。绝大部分企业把客户放在第一位，但其后的排序各有不同。前面已经讲过，强生公司的排序是员工、社会和股东；万科公司的排序是股东、员工和社会；不少公司的排序是员工、股东和社会。蒙牛公司推崇的是中国式思维模式：和谐共赢，不做排序；以股东、银行、员工、伙伴、社会五方的利益为利益，建立大利益圈，形成“五赢格局”。

现实中，企业处理好与这些利益相关群体的关系并不那么容易。共赢和利益平衡是需要智慧的，很多时候是满足了一方却损害了另一方。万科的捐款门事件就是如此。比如，增加员工的工资就可能增加了成本、减少了利润、减少了股东的分红、减少了政府的税收；照顾了投资者的利益和员工的利益，却可能辜负了公众的期望。所以，在没有条件同等程度地满足各个利益相关群体利益的时候，企业的决策就会因责任观、价值观不同而产生不同的排序——是股东利益导向，员工利益导向？还是社会利益导向，或是政府利益导向？

图 4－2 中的这个金字塔企业应该怎么摆放？这是需要智慧才能解开的

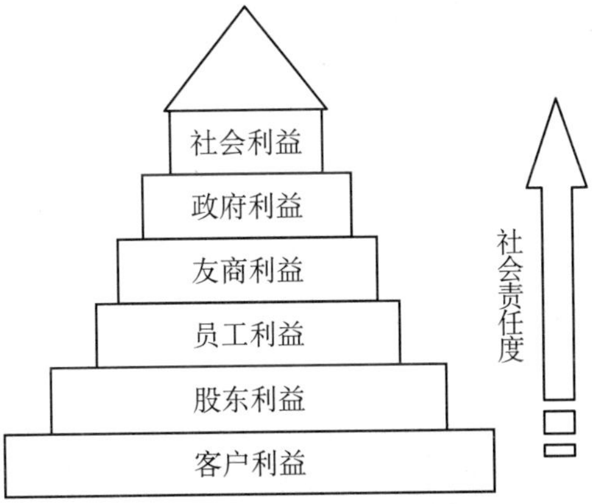

图 4－2　企业利益相关群体金字塔

两难课题。

第3节 企业社会责任标准体系

一谈到企业的社会责任，人们往往是想到打击假冒伪劣产品，想到保护环境防止污染问题，想到企业捐助希望工程、抗震救灾的善举等，其实，企业的社会责任早就不仅仅停留在理念、言论层次，也不仅仅是偶尔的行动，而是已经形成各种具体化、操作化的国际标准体系。

说到ISO9000和ISO14000标准体系，大家可能已经很熟悉，但说到SA8000，FLA，ETI，WRAP①这些企业社会责任标准和组织，十分了解的人可能就不多了。现在的消费者不仅希望买到的商品质优、价廉、环保，还希望这些产品是在“体面”的工厂制造的。这种“体面”的工厂就是符合SA8000等社会责任标准体系的工厂。

1997年，总部设在美国的社会责任国际（Social Accountability International，SAI）发起并联合欧美跨国公司和其他国际组织，制定了SA8000社会责任国际标准（Social Accountability 8000 International Standard，SA8000），建立了SA8000社会责任标准认证制度。这个制度规定了企业使用劳工的标准，所以也叫国际劳工标准。那些不符合标准，存在损害员工权益、使用童工等现象的“血汗工厂”生产的产品是没有人会采购的。这种不负责任的采购商和制造商一经发现，则会遭到消费者的罢买抵制，使其失去生意；会遇到工会的罢工抵制，使其生产计划受到影响；会遭到公众和媒体的舆论抵制，使其形象和声誉受损失；会遇到投资者和股东的抵制，使其股票价格下跌；甚至可能被诉诸法律，支付罚金和赔偿。

2001年12月，社会责任国际又发布了SA8000标准的2001年修订版。同ISO9000质量管理体系标准和ISO14000环境管理体系标准一样，SA8000标准作为全球第一个可用于第三方认证的社会责任管理体系标准，任何企业或组织均可以通过SA8000认证，向客户、消费者和公众展示其良好的社会

① FLA即公平劳工协会，是一些美国公司、非政府组织和135所大学组成的非营利组织，旨在通过公司和非政府组织的联合行动，改善跨国公司海外合约工厂的劳工问题。ETI即道德贸易行动守则，是由英国政府支持，由零售企业、工会和非政府组织组成的联合体，旨在鼓励公司采用外部监督资源，遵守基本的劳工标准。WRAP即环球服装生产社会责任守则，是美国服装制造商协会制定的服装制造厂商社会责任标准。

责任表现和承诺。

在现代市场机制日益完善的条件下，企业已经不能仅仅靠几句诚信、仁义、童叟无欺等宣传语来维持经营运作了。企业爱财，取之有道，今天这个“道”已经变成具体可操作的标准体系，企业必须系统地筹划和考虑作为一个企业公民的社会责任问题，积极准备和进行这些标准的认证，发布企业社会责任报告等，因为这些新型的企业管理课题直接关系到企业的利益，关系到企业的生存和发展。

重视社会责任营销真的和企业经营、经济效益有那么紧要的关系吗？如果你的产品市场只局限在一个小县城范围之内，问题可能不大；但是，如果你是一个做出口产品的企业，不重视社会责任营销的结果可能就是——产品根本卖不出去！

据统计，全球超过 200 家跨国公司已经制定并推行公司社会责任守则，要求供应商和合约工厂遵守劳工标准，安排公司职员或委托独立审核机构对其合约工厂定期进行现场评估。其中，耐克、锐步、阿迪达斯、迪士尼、美泰、雅芳、通用电气、家乐福等超过 50 家公司已经在我国开展社会责任审核，有些公司还在中国设立了劳工和社会责任事务部门。根据专家估计，目前我国已经有超过 1 万家企业接受这类审核，超过 5 万家企业随时等待接受检查。一些出口企业相关负责人深有感触地说，如今，不搞好劳工标准，简直没有办法和大公司做生意。我国出口到欧美国家的服装、玩具、鞋类、家具、运动器材及日用五金等产品，都受到劳工标准的限制。美国、法国、意大利等长期进口中国轻工业产品的国家的贸易组织制定协议，要求中国所有纺织、成衣、玩具、鞋类企业必须事先经过 SA8000 标准的认证，否则就抵制进口等。

为适应这种形势，中国的企业社会责任及其标准化运动也方兴未艾。2007 年国资委印发了《关于中央企业履行社会责任的指导意见》，以国家电网公司为首的众多中国公司推出了社会责任报告，众多公司制定了商业行为准则，成为了联合国《全球契约》成员，中国企业评价协会、清华大学研究制定《中国企业社会责任评价准则》，民间企业推出 HM3000 中国企业社会责任标准体系，并成立中国企业社会责任联盟。企业越大，社会责任越大，这已经成为不可逆转的趋势，社会责任营销已成为企业经营管理的一个组成部分。包含赈灾慈善等在内的企业社会责任活动已经成为常态，企业的社会责任活动在制度化、可持续化发展！

第4节 企业的三种责任和“三合”管理

不管白猫黑猫，抓住老鼠就是好猫！这一著名论断推动了中国的改革开放。40年过去，我们似乎要对猫提出更高要求了，那就是：猫抓老鼠的时候是否打碎了珍贵的花瓶？猫抓老鼠的同时是否偷吃了厨房里的鱼？对于企业这只“猫”，社会和时代的高要求就是：在努力实现功利组织使命的同时，企业还要关注其责任到底有哪些，以及如何处理好这些责任之间的关系。

我们先来看几个现实问题。

一、好员工为什么做坏事

作为一个销售经理，你对产品很懂行，对客户的需求也很清楚。你明知所卖产品的功能对客户来说是过剩的，5年后他也用不完甚至用不上，这将有损客户利益，但是，客户并不懂行。为了完成销售任务以不被公司批评、惩罚并获取丰厚的奖金，你会拼命去向该客户推销吗？

你是一家汽车4S店的维修部经理，管理层考核要求你必须在规定的时间内销售规定数量的蓄电池、轮胎、减震器以及仪表调校和刹车维修等服务，如果没有完成定额，就要扣减工资或调离岗位，超额完成则可以得到额外的奖金。你很清楚，如果不采取一些办法，你是很难完成定额的，比如你必须向顾客推荐一些不必要的维修和更换配件服务，而这些配件其实并没有坏。你会这么做吗？

如果从企业伦理的角度考虑这些问题，大家一定会说，这样做太不道德了！但是，如果要求大家预测一下如果公司的管理层已经确定了这样的定额和奖励机制，经理会不会这样做，大多数人认为他们会这样做，而现实中，这已经司空见惯甚至见怪不怪了。

我们不能说这些经理是不正派的人，我们没有理由认为这些人的个人品格道德有问题，但他们确实做了和做着“坏事”。

一般我们会认为好人做好事，只有坏人才做坏事，换句话说，坏事都是坏人做的，好人会自动地尽力地做好事，而不受其所处环境的影响。事实并非如此，把人们放在一个不道德的环境中，他们的道德会很快被侵蚀和损害。任务的压力和利益的诱惑会使好人在一定程度上失去判断是非好坏的能力，会使个人品格意义上的“好人”做出社会意义上的“坏事”。他们做坏事的理由是：“我只不过是做了别人让我做的事情，如果是自己做，我肯定做不出这种事来。”

因此，管理层需要保护好员工，至少不要诱惑或逼迫好员工做坏事。企业伦理管理就是要创造一种良好的伦理环境，不仅要防止坏人做坏事，也要不诱惑和逼迫好人做坏事。这个环境包括合适的任务量、合理的考核机制、妥当的培训、健康的工作氛围等。

可是话又说回来，在现实经营中，事情就不是那么简单了。管理层也有管理层的难处：管理层可能肩负巨大的经济责任和压力。比如公司的市场一直被竞争对手蚕食；某些企业经济效益太低，连给大批退休人员发工资和报销医药费都捉襟见肘；等等。管理层总要想办法使企业经营下去、维持下去，于是在生存压力、经济压力，当然也在利益诱惑面前，就可能出台对员工的高压性业绩指标、不合理考核体系、不恰当价值观导向，于是企业就成了一个使好人办坏事的“大染缸”。和员工一样，管理者虽然也是好人，但不得不办坏事，并让别人也办坏事！

二、“坏”客户引诱你怎么办

我们再看一个例子，假如你是一家汽车加油站加油机制造商，你的一个重要客户想尽快占领加油机市场，要你为他加工一批特殊加油机，说白了就是加油站的“偷油机”——实际加了 58 升，但加油机的数字会显示为 60 升。你的公司一直强调客户就是上帝，但这样的上帝来了你要不要服务？这样的订单你要不要接？

你可能会说，这种违法的事绝对不能干！你也可能会说，做人、做生意要讲良心、讲诚信，骗人的事不能干，要不晚上睡不着觉。你还可能说，这样的不良客户根本就不应该再交往，还算什么上帝！

你从合法和合德的角度出发做出这样的决定，我们很赞成！

但事实上，这件事可不是这么简单就能决定的，有太多的情况会使我们犹豫起来。比如，你公司的经营状况可能不太好，太需要这笔订单了！你的公司规模不大，做完这一笔就洗手不干了，谁也找不到你！你知道市场上一定有人在这么干，甚至这是比较普遍的现象，你不干心里会很不平衡。你不干，竞争对手可能会干，你可能失去这样一笔大订单，影响市场占有率和竞争力，而且对净化市场环境于事无补。

你还可能会说，这种事风险太大，不能干！但客户说，我帮你想办法控制风险，比如你只提供能改变计量数字的配件就行，我们自己改装。经不住诱惑，企业可能就把合法、合德的原则抛到九霄云外了。

总之，在市场经济秩序不太规范的大环境中，在你也有难处的时候，是不容易独善其身的。企业社会责任意识就是要求你在追求经济目的的同时，也要考虑社会利益进而做出应有的决策。这是企业在经济利益追求和非经济利益追求之间的一种理性权衡行为。企业一定要有效益，这是企业的使命，但企业在实现使命的同时也要负起应有的责任：保证所提供商品本身的质量，保证顾客服务的质量，坚持对客户诚信，关注顾客满意度，为满足顾客需求不断改进产品和服务、提供更多的产品和服务等，而不能为达目的不择手段，采取销售有害商品、劣质产品，虚假或夸大广告，歧视，欺诈等不当或不道德营销行为。

理性权衡是一种有利于企业可持续成长的模式。正如哈佛大学商学院的企业伦理专家佩因教授在描述壳牌公司的可持续成长模式时所说，能够权衡道德和经济目标而决策的“理性人”的公司有别于纯粹的“经济人”的公司，这种公司具有以下特征：

(1) 公司致力于获得道德和经济上的优异表现；

(2) 公司管理系统与公司财务及非财务责任保持一致；

(3) 公司的决策框架把社会和经济要素融合在一起；

(4) 公司从道德和经济两个维度评价员工业绩；

(5) 公司员工以诚信道德人的身份相互来往并与外部的各方交往；

(6) 公司作为一个整体按照社会的期待以道德人的标准行事。

但是，除了道德和经济目标的协调，我们如何更完整地理解企业的责任呢？这就是我们下面要讲的三合原则。

三、三种企业责任与三合

企业是一个由人、财、物和知识等经营资源构成的，通过向社会提供商品和服务来实现功利目标的组织系统。作为法人组织的现代企业，其责任最少有三个方面：一个是法律责任，一个是经济责任，一个是社会责任。所谓三合，讲的是针对这三种责任的企业经营行为的合法、合理、合德要求，而且三合的力度也有所不同，基本原则是：下须合法，中要合理，上求合德（见图4－3）。

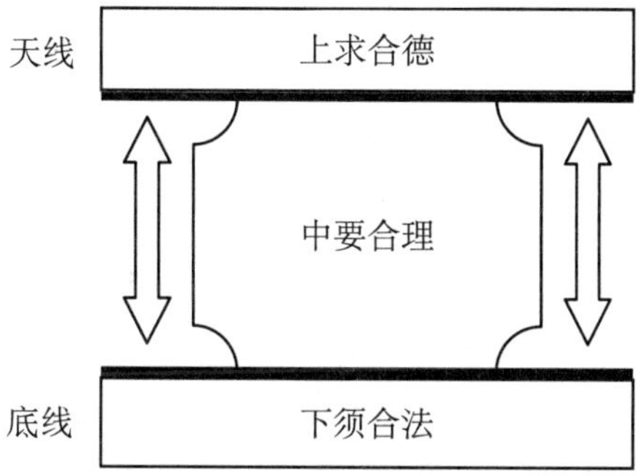

图4－3　三合管理原则

下须合法——企业首先必须对自己的经营行为和结果负法律责任。如果企业的经营行为置法律于不顾，连底线都突破了，无论如何是活不下去的。尽管目前社会的法治水平还不太高，某些法律本身还有不合理和不道德的地方（比如法律要求过高导致大多数人做不到，审批事项太多，某些领域甚至到了合法就无法生存的地步），但是企业只能是遵守和适应，顶多是在企业具备一定实力时通过参政议政帮助完善法律。

中要合理——企业要履行天职赋予其的经济责任。这是企业作为一个经济组织的核心责任，企业投资者将资产委托给管理者，管理者就要为投资者回报合理的收益，就要尽职尽责，努力创造机会，开拓创新，实现企业应有的经济效益。从这个意义上说，经济责任可以说是企业的使命。正如松下幸之助所言："企业不赚钱，是对社会的罪恶。我们取用社会的资金、社会的人才，却没有创造利润，那就是浪费了社会可贵的资源，这些资源如果用在他处，将会更有效果。"

上求合德——企业要承担应有的社会责任。企业由小到大、由弱到强发展，一般会经过一个三段式的成长过程。第一是创业阶段，为了生存只知道赚钱，你必须做出好产品满足客户的需求、赚钱养活自己才行，这时最需要的是"生存之道"。第二是成长阶段，企业开始了解怎样赚钱，需要规划好自己的成长战略，做好企业文化和管理制度，这是"君子爱财，取之有道"的阶段，企业开始思考社会影响、社会形象，最需要的是"君子之道"。第三是成熟阶段，企业开始思考该不该赚钱，因为赚钱对于已经有核心竞争力的企业来讲已经比较简单，甚至在业界处于绝对优势地位，在很多情况下，企业的决策是在舍得之间求得平衡——不仅要赚钱，而且要捐钱；不仅要参与竞争，而且要维持秩序；不仅要获得财务成功，而且要获得社会尊重。作为一个企业公民，应该做什么，不应该做什么？应该赚什么钱，不应该赚什么钱？“应该不应该”的思考就是道德层次的思考，这时最需要的可能是职业之道了。

企业从只知道赚钱到知道怎样赚钱，再到知道该不该赚钱；从生存之道到君子之道，再到职业之道，就是在逐渐将合理和合德协调起来。财务会计学告诉我们，企业必须赚钱才能生存；企业文化学告诉我们，企业需要建立“君子爱财，取之有道”的观念和“君子爱才，用之有道”的人才机制；企业伦理学则告诉我们企业作为社会公民，哪些是应该得的，哪些是不应该得的，哪些是法律允许并且企业有能力做但依然不应该做的。

四、合法、合理是合德的基础

做企业非常不容易，一个企业要在承担经济责任的同时承担起社会责任，才能走得足够远。但是，企业承担社会责任是需要条件的，不是说能承担就承担。高尚道德，君子好逑，但心有余而力不足，就只能是“求之不得，辗转反侧”了。理性地讲，一个人的余力是他能够帮助别人的基础，同样，一个强大的、有竞争力的、财务成功的公司，才能真正担负起应有的社会责任。换句话说，一个能够充分承担起法律责任和经济责任的企业，才能更好、更长久地承担起社会责任。请注意，我们这里不是说企业有了钱才去承担社会责任，没钱就不承担社会责任，而是在强调企业要想稳定、持久地履行自己的社会责任，需要一定的条件。换句话说，一个连生存都保证不了的公司，是无法承担社会责任的。极端地说，一个已经严重污染环境又无力改进的公司，只能用关停倒闭来履行社会责任了。但同时，关停倒闭又会损害当地政府的财政收入和该公司员工的生活。归根到底，由于管理问题造成的弱小、贫穷才是企业不能承担社会责任的罪魁祸首。

有研究认为，除法律责任、经济责任和社会责任之外，某些企业还承担着不小的政治责任，或者说国家责任。比如国企特别是央企在承担政治责任上比较明显，与中国相同，国外的各大公司也承担着不小的国家安全、政治站队等责任，大家可以就此问题展开讨论。

思考题

1. 你认为企业文化和企业伦理的异同是什么？试列出至少三点。

2. 不同企业对不同利益相关群体的排序可以不同吗？为什么？

3. 你认为企业到底应该承担多少种责任？不同企业承担的责任应该有什么不同？

4. 请思考站在企业立场、消费者立场、竞争者立场、政府立场或者研究者立场，各自关注的企业责任有哪些不同。

案例 1

H 公司员工行为准则
(暂行稿)

前言

先辈世代繁荣的梦想、民族振兴的希望、时代的革命精神、我之义不容辞的责任，铸造了我们。

公司员工应贯彻以结果为导向的目标责任制；为达此目标的相互沟通应不拘泥于形式与级别；要实行严格的工作纪律，没有纪律任何目标都难以有效实现。商场如战场，没有严明的纪律，就不可能有最终的胜利；我们鼓励员工不断改进工作，不断创新，勇于尝试风险；我们坚持干一行、爱一行，人人都要实事求是定位自己；我们看重工作绩效，注重工作质量，品质永远是企业的生命线；任何时候我们都是为别人服务的，工作就是为了推进到下一道工序。公司的最后一道工序是客户，因此要永远尊重客户，虚心听取下一道工序的批评。

第一条　爱祖国、爱人民、爱公司、爱家庭、自尊自爱

不得在任何场合有任何有辱民族自尊的言行，要遵守国家的法律法规。

在公司内外都要注意维护公司形象。

爱自己与亲人是爱他人的起点。

第二条　团结协作，集体奋斗

公司人必须奉行集体奋斗的原则，胜则举杯相庆，败则拼死相救。

任何个人的利益都必须服从集体的利益，将个人努力融入集体奋斗中。

任何科研、市场、信息、管理等方面的成果属集体所有。

第三条　高尚的职业道德

不得利用职务或工作机会和便利谋求私利，假公济私，贪污腐化。

决定离职的人，应通过正常程序办理手续，不可鼓动别人一起离职而损害公司利益。

市场竞争中不要攻击同行，应在高层次上竞争。

对于同事或相关部门要求援助时要积极提供帮助，不以流程、规定为借口推托。

勇于承担责任，勇于承认错误并及时改正错误。

第四条　遵守公司制定的各项规章制度

违犯国家法律或严重违反公司规定将会受到严厉处分。

外事、公关活动要严格遵守相关纪律。一切涉外活动均要审慎，严格把关。

不得从事第二职业。

打私人长途电话尽量到公司规定的地方。公话费用（包括手机）中的私人电话费要主动扣除。不在上班时间拨打私人电话。一天之内上班时间接听私人电话不超过3分钟。

对于违反公司制度的现象要加以制止。

各级干部以身作则，要听得进去别人的批评意见，哪怕并不准确。

第五条　服务与奉献

以奉献的精神，为广大客户提供热情的咨询服务、高度的信誉、高质量的产品，要不断主动地去了解客户的需求、不满、愿望，并努力使他们满意，对客人要礼貌、热情、耐心，相关工作部门要主动服务，不可有过激的言行。

对客人不可夸大其词、随意承诺，要言而有信。

售后服务要细心，对客户的合理要求要尽力满足，合理收取费用；对不能满足的要做出解释。耐心倾听客户的投诉，找出事情发生的原委并迅速解决。

公司内部要体现上道工序为下道工序服务，人人都要认识到下道工序是皇帝。上级并不重要。

第六条　尊重与沟通

尊重知识，尊重人才，尊重个人尊严，不迁就任何落后现象。

同事之间要和谐相处，不可恶言相向。

上级与下级之间、同事之间要不断沟通，坦言相告。

对人对事应坦诚、公正、客观。

第七条　工作认真，一丝不苟，不断追求高效益

上班提前到达工作岗位，清洁办公桌面卫生和办公室环境，做好进入工作状态的准备，并清洁周围环境，保持良好状态；下午推迟5分钟下班，清理收拾好文件、办公用品。

不断优化工作方法，积极提出合理化建议。

对本职工作要尽心尽职尽责。

上班不看与工作无关的书刊及报纸，不做与工作无关的事。

上班时间不闲聊，工作交谈要尽量小声，不影响他人工作。

领导交办的事情要迅速处理，并及时进行汇报。事情发生变化或遇到困难时要尽快与领导商量，切勿因疏忽而造成重大损失。

第八条　注意实行相关技术和文件的保密

不在公共场所或公共电话上讨论机密技术问题，不随意向外人谈论公司机密。

不随处丢放公司文件、内参与机密性技术文件。

机密性文件销毁要用碎纸机。

通过电子邮件进行沟通时，要防止电脑泄密。

第九条　关于开会

会议内容要精练，要事先发会议提纲，内容不要脱离会议主题。

召集会议应提前发书面或电子邮件通知，说明开会时间、地点、会议议题和结束时间，并确保通知到参会者。

开会不迟到。确实不能参加会议时，应提前告诉会议召集人。

第十条　电话礼仪

接听电话要迅速、热情礼貌、语气温和。对于打错的电话要耐心向对方说明或转告相关人，切勿生硬回绝，影响公司形象。重要事情要用书面答复并做记录，不得在电话中答复了事。

电话中的语言要简练，不要长时间占用电话而影响工作效率和下一个来话的接听。

第十一条　言行得体，仪表大方

衣着整洁大方，不在办公室场所穿着无袖衣、背心、超短裙、拖鞋，化妆要淡雅。

正确佩戴工作卡。

相互礼让，排队就餐。

上车时不为别人占座，中途下车也不为自己占座。车上人多时要主动往后站。

上电梯时首先要礼让客人，不要拥挤。

第十二条　开放胸怀，不断学习，积极进取

不断学习有利于工作的先进经验和技术。

要以主人翁的态度，保持高度的热情，投入到每一项工作中去。

要勇于培养和推荐比自己强的人。

工作或生活中遇到挫折时不要气馁抱怨，要继续保持坚定的信心。

第十三条　勤俭节约，反对浪费

非机密性的废纸可两面用。

饭菜不要浪费。

下班离开办公室前要做到五关：关电脑、关打印机、关门、关窗、关空调。

节约各种无形成本，反对资源浪费。

第十四条　保护环境卫生

要主动将办公室的垃圾丢入垃圾桶，保持办公室的清洁卫生。

不随处乱扔垃圾。

在办公场所不得吸烟，上班不得吃零食。

饭后将餐具送到指定地点。

第十五条　提高个人修养

遵守社会公德，生活作风正派。

不可诋毁同事的声誉，不可讥讽他人的成功。

保持公共场所的卫生。

不随便动用他人的物品。如有急用，应留下借条。

公用物品用完后要放回原处。

案例 2

联合国全球契约十项原则

全球契约在人权、劳工、环境和反腐败方面的十项原则享有全球共识，这些原则来源于《世界人权宣言》《国际劳工组织关于工作中基本原则和权利宣言》《关于环境与发展的里约宣言》《联合国反腐败公约》。

人权

原则 1：企业界应支持并尊重国际公认的人权。

原则 2：保证不与践踏人权者同流合污。

劳工标准

原则 3：企业界应支持结社自由及切实承认集体谈判权。

原则 4：消除一切形式的强迫和强制劳动。

原则 5：切实废除童工。

原则 6：消除就业和职业方面的歧视。

环境

原则 7：企业界应支持采用预防性方法应付环境挑战。

原则 8：采取主动行动促进在环境方面更负责任的做法。

原则 9：鼓励开发和推广环境友好型技术。

反腐败

原则 10：企业界应努力反对一切形式的腐败，包括敲诈和贿赂。

问题

写一篇 500 字的感想。

第 5 章

法律与企业伦理

引导案例

腾讯与奇虎之争

2010 年 3 月 5 日，深圳腾讯大厦的底层大厅人头攒动，大屏幕上显示，QQ 同时在线用户达到 1 亿，现场掌声雷动。就在创世纪的喜悦之中，一场风暴即将来临。

同年中秋节过后的 9 月 27 日，一家名叫奇虎 360 的公司突然发表大量文章，指控“QQ 窥探用户隐私由来已久”，谴责 QQ 在未经用户许可的情况下偷窥用户个人隐私文件和数据。在这次突袭中，奇虎一方面全力开火，揭露和谴责 QQ 的窥私行为，同时“替天行道”，发布 360 隐私保护器，实时监测并曝光 QQ 的行为。奇虎的攻击顿时引起 QQ 用户的担忧和恐慌。在一个公民社会中，隐私被视为基本的人权保障。到 10 月 29 日，奇虎的攻击再度升级。它宣布推出一款名为扣扣保镖的新工具，宣称能自动对 QQ 进行体检，具有全面保护 QQ 用户安全的功能，包括防止隐私泄露、防止木马盗取账号以及给 QQ 加速等。

在腾讯看来，奇虎这一招无疑是釜底抽薪。扣扣保镖如同在腾讯 QQ 帝国的门口安排了一队保镖，只有经过它们的体检和许可，用户才能使用所有的QQ产品。在短短两天时间里，扣扣保镖截留了2 000万QQ用户。腾讯认为，扣扣保镖是如假包换的非法外挂，是全球互联网罕见的公然大规模数量级客户端软件劫持事件。腾讯向深圳公安局经济侦查分局报案，同时向北京的工信部投诉。但是，接到报案的公安部门根本不知道发生了什么事情，工信部也对腾讯的投诉一头雾水，现行法律对超速进化的互联网竞争行为完全失效。

11月3日，腾讯做出一个艰难的决定，在装有360软件的电脑上停止运行QQ软件。公司发出一封致全国网民的公开信，同时推出一个“不兼容页面”，所有用户面对卸载QQ和卸载360软件两种选择，必须进行二选一。奇虎迅速做出反应，发布致网民紧急求助信，恳请用户能够坚定地站出来，三天不使用QQ。

在这场历时一个多月的3Q大战中，双方剑来刀往，招招死穴，数亿网民被动卷入，互联网秩序大乱，一片沸腾。

资料来源：吴晓波．激荡十年，水大鱼大：中国企业2008—2018. 北京：中信出版社，2017.

本案例揭示了法律的局限性以及企业伦理的重要性。企业作为一种营利性组织，其经营行为受到一定的约束，其中，法律是企业经营过程中必须遵守的行为规范。没有法律的约束，企业很容易被追求利润的目标裹挟，走向灾难的深渊，从而伤害自身、经营者和社会。但是，法律存在缺陷，只有法律的约束显然是不够的，还必须从伦理的维度考虑企业的经营行为。本章从约束企业的法律出发，在探讨法律及其特征、法律的作用、法律的缺陷的基础上，分析企业伦理的性质及其重要性。

第1节 法律及其特征

一、法律的起源及含义

“法律”一词在中西方有着不同的来源。在古代中国，“法”是最早明文记载表示法律含义的字之一。战国之前，“法”字的使用频率高于“律”字。古汉语中“法”的含义是复杂多样的，其中最为主要的意义有三：一是象征公正、正直、普遍、统一，是一种规范、规则、秩序；二是具有公平的意义，是公平断讼的标准和基础；三是刑，即惩罚性的，以刑罚为后盾。“律”原为音乐之音律，音乐只有遵守音律才能和谐，否则便会杂乱无章。之后，“律”引申为规则、有序，成为规范所有人及其行为的准则，即规范天下千差万别的所有人、所有事而趋于整齐划一。秦始皇统一中国后，“律”字被广泛使用，其频率高于“法”字，中国古代法典大多称为律，如秦律、汉律、晋律等。只有宋、元分别称为刑统、典章。中国最早把“法”“律”两字连在一起使用的人是春秋时期的管仲。他认为：“法律政令者，吏民规矩绳墨也。”

西方的“法”一词来自拉丁文，含有权利、正义、公平或规律、规则等内涵。总的说来，西方“法”的词义的核心首先是正义（公平、公正），是正义的化身；其次是权利；最后是规则，人的权利之规则。西方“法律”的含义大致有二：一是既保护人们的正当权利，也惩治人们的不正当行为。法律及其行使与暴力有关，但显然暴力本身不是法律，暴力必须受制于法律。二是法律是通过政治性组织起来的社会之力量系统适用，或是在这样的社会中通过有强有力支撑的社会压力而调整人们行为或关系的制度。中外“法律”的词意大异其趣，是不同的法律理念、精神、价值的体现，反映了中西方民族精神的差异，反映了不同的法律文化及其传统。

罗马谚语曰：“有社会就有法律。”作为一种人类制度，法律是人类抉择的结果。在人类漫长的历史中，法律不断变更、补充、完善。法律的抽象规则涉及人类的关键问题——生存、财产保护、人身自由、创造知识的方式以及稀缺资源的分配等。法律的所有冲突都源于人性冲突与私人利益冲突。从理论上讲，法律的历史是一部涉及政府分配责任、阻止犯罪、惩罚不当行为和鼓励有价值的社会活动的人的历史。

从当代意义上看，法律是国家机关追究有关当事人不利后果的强制性行为规范，或者是调整特定社会关系的其他强制性行为规范。马克思则认为，法律是阶级社会特有的现象，是统治阶级的统治工具，会随着阶级的消亡而消亡。总之，法律是由国家制定或认可，体现国家意志，并由国家强制力保证实施的行为规范的总和。

二、法律的特征

法律具有如下几方面的特征。

第一，从产生方式看，法律是由国家制定的。法律是一个国家政治、经济和社会活动的基本规则。在我国，广义的法律泛指由各级国家机关职能部门制定和通过的法律、法令和法规。狭义的法律特指由全国人民代表大会及其常务委员会制定通过的法律。

第二，从内容上看，法律通过权利、义务调整人的行为。法律规范的本质是为不同的个人或组织设定不同的权利、义务，以国家强制力调整人们之间的利益关系。权利的本质是受法律保护的合法利益，社会中的个人、群体或组织的利益诉求只有上升为法律上的权利，才能受到国家法律的强有力保护。因此，法律过程虽然本质上体现着国家意志，实际上却是不同的利益相关群体、利益集团力图将其利益诉求合法化并上升为法律权利以获得国家优先保护的利益博弈过程。

第三，从适用范围看，法律具有普遍性。法律一旦颁布，则对全体公民有效力。任何公民都必须遵守法律。

第四，从实施角度看，法律具有程序性和强制性。如果个人或组织违反法律规定，国家机关有权按照一定的程序对违法者采取强制性措施。

第 2 节 企业与法律

一、企业及其发展历程

企业是从事一系列经营活动的营利性组织，为股东营利是其基本目标之一。在现代社会，企业的经营活动多种多样，包括管理、制造、金融、贸易、服务、投资以及其他活动。企业的种类多种多样，有单一业主制企业、合伙制企业、公司制企业（有限责任公司、股份有限公司）等。卖小吃的小摊和大型跨国公司是迥然不同的实体，但都属于企业。每家企业最基本的目标都是通过提供能满足人们需求的产品或服务来获得利润。在工业社会，企业是重要的社会细胞，是社会得以健康运转的基础。企业如同空气和水，融入人们的生活中。离开了企业，人们的生存会遇到极大的挑战。

企业的萌芽和发展经过了漫长的岁月，随着人类社会的发展而逐渐产生和演变。早在古希腊、古罗马时期，就出现了企业的雏形。从两河领域的神庙银行、古埃及的奴隶制工厂，到丝绸之路上栉风沐雨的阿拉伯船队，再到北欧繁忙的行会、作坊，都可以被视为最早的企业。但真正意义上的企业的出现，则要等到15世纪末的大航海时代。15世纪末，随着哥伦布、麦哲伦等西方探险家发现非洲、美洲等新大陆，贸易型商业企业成为西方社会的重要组织形式，重商时代开启。这些贸易型商业企业和政府特权相结合，为了在全球范围内追逐利润和财富，凭借枪支和武力，开始了在亚洲、非洲和美洲的殖民历程，完成了血腥的原始财富积累，奠定了工业化革命的基础。从17、18世纪开始，家族式的生产企业在西方国家出现。1862年，英国通过了《公司法》，规定在英国成立公司不再需要政府的特许，只需要7个人签订一份组织章程就可以。之后，英国大量工商业个体完成了向股份公司的转变。19世纪中期，凭借众多的公司，英国率先完成了轰轰烈烈的第一次工业革命，成为世界上第一个实现工业化的国家。铁路、电报、蒸汽轮船、冶金、石油，一个个新兴的行业存在巨大的机会，高耸入云的烟囱喷散着缕缕烟雾，庞大的厂房发出隆隆的轰鸣，乡村生活的恬静渐行渐远。英国从此成为引领世界经济的发动机。

在英国经济起飞后的19世纪，有利于经济持久增长的条件在西欧及美国日趋成熟，美国、德国、法国也逐渐加入工业化的进程中，成为最早实现工业化的国家。与欧洲各国不同，1783年独立战争胜利后，美国才从英国的殖民体系中脱离，成为独立的美利坚合众国。建国之初，美国还是一个农业大国。富兰克林的著作《穷查理智慧书》为美国的资本主义制度奠定了基础，也催生了公司的发展。按照基督教清教的教义，商业活动是一种轻微的犯罪，应该受到世人鄙视。但富兰克林不赞同这种教义，他认为上帝认可人们追求私利和财富。他说："上帝将一切赋予商业活动。"富兰克林将商业活动与传统美德相协调，将商业活动从道德质疑的地位中解放出来。自此，公司摆脱基督教清教的束缚，在美国空前的自由里蓬勃成长。1830年，美国大约有8 000家公司登记，到1860年，大约有26 000家公司，美国成为世界上第一个公司化的国家。在这个公司化的国家中，诞生了铁路大王范德比尔特、石油大王洛克菲勒和钢铁大王卡内基等，他们的公司成为一个个富可敌国的巨型企业。19世纪，率先完成工业革命的英国是全球经济的龙头。但是，随着美国发展出新的巨型企业、引进新的组织方式，力量的平衡开始被打破。历经两次世界大战，美国终于取代英国，成为世界经济新的领跑者。

19世纪后期，工业化浪潮席卷日本。20世纪上半叶，苏联加入工业化进程。20世纪下半叶，其他亚洲国家和地区如韩国和新加坡也实现了工业化。20世纪70年代末，中国实施对外开放的改革政策，开始从农业大国向工业大国转型。20世纪80年代末，随着苏联解体、苏美之间冷战结束，经济全球化成为一种重要的经济现象，跨国公司在全球布局。迄今为止，人类社会中大部分国家已经完成从农业社会向工业社会的转型，企业成为工业社会最重要的组织形式。

二、企业的双重属性

从企业的发展历程中可以看出，企业具有经济和社会双重属性。

（1）企业作为经济组织，其承担的经济功能是通过市场实现盈利。企业是一种营利性组织，它与投资者、供应商、销售者、客户（消费者）、员工等组织、个人通过市场进行资源、产品或劳务交换，在经营活动中创造利润。营利性是企业的基本属性。

（2）企业作为社会组织，为促进社会和谐发展还需要承担诸多的社会功能，包括充分满足社会对商品和服务的多样化需求、促进经济发展、增加就业、提高员工的薪酬和福利、防止环境污染、保护消费者权益等。实现这些社会功能是企业能够在社会中生存与发展的基础。

三、法律对企业的约束

20世纪之前的西方企业，是一种野蛮生长的企业，没有法律的约束，更不受伦理之制约。在大航海时代的几个世纪里，西方公司洗劫了非洲、美洲、亚洲，将几百万人变成“商品”贩卖到美洲；被公司强迫迁移的还有难以计数的植物、动物、矿物，甚至包括细菌和病毒。在工业化迅猛发展的18、19世纪，欧洲和美国的企业试行的是一种蛮横、缺乏制约的企业制度：童工现象普遍存在，工厂主伤害和虐待工人，工人工作环境恶劣，工资微薄，大量财富集中在资本家手中，贫富差距非常明显，广大民众遭受金融恐慌和失业的威胁。在动荡的社会环境中，工人阶级和资本家关系恶化，马克思主义思潮在欧美盛行，工会组织迅速发展，并发生了一系列暴力罢工。到了 19 世纪 80 年代，美国企业界盛行“大鱼吃小鱼、小鱼吃虾米”的游戏规则，许多占行业主导地位的大企业通过吞并竞争对手、与垄断集团串通以及其他阻碍竞争的方式壮大。这些巨型企业操纵政府，欺压工人、消费者及竞争对手，破坏环境。企业的野蛮行径导致平民运动、进步运动的兴起。在被激怒公众的抗议下，美国国会于 1890 年通过了《谢尔曼反托拉斯法》。这部法律是约束企业经营行为的第一部正式法律。20 世纪 60 年代中期，美国企业的经营带来一系列社会弊端：种族主义和性别歧视、欺诈消费者、工人工作环境恶化、政治腐败和战争暴利。争取公民权利、保护消费者权益、保护环境和反对越南战争等社会运动也随之兴起。在这些社会运动的推动下，美国政府出台了 100 多项新的管制法规，内容包括消费者保护、环境质量、工作场所安全和能源生产等许多方面，形成了较为完善的法律体系。

与西方相比，中国的工业化进程晚了一两百年，企业的出现也相对较晚。尽管早在洋务运动之初中国就出现了真正意义上的企业，但在西方列强凌辱、清王朝覆灭的历史背景下，企业发展虽然遇到了几次黄金期，但最终未能实现工业救国的愿望。几经周折，1949 年新中国成立后，国有企业一统天下，其他形态的企业不复存在。1978 年改革开放以来，外资大量涌入、民营企业异军突起，形成了国有、民营、外资三足鼎立的企业形态。一方面，这些企业为中国创造了大量的物质财富，极大地提高了人民生活水平、增强了国家实力和在国际上的地位；另一方面，由于企业天生的逐利本性，加上西方“利己主义”价值观对中国传统价值观的冲击和侵蚀，一些唯利是图的企业在经营时不择手段，为社会带来种种问题，如漠视消费者利益、侵犯员工合法权益、恶性竞争、污染环境等。针对上述问题，中国政府也制定了各种法律制度规范企业的经营行为，如《消费者权益保护法》《产品质量法》《环境保护法》《劳动法》《反垄断法》等。

总之，纵观世界，各国都制定了较为完善的法律体系，以制约企业经营中存在的败德行为。

四、法律的作用

在市场经济条件下，法律具有如下作用：

（1）界定、调整企业与利益相关者的关系，明确利益规则。法律确认、规范、调整和保护企业与利益相关者的关系。如：公司法规范公司股东（出资人）与董事、管理层的关系；劳动法规范企业及其员工的关系；消费者权益保护法规范企业与消费者的关系；民法、合同法规范企业与供应商、经销商、债权人的关系；反不正当竞争法规范企业与竞争对手的关系；税法规范企业与政府税收之间的关系。这些法律规范是企业与其利益相关者进行经营活动必须遵循的基本规则。守法是企业经营的底线，违反法律将受到国家的制裁。

（2）规范作用。法律通过确认、规范、调整和保护企业与其利益相关者之间的关系，起到指引、评价、预测、教育、强制的作用。

（3）社会作用。法律通过确认、规范、调整和保护企业与其利益相关者之间的关系，起到保护人的生命和财产权、保护人的尊严和自由、维持社会和谐稳定、推动经济发展的作用。

五、企业遵守法律的理由

（1）保护企业声誉。法律是企业经营中必须遵循的底线。违背法律的行为一旦曝光，不仅会使企业受到处罚，而且会给企业声誉带来重大影响。2001 年 9 月，南京冠生园被曝出旧月饼翻新再利用的丑闻，立即引起大量媒体的同声讨伐，使冠生园这一南京老品牌声誉扫地。2002 年 2 月，南京冠生园向南京市中级人民法院申请破产。城门失之，殃及池鱼。南京冠生园事件发生后，上海冠生园已经运到北京、武汉、福州等地的月饼纷纷被退了回来，成都一家冠生园月饼厂因大量退货、取消订单而被迫停产。

（2）避免企业受到损失。违法行为一旦被确认、追究，企业就会受到经济制裁，甚至承担刑事责任，带来难以挽回的损失。2018 年 12 月，上市公司长生生物的子公司长春长生陷入狂犬疫苗记录造假丑闻。之后，深圳证券交易所对长生生物实施重大违法强制退市政策。在此之前，长春长生因违法行为被处罚 91 亿元。

（3）避免给社会带来危害。国家制定的法律旨在保护公众的利益，维护社会的安定。企业一旦违反法律，有可能给社会带来巨大的危害。2008 年 8 月，河北省石家庄三鹿集团因产品爆发三聚氰胺污染事件而陷入危机。2009 年 2 月，石家庄市中级人民法院宣布三鹿集团破产。在此次事件中，共有 29 万余名婴幼儿出现泌尿系统异常，其中 6 人死亡。受三鹿事件影响，国人对中国乳业产品质量产生极大的不信任感，纷纷到海外采购奶粉，中国乳制品行业遭受重创。经过 10 年之痛，直到 2018 年，中国乳制品行业依然很难得到消费者的认可。

第 3 节　法律的局限性

一、法律的缺陷

在市场经济条件下，法律具有重要的作用。不过，法律也存在如下缺陷：

（1）法律规范的行为有限。法律是人们必须遵守的最起码的行为规范，但它只能对触犯了最起码的行为规范的行为予以追究，对一般不道德行为并不追究。企业有大量的不道德行为，但法律无可奈何。

（2）法律具有滞后性。法律的制定是一个缓慢的过程，需要经过提案、讨论、征询意见、发布等许多程序。因此，法律具有滞后性。内容较少的条例能在几个月之内完成，篇幅较大的法律文件则要经过数年才能完成。对于一些新行业和新业务，无法及时制定相关的法律规范。现实中，常常是在某些不道德行为频繁出现、严重危害社会后，政府才制定法律来加以约束。

（3）法律缺乏灵活性。法律以条文的形式对各种不道德行为进行制约。法律条文一旦颁布，只能遵照执行，缺乏灵活性。

（4）法律的实施效果取决于一系列条件，包括执法人、证据等。由于法律、法规数目繁多，专业性强，普通人并不清楚法律、法规的规定，而完全依靠执法机关，限于人力、物力、财力，不可能对所有违法行为都予以追究。从司法角度看，法律归根到底是人在实施，如果出现司法舞弊，法律的调节作用就会大大削弱。

（5）法律的成本大、效率低。法律的制定成本、执行成本巨大，其中有些成本是间接的，且难以量化。此外，法律执行过程需要收集足够的证据，效率低。

（6）法律只能惩恶，不能扬善。法律只规定什么是不应该的、被禁止的，而没有指明什么是应该的、被鼓励的。

（7）法律有漏洞。为了具有可操作性，法律不可能事无巨细都做详细规定，难免有模糊之处。此外，由于有些法律条文不够清晰，同样的案件不同的法院会做出完全不同的判决。从守法的角度看，法律只是设置了非常低的标准，品行不良者可以很容易地绕过这些法律。

正因法律存在上述缺陷，早在古希腊时期，西方哲学家柏拉图和亚里士多德就指出：法治不可能百分之百实现，同时人们也不应该以百分之百实现法治为目标。

二、法律缺陷对企业的启示

遵守法律是必需的，但遵守法律又是远远不够的。法律是企业经营的底线，企业在经营中遵守法律是必需的。但是，由于法律存在种种缺陷，不可能对企业所有可能产生严重后果的行为进行约束。因此，企业应该自行采取谨慎原则，避免不必要的纠纷和灾难。

企业必须承担超越法律之上的伦理责任。法律不可能制约所有的不当行为，严重的伦理问题可能会隐藏着潜在的法律责任。因此，企业应该承担法律之上的伦理责任，避免忽视潜在的法律责任给企业带来危害。

第 4 节　企业伦理及其性质

一、什么是伦理

“伦理”一词在西方源于古希腊文，用来表示某种现象的本质或实质。几经演变之后，人们逐渐开始固定用这个词来表示一个民族特有的生活习惯，相当于汉语的“风尚”“习俗”等概念，又有“性格”“品质”“德性”等意思。

“伦理”一词在中国最早见于秦汉之际成书的《乐记》。“乐者，通伦理者也”，意指音乐与伦理是相通的。这里所说的“伦理”已含有人们之间关系的基本意思。东汉经学家郑玄认为：在汉语“伦理”二字中，“伦，尤类也；理，犹分也”。东汉文字学家许慎等人则从文字学上将其解释为：“伦”者，从人从仑，仑字有“条理”“思虑”等意，加上人字作偏旁，便含有人与人之间应得之理的意思。因此，在汉语中，“伦”指人们之间的关系，故有“人伦”一说；“理”则指道理、规律和原则。“伦理”合称则指人与人之间相处应当遵守的道理，或者说处理人与人之间关系的道理。引申开来，“伦”是指人、组织、社会、自然环境之间的关系，伦理就是处理人、组织、社会、自然环境之间利益关系的行为规范。

总之，伦理研究人类行为的好与坏、正确与错误、公正与不公正，对人类行为的道德本质与立场进行质询，以此指导、评判人类的行为。

二、什么是企业伦理

（1）企业伦理学的产生。企业伦理学作为一门学科形成，是与美国企业的实践分不开的。20世纪50年代末60年代初，美国的工商企业曝出了一系列丑闻，包括行贿受贿、制定垄断价格、胁迫或欺诈交易、不公平对待甚至歧视员工等，公众对此反应强烈，要求政府进行调查。1962年，美国政府公布了一份报告《关于企业伦理及相应行动的声明》。同年，威廉·洛德在美国管理商学院联合会成员中开展了一项有关开设企业伦理课程必要性的调查，被调查者几乎一致认为企业伦理学应该成为企业管理教育的一个重要组成部分。正是在这样的背景下，1974年11月，在美国堪萨斯大学召开了第一次企业伦理学讨论会，标志着企业伦理学的正式确立。到了20世纪80年代，世界各国的绝大多数管理学院都意识到注重企业行为中的伦理问题不仅恰当而且必要，纷纷开设了企业伦理学课程。1987年，美国哈佛大学商学院一位杰出校友查德先生，由于亲眼看到不少企业中来自全美名校法学院与商学院的年轻人卷入金钱交易或公物私用的商界丑闻，在颇感失望之余，慷慨捐出一大笔钱给母校，希望通过教育，让学生了解企业伦理与社会责任的课题，以免毕业后踏入社会时在伦理真空中为人行事，并贻害个人与大众。

（2）企业伦理的含义。本书第1章已经谈到，不同的学者对企业伦理的定义不同。总体来说，企业伦理是企业在处理与社会各方面的关系时应该遵守的道德方面的行为规范。从这个角度来理解，企业伦理是一个既古老又新颖的话题。说它古老，是因为在人类早期的商业经营活动中，不管有意无意，企业伦理一直都存在，企业伦理几乎与商业活动一样历史悠久。孔子的弟子子贡是中国历史上有名的儒商，他是把儒家思想用在商业活动中的第一人。此后，儒家“君子爱财，取之有道”的思想，影响着一代又一代中国商人。明清时代的四大商帮，特别是晋帮能够一统天下，靠的也是儒家的仁义思想。说它新颖，是因为企业伦理学作为一门学科，直到 20 世纪 70 年代才在美国形成。自 80 年代后期，才开始与企业社会责任一道作为一章内容出现在西方的管理学教科书中。到了 90 年代，也才有越来越多的企业家和伦理学家坚信，关注并研究企业伦理将是现在及未来企业管理的一个重要特征。

尽管不同学者对企业伦理给出了不同的定义，但总的说来，企业伦理是企业在生产经营中必须遵循的行为规范，它关注企业经营行为中哪些是好的，哪些是不好的，哪些是对的，哪些是错的，哪些是公正的，哪些是不公正的，并试图给出评判标准。

企业伦理分为底线伦理、积极伦理。何怀杰指出：“底线伦理是指基本的道德义务，或者说基本的道德行为规范。它意味着某些基本的、不应逾越的行为界限和约束。”理查德·迪乔治认为：“底线伦理是不造成直接的、故意的伤害。”约翰·坎贝尔在论及底线伦理时指出：第一，不有意做有可能损害利益相关者的任何事情；第二，如果公司的确对利益相关者造成了损害，一旦发现必须加以改正。①

三、企业伦理的不同层面

企业活动的目的本质上当然是盈利。但从伦理的角度看，企业如何谋利却有一个“应当与否”的问题，或者说有一个是否合乎“道义”的问题。因此，经营中必须面对的基本伦理问题是“义与利”的问题。根据涉及的主体不同，企业伦理分为如下几个层面。

（1）企业与利益相关者。利益相关者是指可能对组织的决策和活动施加影响或可能受组织的决策和活动影响的所有个人、群体和组织。企业利益相关者既包括内部利益相关者如员工、股东等，也包括外部利益相关者如顾客、供货商、销售商、政府、竞争者等。企业作为一个利益共同体，其经营

① 周祖城．企业伦理学．3 版．北京：清华大学出版社，2015.

活动需要众多利益相关者的参与才能完成。企业要有顾客，如此产品或服务才有人购买，企业才能获利。企业要有员工，员工能生产或提供具有竞争力的产品或服务。企业要有供应商，供应商提供的原材料、零部件越是稳定可靠，企业经营就越顺利。企业要有竞争者，竞争者是推动企业不断发展的动力。可见，企业有许多利益相关者，而且与他们的关系十分密切。企业在经营过程中，势必面临企业之利与利益相关者之利的权衡问题，这是企业伦理中最重要、最基本的层面。

（2）企业与行业。企业的稳健发展有赖于健康的行业环境。个别企业的败德行为可能为整个行业蒙上阴影，让行业发展受损。从行业的层面审视企业小利和行业大利之间的关系，是企业伦理理应关注的问题。

（3）企业与社会。企业与社会的伦理问题主要体现在如下两个方面。第一，企业是物质财富的创造者，它直接推动社会物质文明的进步，使人类生活更为富裕、舒适。但同时要看到，企业也是核武器、化学武器等危害人类命运产品的研发者和制造者。第一次世界大战、第二次世界大战时期的美国企业，正是依靠武器成为巨头。从人类命运的角度出发，思考企业应该生产何种产品，权衡好“义”和“利”之间的关系，是企业伦理应该关注的一个重要层面。第二，企业传播和塑造社会价值观。20 世纪以来，西方国家电视、娱乐行业的出现，带动了娱乐主义、消费主义的盛行，企业在其中起着推波助澜的作用。20 世纪末，随着全球化的进程不断加快，这种思想在全球蔓延，中国的电视、娱乐行业在盈利的刺激下，也深陷其中。从人类命运的角度出发，思考企业应该提供何种产品与服务、倡导何种价值观，也是企业伦理应该关注的问题。

（4）企业与国家命运。从历史的角度看，企业与国家命运是紧密联系在一起的。大航海时代，西方各国能够称霸全球，率先实现工业化，与政府特许的贸易公司密切相关。如英国的崛起与英国东印度公司密不可分。作为一家政府特许的贸易公司，这家公司存续时间达 274 年之久，成为英国在海外殖民的马前卒，英国的兴起与这家公司密不可分。1978 年改革开放后，中国许多企业怀着“报效祖国”的理想和梦想，助推中国经济实现腾飞。中国传统文化中素有“家国天下”的情怀，在企业经营中，如何权衡企业利益和国家利益、国家命运之间的关系，也是企业伦理应该关注的一个重要层面。

（5）企业与人类命运。在工业社会，企业在经营过程中往往会带来种种环境污染问题，如空气、水、土壤恶化，自然资源遭到破坏，珍稀动物濒临灭绝。这些环境问题直接关系到人类是否能够在这个星球上健康、永续地存在下去。思考企业应该如何对待环境，是企业小利和人类大利权衡的问题，也是影响人类命运的重要伦理问题。

四、企业伦理的性质

作为制约企业行为的一种规范，企业伦理具有如下性质：

(1) 企业伦理是超越法律之上的行为规范。企业伦理对企业的经营行为进行善恶、对错、是非、道德不道德的评价和判断，可以帮助企业在商业决策中理解和利用现有的价值观和伦理，鼓励企业思考企业决策对社会的影响。企业伦理超越现有的法律。

(2) 价值观和判断在企业伦理决策中扮演重要的角色。伦理学是关于是与非、善与恶、道德与非道德的学说，涉及对道德信念和道德判断的分析和评价。不同国家存在不同的道德信念。中国早在尧舜禹时代，就有了伦理思想的萌芽。到春秋末年，孔子开始讲授伦理学，其代表作是《论语》。之后，中国形成了儒、道、佛等不同的伦理思想。在西方，古希腊、古罗马时期是伦理学思想形成和发展的重要时期。之后，基督教思想在中世纪一统天下。近现代以来，各种伦理思想在西方层出不穷，如功利主义、义务论、美德伦理、关怀论、正义论等。这些伦理思想给出了不同的价值观和判断法则，可以运用到企业伦理抉择中去。

(3) 企业伦理是软性规范。与法律依靠国家外部强制执行不同，企业伦理依靠外部舆论和企业内部自我约束，是一种软性规范。企业伦理规范只有通过"内化于心"，才能被企业行为主体接受并发挥作用。要把伦理规范转化为内心的自觉要求并体现在行动中，需要包括社会舆论、内心信念（如良心、荣誉感、羞耻感等）、道德教育和自身修养等在内的长期影响。

(4) 企业伦理扬善。与法律惩恶不同，企业伦理扬善。企业伦理要求企业在决策时兼顾企业和利益相关者的利益，不仅在盈利过程中不能损害利益相关者的利益，而且要为利益相关者带来好处。

(5) 企业伦理治本。孔子曰："道之以政，齐之以刑，民免而无耻；道之以德，齐之以礼，有耻且格。"法律只是制约企业不道德行为的一种硬性规范，依靠外部法律的强制执行，治标而不治本。与法律不同，企业伦理是行为主体的一种自觉行为，源于行为者的内心，可以治本。

第 5 节　企业伦理的重要性

中国从古至今注重德主刑辅、礼法结合，出礼则入刑，法止恶而兼劝善，以法附礼使法律道德化。伦理与法律的结合构成了中国社会治理最本质的特征和特有的中华文明。对企业不道德行为的制约也是一样，除了法律的强制惩罚外，企业伦理是非常重要的一个方面。企业伦理的重要性表现在如下几个层面。

一、公司层面

从公司层面来看，企业遵守必要的伦理规则，可以避免不必要的麻烦和纠纷，维护公司声誉，保证公司健康、永续发展。对于追求卓越的企业来说，既要避免因伦理上的不可行而导致的决策失误，又要努力用较高的伦理标准要求自己，追求基于卓越伦理基础上的竞争优势。良好的道德有助于企业做出正确的决策，吸引、留住人才，充分调动员工的积极性，有助于在人、部门、组织之间进行协调，不断创新与变革。

二、行业层面

从行业层面来看，企业遵守必要的伦理规则，可以为行业塑造商业氛围，避免“劣币驱逐良币”的现象，有助于维持整个行业的健康发展。

三、社会层面

从社会层面来看，企业遵守必要的伦理规则，可以更好地造福社会，造就一个良善的社会。

思考题

1. 你认为法律有哪些缺陷？请用具体事例阐述。

2. 企业经营中需要伦理约束吗？为什么？

3. 讨论伦理和法律之间的关系。

4. 谷歌公司提出了“永不作恶”的公司宗旨。谈谈这一公司宗旨与法律、企业伦理之间的关系。

案例 1

谁之过

2016年“五一”小长假本该是人们休息、娱乐的时候，一篇《一个死在百度和部队医院之手的年轻人》的文章却在微信朋友圈刷了屏。这篇文章的主人公是21岁的大学生魏则西，他的死令人悲伤和愤怒。

魏则西是西安电子科技大学计算机系学生。2014年4月，正在读大二的魏则西检查出滑膜肉瘤。这是一种恶性软组织肿瘤，患病5年的生存概率是20%～50%。为了治病，魏泽西去了北京、苏州、无锡、广州、天津等城市的大医院。不过，来回奔波换来的只是绝望。之后，魏则西从百度上了解到，武警北京总队第二医院（以下称北京武警二院）有与美国斯坦福大学合作的肿瘤生物免疫疗法。在对生的极度渴望下，魏则西借钱到北京武警二院进行治疗。2014年9月至2015年7月，在花光了借来的20多万元钱、做完4次生物免疫疗法后，魏则西的治疗不仅没有效果，肿瘤反而发生了肺部转移。最终，魏则西于2016年4月12日早晨去世。去世之前，魏则西在网上发帖质疑百度与医院的行径，称后悔轻信了百度竞价排名，轻信了北京武警二院的生物免疫疗法。

魏则西去世后，随着媒体的披露，该事件迅速成为网络热点话题。在微信朋友圈刷屏的信息中，对百度医疗竞价排名的讨伐，以及由此牵扯出来的北京武警二院外包、中国私营医疗机构莆田系等一系列问题浮出水面。

百度的竞价排名行为最先受到愤怒民众的质疑和声讨。北京武警二院是魏则西在百度上搜索到的，排名领先，其广告上将疗法说得特别好。事后表明，这一结果是百度医学信息竞价排名的结果，生物免疫疗法也是被国外临床淘汰的技术。救命稻草的故事最终变成一个毫无就医尊严的邪恶故事。网民“风要调雨要顺”发帖道：“竞价排名是商机，谁出钱多谁第一，寻医问药搜哪里？不是协和也非北医。如此百度!”网民“风雅老宋”写道：“前一段用百度搜索北京几个公立大医院，搜索结果的前几项都是些不相干的乌七八糟的医疗机构，点开相关的链接后也有好多不利于大医院的帖子，感觉就是这些私立医院是天堂，公立大医院是地狱。”网民“爻妹纸”说：“对于竞价排名这件事情我觉得挺可恶的，至少有一些行业比如医疗、教育不应该用竞价排名吧!”客观来说，百度出现这种事已经不是第一次了。2016年年初，百度的血友病吧被卖事件就曾引起公众对百度的愤怒。

百度在2016年4月28日通过官方认证微博账号发表声明：“网友魏则西同学与滑膜肉瘤持续抗争两年后不幸离世，引发很多朋友的关注和哀悼。得知此事后，我们立即与则西爸爸取得联系，致以慰问和哀悼，愿则西安息！对于则西生前通过电视媒体报道和百度搜索选择的武警北京总队第二医院，我们第一时间进行了搜索结果审查，该医院是一家公立三甲医院，资质齐全。网络信息健康有效，是每个互联网参与者的责任。我们愿继续努力，接受监督，不给虚假信息和违法行为留下任何可乘之机!”

魏则西在百度上搜索到的北京武警二院成立于2000年，是一所三级甲等综合性医院，是北京市首批基本医疗保险定点医院、北京大学人民医院医疗集团成员、国际紧急救援中心网络医院。北京武警二院生物诊疗中心早已外包给康新医院投资管理有限公司（以下称康新公司），而上海柯莱逊生物技术有限公司（以下称柯莱逊公司）是北京武警二院生物诊疗中心细胞免疫技术的支持者。康新公司和柯莱逊公司都属于莆田系医院。莆田系医院是福建莆田人所辖医院集合的简称，以男科、妇科、不孕不育、整形等专科民营医院起家。2016年，莆田人在全国建立的民营医院已经占到中国民营医院数量的80%左右，部队医院大量的盈利科室如美容整形、牙科、性病生殖等大部分都外包给莆田系医院。

北京武警二院生物诊疗中心曾发表《生物细胞免疫治疗需要几个疗程》一文。文章称，生物免疫疗法即自体细胞治疗技术，是美国天普大学和斯坦福大学肿瘤领域的科学家联合取得的研究成果。这项研究从高速发展的细胞学和免疫学找到突破口，研究出自体细胞治疗技术。在美国投入临床后证实，生物免疫疗法能系统杀灭肿瘤细胞，有效解决其转移和扩散的问题，克服了手术、放疗、化疗三大传统治疗方式“不彻底、易转移、副作用大”等弊端，是国际公认的有希望完全消灭肿瘤细胞的第四代新技术疗法。文章还以“北京武警二院肿瘤生物治疗中心专家”之口介绍了生物细胞免疫治疗的疗程和一般流程，称生物免疫治疗通常2～3个疗程就可以取得明显疗效。

事实上，虽然生物免疫疗法从美国开始，但由于临床试验屡遭失败，在美国国家癌症研究所（NCI）的网站上检索，可以看到目前仅有两家机构在进行细胞治疗研究。第一项研究在斯坦福大学进行。斯坦福大学医学院媒体关系部的巴赫（Bach）女士表示，斯坦福大学医学院确实有这方面的研究，不过是将它作为骨髓增殖性疾病或骨髓发育不良的辅助治疗手段。在肿瘤免疫治疗方面，斯坦福大学希望探索更新、更有效的疗法。此外，巴赫女士也澄清说，斯坦福大学并未与中国的任何一家医院合作从事细胞治疗方面的工作，包括北京武警二院，她不理解为什么该院在宣传中会强调是从该院引进的技术，并承诺将与律师一起进一步调查。

在医疗领域，百度和莆田系渊源已久。连接它们的纽带就是竞价排名和大量的医疗广告。据公开报道，百度2013年的广告总量是260亿元，莆田系的民营医院在百度上就做了120亿元的广告，它们广告投入的60%都给了搜索引擎。有的医院在搜索引擎上的推广费用就占到营业额的70%～80%，甚至有的医院一年收入1.2亿元，其中1亿元就投给了搜索引擎。

魏则西之死，拷问企业伦理责任。《人民日报》对此事发表了评论："能力越大，责任也越大，大企业当有大责任。这种责任，不是不作恶，也不是面对恶时睁一只眼闭一只眼，而是坚守企业伦理，在自身发展的同时思量该如何饮水思源，回报社会。将贴吧卖给生意人更能有利可图，开发竞价排名则可坐地生财。问题是，如果只追求经济效益而忽略社会效益，如果挥霍信任、丢掉责任，企业还能走多远?"

资料来源：死在百度和部队医院之手的人.[2016-05-01].新浪网；西电大学生死于百度搜索之恶.华商报，2016-05-02.

问题

1. 魏则西之死到底是谁之错?
2. 单纯依靠法律，能够制止此类悲剧重演吗？为什么?
3. 根据本案例，谈谈将伦理维度引入企业决策的重要性。

案例2

万科控制权之争

2017年6月30日，一个不寻常的日子。当天，在万科的年度股东大会上，公司第一大股东深地铁提交的11位董事会候选人悉数通过。公司7位非独立董事人员中，3位来自第一大股东深地铁，3位来自万科集团原管理团队，1位来自深圳另一家国企，由深圳市国资委提名。与此同时，持股25.4%的第二大股东宝能集团戏剧性地对没有己方代表的新董事会投下赞成票。万科新董事会的成立标志着喧嚣达两年之久、"蛇吞象"式的万科控制权争夺战，终于正式落下帷幕。

故事的主角之一是中国房地产行业的领导者万科。万科的前身是1987年成立的现代科教仪器展销中心，隶属于深圳特区发展公司。1988年，公司股改方案通过，更名为深圳万科企业股份有限公司。同年11月，公司以2 000万元的价格投标买地，正式进军房地产行业，并完成了从多元化向专业化的转型之路。在野蛮、缺乏规则的中国房地产行业，万科以其规范、透明的企业文化，稳健、专注的发展模式，准确的市场定位，超前的规划设计以及优质的物业管理，在业内树立了良好的品牌形象，成为中国住宅行业的领跑者。公司连续五年获评“中国最受尊敬企业”，连续四年获得“中国最佳企业公民”称号。2015年，公司营业收入接近2 000亿元，在公司正式进军房地产17年的时间里增长了近50倍。

故事的另一位主角是深圳市宝能投资集团公司（以下称深宝能）。深宝能成立于2000年3月，注册资本3亿元，集团主要业务涉及物流产业、文化旅游产业、高科技产业、房地产业，旗下有钜盛华、深物流、前海人寿等多家公司。钜盛华成立于2002年1月，公司网页上宣称其主营业务为实业投资与投资管理，涵盖现代物流、健康医疗、绿色农业等多种业态。但成立以来，钜盛华的业绩一直不尽如人意。2014年，公司账面货币资金仅有3.23亿元，年度净利润则只有2.62亿元。为了提升筹款能力以便在二级市场进行并购活动，2015年8—11月，钜盛华先后五次增加注册资本，最终达到163亿元。深宝能控股深物流的过程比较复杂。深物流的前身是深圳市笋岗仓库企业有限公司，成立于1983年，为深圳老牌国有企业。2002年10月，香港新笋投资有限公司与深宝能签订股权转让协议，将其持有的深物流25%股权转让给深宝能，深宝能成为深物流的第二大股东。2006年12月，深物流召开2006年第5次临时股东大会并做出决议，将公司拆分为两个。新设公司为深圳深业恒发物流开发公司，股东为公司原第一大股东深业控股有限公司。深物流为存续公司，股东为深宝能、钜盛华以及深圳市银通投资发展公司，各自所持股份分别为53.73%、24.77%、21.50%。通过分拆，深宝能拿到了深物流的品牌使用权。2009年起，深宝能的综合物业开发进驻全国七大区域，土地储备十分可观。2012年的一份资料显示，深宝能在全国范围内直接、间接的土地储备已超过2 000万平方米。2012年，深宝能联合发起成立前海人寿，由钜盛华持股51%，开始进军金融领域。至此，深宝能构筑了一个涉及地产、金融、物流、医疗、农业等众多产业的庞大商业帝国。

2015年1月起，深宝能旗下的钜盛华及其关联企业前海人寿，动用了400多亿元现金，向房地产行业的龙头老大万科发起了一场“蛇吞象”式的收购战。2015年7月10日，前海人寿在二级市场上首次举牌万科，声称自己持有的万科股票达到公司总股本的5%。7月25日，前海人寿及钜盛华对万科二度举牌，称其持股数量达到10%。8月26日，前海人寿及钜盛华对万科再度举牌，称自己的持股比例达到15.04%，取代华润成为公司第一大股东。

同年9月，华润耗费4.97亿元，两次增持万科股票，持股比例达到15.23%，重夺第一大股东的位置。12月11日，深宝能旗下公司再次举牌万科，持股比例增加到22.45%，重新成为万科第一大股东。此时，一则“万科第一大股东易主”的消息开始在财经圈和媒体圈传播，成为2015年年末房地产行业和资本市场的一声惊雷。

对万科而言，这无疑是一场“地震”。面对深宝能对控股权的步步紧逼，2015年12

月 17 日，万科董事长王石在北京发布言辞激烈的讲话，将深宝能称为“门口的野蛮人”，用“不欢迎”三个字表达对深宝能想要控股万科的态度。深宝能随后发表声明，回应称“尊重规则，相信市场的力量”。12 月 18 日，万科在午间发布公告称，因正在筹划股份发行用于重大资产重组及收购资产，股票从下午开市起停牌。宝万之争终于在年末正式上演。

万科股权争夺战迅速演变成为一场关于资本市场的“全民论战”。社会各界纷纷表达对事件的关注。各方意见、观点交锋激烈。国务院国资委有关人士表示，“只要有利于深圳的发展，有利于企业的发展，我们国资委就支持”。2016 年 2 月 18 日，证监会新闻发言人张晓军表示，收购与被收购是市场自身行为，只要符合相关法律法规规定，监管部门不会进行干预。与此同时，出现了另一种不同的声音。2015 年 12 月 23 日，中央财经大学中国企业研究中心主任刘姝威撰文称，放任宝能收购万科，影响将超过“股灾”。刘姝威认为，宝能收购万科股份的操作模式具有示范效应。她说：“在目前中国股市恢复阶段，任何金融监管失误或者监管行动迟缓都会导致灾难性的后果。如果金融监管层对于用高杠杆资金收购蓝筹股和权重股的行为置之不理，那么，资本玩家就会用高杠杆配资放肆地控制越来越多的中国蓝筹股和权重股，后果将是毁灭性的。”某地产企业副总裁也认为：“我觉得万科这面旗帜暂时还不能倒。”他表示，虽然万科也有不足之处，但它仍是一家伟大的公司，比起行业中的其他企业，它真正为行业贡献了价值，包括住宅产业化、产品的创新与探索以及人文精神。

在社会各界的争执声中，2016 年 3 月 17 日，万科召开临时股东大会，决定继续申请停牌。2016 年 6 月 17 日，万科发布与深地铁的重组预案。如果重组成功，深地铁有望取代深宝能，成为万科第一大股东。在同日举行的深地铁重组方案的表决会上，重组方案因将华润持股比例稀释 12.1%遭到了华润董事的一致反对。深宝能也在预案中投反对票，更声称要罢免王石、郁亮等万科管理层。6 月 26 日，深宝能提请董事会召开第二次临时股东大会，要求罢免王石、郁亮等管理层，但提案没有通过。7 月 4 日，万科复牌一字跌停。7 月 5 日，深宝能再次买进万科股份，持股份额达到 24.97%。7 月 19 日，万科举报深宝能用来收购万科股票的资管计划违法违规。

“一石激起千层浪”，深宝能和万科管理层之间的纠纷再次引起学术界、企业界、法律界专家的关注。“规则派”认为，深宝能从二级市场上收购万科股权，成为第一大股东后就公司问题发表自己的意见是正常的市场权利，应尊重资本“否决重组”“罢免王石”的意志与权利。清华大学中国与世界经济研究中心主任李稻葵说：“既然公司主要经营者在此之前没有筹到足够的资金来购买足够的股票，就要接受资本市场的游戏规则。”“情理派”认为，王石等万科公司管理层塑造了万科文化，是万科 30 多年来成长为市值过千亿元大型企业的奠基人、领路人，并一直给股东带来良好的回报，“一锅端”

明显有粗暴之嫌。将万科管理团队全部扫地出门的做法，明显没有顾及公司发展，会给企业经营造成很大影响，损害小股东的利益。

正当社会各界对万宝股权之争处于激烈的辩论之中，万宝股权之争没有得到妥善解决的时候，各大保险公司早已按捺不住内心的并购冲动。2016 年 11 月下旬以来，深宝能的前海人寿开始大举购入家电明星公司格力电器的股票。11 月 30 日，前海人寿对格力电器的持股比例达到 4.13%，成为格力电器的第三大股东。除深宝能旗下的前海人寿外，阳光保险、安邦保险、恒大人寿、国华人寿、华夏人寿、福德生命人寿等所谓七大保险系纷纷杀入二级市场，恣意收购质地优良的制造业上市公司。11 月 30 日，恒大人寿举牌万科，共持有万科 15.53 亿股股份，占 14.07%，成为万科的第三大股东。面对来势汹汹的保险资金，格力电器董事长董明珠高调发表言论："如果成为中国制造的破坏者，他们会成为罪人。"同月，深宝能入主上市公司南玻后，公司董事会成员倾巢出走，更是引发了诸多关注。较之毁誉参半的房地产业，在宏观经济大背景下，以深宝能为首的保险资金对"中国制造"龙头企业的狙击，把实业家和金融家谁说了算的争议推向高潮，并由此引发政府部门的强势介入。中国证监会、中国保监会负责人均发表了意见，中国保监会更是暂停了前海人寿的无能险业务、恒大人寿的委托股票投资业务。12 月 9 日，前海人寿宣布不再增持格力，并表示将逐步择机退出。自此，宝万之争一年来证券和保险业微妙互动的半僵持状态被打破。

2017 年 1 月 12 日，华润宣布将所持有的 16.89 亿股万科股票全部转让给深地铁，深地铁持有万科 15.31%的股份，成为公司的第二大股东。1 月 13 日，恒大人寿发表声明，不再购买万科股票。同日，深宝能发表声明，欢迎深地铁进入万科，自己将作为财务投资者持股万科。2 月 24 日，姚振华遭保险业史上最严厉的处罚，被撤销前海人寿董事长任职资格并被禁入保险业 10 年。2017 年 6 月 9 日，深地铁与恒大集团签署了相关协议，恒大集团将所持有的 15.53 亿股万科 A 股股份以协议转让的方式全部转让给深地铁。2017 年 7 月 6 日股权转让完成，深地铁共持有 32.43 亿股万科 A 股股份，占公司总股本的 29.38%，成为第一大股东。深宝能持有 28.04 亿股万科 A 股股份，占公司总股本的 25.4%，成为第二大股东。持续近两年的宝万股权之争，终于宣告结束。万科及其管理层赢得胜利，金融资本最终让位于产业资本。

历史总是惊人的相似。之争结束 21 年前的 1996 年，万科就经历了惊心动魄的君万之争。当年证券行业的一方霸主君安证券，联合 4 家万科股东强势"逼宫"万科管理层。万科紧急停牌三天，王石四处奔走，联合大股东，后来证监会查出了对手开"老鼠仓"的行迹，王石才一举反击成功。

然而，这一次万科的反击，远比 21 年前的局势更为复杂，更具有挑战性。

资料来源：根据网络相关资料改编。

问题

1. 从法律和伦理两个角度评价宝能争夺万科控制权的行为。
2. 政府是否应该介入这场争夺战？为什么？
3. 本案例带给你何种启示？

案例3

三鹿集团的沉沦

2008年9月，中国乳业界爆发震惊全球的三聚氰胺事件。

事件的主角是乳品生产厂家三鹿集团股份有限公司（以下称三鹿集团）。三鹿集团的前身是1956年成立的石家庄幸福乳业生产合作社。成立时，合作社只有32头奶牛和170只奶羊。1966年，合作社改制为集体所有制企业。1983年，随着我国向商品经济转型，三鹿集团成为国内规模生产配方奶粉的企业。2001年中国加入世界贸易组织后，中国乳制品市场发生了改变。除了中高端消费者从海外进口乳制品外，中国绝大多数消费群体还是以购买国内自制乳产品为主。三鹿集团顺应市场需求，推出一种每袋只卖18元的婴幼儿奶粉，以应对大规模的奶业消费市场。三鹿集团推出的这种奶粉，价格不到进口奶粉的一半。凭借价格优势，三鹿集团的销售收入很快超过百亿元。自此，三鹿集团一直在发展的快车道上行驶，创造了令人兴奋的“三鹿速度”，实现了跨越式发展。到2007年，在中国奶粉市场中，以三鹿为首的十大品牌合计所占市场份额为78.35%，三鹿奶粉领先于其他品牌，市场占有率达到18.26%，比位居第二、三位的其他品牌分别高出5.68和9.43个百分点。三鹿集团成为中国乳品行业，特别是婴幼儿奶粉行业的领导者。

然而，荣誉与梦想并没有一直呵护着三鹿集团。2008年9月11日，三鹿集团生产的三鹿牌婴幼儿奶粉含有三聚氰胺并导致婴幼儿患病的报道正式浮出水面，社会为之震惊，公司陷入绝境之中。9月12日，三鹿集团被责令停产。12月25日，石家庄市中级人民法院受理石家庄商业银行提请三鹿集团破产案。2009年2月12日，石家庄市中级人民法院正式宣布三鹿集团破产。同年3月4日，三鹿集团的核心资产被北京三元集团以6.165亿元拍得。3月29日，三鹿网站域名（sanlu.com.cn）被抢注。一个曾经辉煌的企业品牌自此从互联网上消失，网站域名成了最后的殉葬品。

三聚氰胺是一种用途广泛、具有均匀结构的有机化学中间产品，主要用途是作为生产甲醛树脂的原料。在部分亚洲国家，它也被用来制造肥料或当作杀虫剂。美国于1983年进行的动物实验表明，用三聚氰胺高剂量持续喂食雄鼠，会造成膀胱结石，并增加膀胱、尿道出现恶性肿瘤的风险。三聚氰胺的最大特点是含氮量很高，达到66%。

在植物蛋白粉和饲料中，每增加 1 个百分点的三聚氰胺，会使蛋白质含量虚增 4 个百分点，而且成本很低。

根据三鹿集团有关负责人在法庭上的供述，2007 年 9—10 月，正值原奶市场淡季，各企业为争夺奶源，原奶收购价格一度攀升到每千克 3.6 元。当原奶价格涨到每千克 3 元时，三鹿集团决定不再提高收购价格。而此时，为三鹿集团提供原奶的奶站提出涨价要求。三鹿集团有人向高管建议，为保证奶源，可以允许奶农在原奶中加水。三鹿集团高管接受了这条建议，但要求加水后奶的含氮量不能降低，要保证每百克牛奶蛋白质含量不低于 2.8 克。后来，奶农就开始在原奶中加入尿素、氢氧化钠等物质，以提高氮成分的含量，最后终于发展到掺杂三聚氰胺。三聚氰胺是一种白色结晶粉末，没有味道，掺杂后也不易被发现，是一种在乳业界被称为“假蛋白”的化学品。长期以来，食品安全监督检查和质量技术监督部门也未将其列入必检项目。因此，不法分子故意将三聚氰胺添加在麦麸中或食品中，通过提高氮的检测值来显示高蛋白含量。

正是这种无色无味的三聚氰胺，为处于巅峰时刻的三鹿集团带来了灭顶之灾。2007 年，三鹿集团的销售额高达 103 亿元。当年 12 月，三鹿集团第一次收到了消费者投诉，反映有部分婴幼儿食用三鹿牌婴幼儿奶粉后尿液中出现红色沉淀物。2008 年 1—3 月，三鹿集团又陆续接到安阳、太原、温州等地 7 例婴幼儿尿液变色、尿液中有颗粒等投诉。4—5 月，全国各地因食用三鹿奶粉导致的投诉病例越来越多，投诉数量呈快速上升趋势。至 2008 年 8 月，三鹿集团陆续接到 1 327 起消费者投诉，有 62 起婴幼儿食用三鹿奶粉后出现尿液发红、泌尿系统结石等症状，其中有不少被诊断为肾结石、尿道结石。

那么，在这长达 9 个月的时间里，三鹿集团都采取了什么样的应对措施?

法庭讯问显示，公司内最早知道奶粉出问题的是分管技术和研发工作的集团副总经理王玉良。2008 年 3 月，王玉良从奶粉事业部获知有消费者投诉问题时并未特别在意，以为是消费者自身的原因。到 4 月底，随着消费者投诉增多，他开始怀疑奶粉质量出了问题。在没有确定问题症结前，三鹿集团采取了与消费者“悄悄”沟通、“摆平”消费者的策略。在三鹿集团向法庭出示的证据中发现，三鹿集团在事发前共支付了 118 万元患儿检查费用。

5 月初，时任三鹿集团董事长、总经理和党委书记的田文华得知投诉数量增加后，于 12 日成立了以自己为组长的质量问题排查小组，自行组织对磺胺类、氨基酸、嘌呤等可能引起尿液结晶的元素进行检验排查，未发现问题。

5 月 27 日，三鹿集团召开领导班子会议，总经理、副总经理、部分董事以及两个顾问参加了会议。会议上通报了消费者的投诉情况，并决定成立几个小组，调查奶粉出现问题的原因，协调媒体，安抚患者。会议要求各小组立即展开工作，每两周召开一次会议，听取各小组的汇报，有问题要立即解决。其中王玉良负责质量排查，副总经理杭志奇负责加强奶源监管，两名副总经理负责与消费者和媒体沟通，用广告来削弱媒体的影响，用私下沟通来摆平消费者，另一名副总经理刘承德则负责法律事务。

事后，杭志奇回忆当时三鹿集团高层的心理，认为当时厂里的领导都明白，是奶粉质量出了问题，但因为不知道具体原因，考虑到企业的发展和影响，因此没有及时停产并召回相关产品。

5月的领导班子会议后，三鹿集团对奶粉质量进行了严格排查。三鹿集团多次将自己的奶粉样品委托省级和国家级检测中心检测，结论是全部合格。“其实我们并未相信上级机构检测合格这一结果。市场上不断反映有问题，我们没有停止排查。”王玉良事后说。

当时三聚氰胺并未被列入国家规定的对奶制品的检测项目中，也没有此项检查标准。如果不能确定奶粉中的有害有毒化学物质成分，检测和排查很难找到根源。

6月19日，公司自行组织的质量排查终于获得进展，确认三鹿牌婴幼儿系列奶粉中含有较国内外同类产品高1.5～6倍的非乳蛋白态氮。

7月24日，技术攻关小组中有人在网上搜索到2007年我国出口美国的宠物食品被三聚氰胺污染的报道时，才怀疑本公司生产的奶粉也被三聚氰胺污染了。王玉良将16个批次的婴幼儿奶粉送到河北省出入境检验检疫局所属的检验检疫中心进行检测，并提醒对方专门检测三聚氰胺指标。

7月26日，经过初步检测，发现送检的样品中确实含有三聚氰胺。31日检查报告正式形成。检验的技术人员对三鹿集团送检的产品的检验结果十分吃惊，表示这种产品即使牲畜食用也会导致严重后果，一再追问三鹿集团送检产品的确切来源和用途，否则不给检测结果。但三鹿集团主管领导顾及产品声誉，当时未向送检单位说明检测物是本公司的产成品，而是说在“市场打假中获得的一批原料”。就这样，三鹿集团想方设法守住了秘密。

8月1日下午4点，三鹿集团拿到正式检测报告，多日的谜团终于揭开。检测结果令三鹿集团高管非常震惊：三鹿集团送检的16个批次奶粉中有15个批次含有大量的三聚氰胺。下午5点，公司技术攻关小组将检测报告报送给了田文华，田文华随即组织集团领导扩大会议商讨对策。会议从晚上9点一直开到次日凌晨4点，通过了一系列决议。外方董事提议公开召回问题奶粉，中方董事则担心公开召回会引发恐慌，造成公司声誉受损，建议“悄悄换货”。这个方案获得了多数人的支持。

8月1日集团领导扩大会议后，在三鹿集团内部的化验单上，三聚氰胺的名称先后演变为“A物质”“B物质”。另外，三鹿集团采取了一系列措施防止事态恶化，包括：立即封库，严禁库存中的婴儿奶粉流入市场；通知经销商；以不含三聚氰胺产品替代问题奶粉；派出400余名检测人员到各收奶站，以“人盯奶站”方式加强监督以确保原奶质量。

8月2日，公司决定三鹿牌婴幼儿奶粉暂时停产。

8月3日，杭志奇告知集团总经理助理吴聚生，要他将因非乳蛋白态氮检测不合格被奶粉加工三厂拒收的库存原奶转送到液态奶加工二厂。杭志奇告诉吴聚生，原奶中含有属于非乳蛋白态氮的“A物质”，对人体有害，但掺杂在液态奶中问题不大。

8月6日，集团质检中心研究出了三聚氰胺检测方法后便恢复了婴幼儿奶粉的生产。同时，为杜绝不合格原奶流入，三鹿集团在原奶收购时开始全面检测其是否含有三聚氰胺，有则拒收。此后生产的婴儿奶粉已被确认不含三聚氰胺。但是，采取这项措施后，合格原奶的采购量大幅减少，工厂生产量迅速萎缩。

8月13日，三鹿集团高层针对产量萎缩问题开会商讨“变通”之计。会上，田文华拿出一份从新西兰恒天然集团获得的欧盟关于食品中三聚氰胺标准的资料，该资料以人体重量为基准，认定成人每千克体重每天能够耐受的三聚氰胺量是0.5毫克，如果将其按婴儿体重及每日奶粉消耗量换算，对婴儿来说每千克奶粉中含20毫克三聚氰胺是安全值。讨论中，王玉良提出建议，为保险起见，将本公司奶粉中三聚氰胺添加量按欧盟标准打五折。提议得到大家的认可。会上，集团领导班子决定：对已封存的奶粉，三聚氰胺含量在每千克10毫克以下的予以放行，后来这个标准又放大到15毫克。会议还决定：调集三聚氰胺含量为每千克20毫克左右的产品换回三聚氰胺含量更高的产品，以此将问题产品撤出市场。

9月2日，问题奶粉基本“撤换”完毕。在此“撤换”过程中，采取的名义是为奥运加强奶粉质量。因为三鹿集团未公开说明奶粉问题之所在，有些地方的经销商坚持不肯返货。

9月11日，两个导火索使三鹿事件昭示于天下：一是新西兰政府当日上午给中国政府有关部门的照会；二是上海《东方早报》记者简光洲题为《甘肃十四名婴儿疑喝三鹿奶粉致肾病》的点名新闻报道。当日17时，三鹿集团传媒部部长崔彦锋根据公司委托甘肃权威质检部门对三鹿奶粉检验结果合格的事实，亲口告诉记者：“作为具有60多年历史的国家知名企业，三鹿几乎成了我国奶粉的代名词，因此我们具有极高的社会责任感。可以肯定地说，我们所有的产品都是没有问题的。”20时51分，新华网发布快讯：卫生部指出，经相关部门调查，高度怀疑三鹿集团生产的三鹿牌婴幼儿奶粉受到三聚氰胺污染。22时，三鹿集团发布了产品召回声明，称经公司自检，发现2008年8月6日前出厂的部分批次三鹿牌婴幼儿奶粉受到三聚氰胺的污染，市场上大约有700吨。公司决定立即全部召回2008年8月6日以前生产的三鹿牌婴幼儿奶粉。

9月12日上午，当直接点名三鹿奶粉的报道被各大网站大量转载后，三鹿集团向新浪网和人民网发了一个问答式的回应，声称自己的产品质量没有问题，没有证据表明患肾病与三鹿奶粉之间有必然的联系。10 时，三鹿集团对媒体称，已经查出是不法奶农向原奶中掺入三聚氰胺造成婴儿患肾结石，不法奶农才是这次事件的真凶，警方正在抓捕不法奶农。当日，河北省人民政府勒令三鹿集团停止生产和销售。

国家相关部门高度关注三聚氰胺事件。为严肃查处这一事件，党中央、国务院做出部署，要求立即启动国家重大食品安全事故一级响应，并成立应急处置领导小组。卫生部党组书记高强在三鹿牌婴幼儿奶粉重大安全事故情况新闻发布会上指出，三鹿牌婴幼儿奶粉事故是一起重大的食品质量安全事故。

9 月 14 日，卫生部陈竺部长带领有关司局领导及专家飞抵兰州，针对三鹿奶粉事件应急处置工作展开专题调研。

2009 年 1 月 22 日，田文华因生产、销售伪劣产品罪，被判处无期徒刑，剥夺政治权利终身，并处罚金人民币 2 468.741 1 万元，其他相关人员也受到相应的惩处。2009 年 2 月 12 日，石家庄市中级人民法院宣布三鹿集团破产。3 月 4 日上午，三鹿集团的核心资产被北京三元集团以 6.165 亿元拍得。

从 2008 年 9 月 13 日中央政府启动国家重大食品安全事故一级响应，到 2009 年 3 月 4 日三鹿集团破产拍卖成功，短短半年的时间，三鹿集团就轰然倒下。

据三鹿集团原领导讲，“三鹿”这一商标“寓意深刻，蕴含着三鹿人的宏图大志：逐鹿中原为一鹿，占领全国为二鹿，走向国际为三鹿”。伴随着三聚氰胺事件的发生，三鹿集团可谓是壮志未酬身先去。

资料来源：根据网络相关资料改编。

问题

1. 如果我国法律没有对奶粉中是否可以添加三聚氰胺做出相应规定，企业添加三聚氰胺是否就不属于违法行为？为什么？

2. 作为行业巨头的三鹿集团，在原奶涨价的情况下，本来可以怎么做？

3. 本案例带给你何种启示？

第 6 章

中西方伦理观及其比较

引导案例

爆炸的油箱

20 世纪 70 年代，福特汽车公司生产的平托（Pinto）汽车是美国销量最好的超小型车之一。然而遗憾的是，该车型有一个极大的隐患，即当另一辆车从后面撞上它时，它的油箱容易爆炸。在这种汽车的隐患被公众得知之前，有 500 人因为自己的平托汽车突然着火而丧生，更多的人被严重烧伤。一名烧伤受害者状告福特汽车公司，认为这款汽车油箱的设计有缺陷。后来的事实表明，福特的工程师们早就意识到了这种油箱会带来危险。然而，公司的经理们做了一项成本-收益分析后认为，修补这种油箱所获得的利益（包括所挽救的生命和所阻止的伤害）并不值得他们在每辆车上花费 11 美元——这是给每辆车装上一个可以使油箱更加安全的设置所需要的成本。

为了计算出一个更安全的油箱所能获得的收益，福特汽车公司估计，如果不做改变的话，这种油箱可能会导致 180 人死亡、180 人烧伤。然后，给每条生命和每次伤害定价，一条生命 20 万美元，一次伤害 6.7 万美元。之后，将这些数目以及可能着火的平托汽车的价值相加，计算得出这一安全性改进可以挽回的总收益是 4 950 万美元，而给 1 250万辆平托汽车逐一增加一个价值 11 美元的装置，将会花费 1.375 亿美元。公司最后得出结论，维修油箱所用的花费远高于改进为更安全的汽车所带来的收益。

为每一条生命定价 20 万美元，并不是福特汽车公司自己想出的数目，而是从一个政府机构那里得到的。20 世纪 70 年代早期，美国国家高速公路交通安全管理局在一起交通死亡事故中，将每条生命定价为 20 万美元，这是根据死亡者未来劳动力的丧失、医疗费用、葬礼费用等决定的。

资料来源：迈克尔·桑德尔．公正：该如何做是好．北京：中信出版社，2011.

本案例揭示了伦理观对企业经营决策的重要影响。不同的人、不同的国家，有着不同的伦理观。伦理观不同，企业采取的伦理决策方式就会不同。本章首先介绍西方主要的伦理观；其次介绍中国传统的伦理观；最后对中西方伦理观进行对比。

第 1 节 西方主要的伦理观

西方伦理学可以分为四个时期：远古（古希腊）、中古（基督教中世纪）、近代和现代。① 古希腊时期的伦理学，以柏拉图、亚里士多德为代表。从公元 2 世纪开始，基督教伦理在欧洲盛行，统治了欧洲长达 1 500 多年。1640 年，英国资产阶级革命开始，西方进入近代史时期。这一时期，人文主义思想兴起，各种伦理学流派出现。20 世纪初，西方伦理学步入现代史时期，科学主义思想兴起，各种伦理观纷呈。本节按照时间顺序，介绍主要的伦理观。

一、美德伦理

美德伦理是西方伦理思想发展中出现最早的学派，其代表人物是古希腊哲学家柏拉图（前 427—前 347）、亚里士多德（前 384—前 332）。按照美德伦理的观念，判断一项行为是否合乎伦理，主要看它是不是一个有美德的人

① 唐凯麟．西方伦理学名著提要．南昌：江西人民出版社，2000.

应该做的。

柏拉图认为，个人美德包括智慧、勇敢、节制、公正。亚里士多德则认为，美德是一种习惯，出于正当理性的指导，表现在履行道德义务的行为中。在他看来，美德的形成是一个过程，这个过程实质上也是一个逐渐养成道德习惯的过程，即美德是从日常生活中依据理性的指导，反复践行而得来的。为什么受理性的指导呢？亚里士多德认为，人的理性把人与动植物区分开来，理性是人最根本的机能，是人之所以为人的根据。人的美德，是那种既能使人成为善人，又能使人圆满完成其功能的品性。这种品性，在亚里士多德看来，就是中庸之道。所谓中庸之道，就是人们用理智来控制和调节自己的感情和行为，使之既不过度，也无不及，自始至终保持适中的原则。亚里士多德认为，人的欲望、情感和行为都存在三种可能，即过度、不及和适中，而德性的目的也就是在于根据理性的原则来处理欲望、情感和行为。他认为，中道即德性。勇敢是鲁莽和怯懦的中道，节制是纵欲放荡与麻木的中道，乐施是挥霍与吝啬的中道。

总之，按照美德伦理的观点，所谓美德，是指能够引领一个好人在真正的人类生活中表现优秀的人类特性。美德是习得的一种品质，它体现在个人行为习惯中、构成道德高尚的人的特征。美德伦理不仅告诉我们应该成为什么样的人，还告诉我们应该怎么做。它主张，道德生活的目的是培育美德，并在生活中实践和展示美德，只要在我们的行为中实践了美德，只要我们的行为展示了美德，这种行为便是道德的行为。

二、基督教伦理

基督教伦理产生于公元 1 世纪。围绕上帝与人的关系，基督教阐发了一系列伦理思想。

第一，强调爱是道德的基本原则。基督教伦理把对上帝的热爱、信仰和服从作为“三主德”，作为世俗道德生活的要求。它强调对上帝的谦卑和对世俗压迫的忍耐，并由此推出仁爱原则，即爱一切人。

第二，提倡禁欲主义。在基督教伦理看来，禁欲生活是解脱原罪、拯救自己灵魂的根本途径。它认为自爱、自私是堕落和罪恶的根源，要求教徒放弃对现世物质生活的追求，过节制乃至灭绝情欲的生活。

三、利己主义

利己主义是 17、18 世纪欧洲近代资产阶级革命时期发展出来的一种系统完整的伦理学说，其代表人物有英国的霍布斯（1588—1679）和法国的爱尔维修（1715—1771）。他们从抽象人性论出发，认为自爱自保是人的本性，利己心不仅是合理的而且是合乎道德的。人在自己的行为中，能够遵循的只有自己的利益。因此，利己主义者把利己作为人的天性，把个人利益看作高于一切的生活态度和行为准则。

按照利己主义的原则，判断一项行动是否合理的唯一依据是：这是否对我有利。

利己主义最大的问题在于：第一，从生理、心理的角度为自私行为辩护，看不到人的社会性；第二，从静态的角度看待人性，看不到人性提升的空间，让生命失去厚度和广度。

四、义务论

义务论是 18 世纪由德国思想家康德（1724—1804）提出的。

利己主义从人的感性欲望出发来探讨伦理规范。与之不同，康德认为，人是有理性的人，拥有与生俱来的辨别是非的能力。在他看来，道德不是建立在欲望之上，而是建立在理性意志之上。在此基础上，康德提出理性主义的义务论。

按照康德的义务论，行为是否合乎道德在于该行为是否合乎道德法则。道德法则具有无条件的约束力，康德称其为绝对命令，即无条件的命令，它的形式是“你应该做某事”，不附加任何假设条件。

康德提出了绝对命令的三条具体原则，阐明了道德的行为必须符合三个形式上的条件：第一，永远具有普遍的一致性。道德原则、准则应该是面向所有人的，而且应当是平等地面向所有人的。因此，他提出了第一条绝对命令：行为的原则、准则在普遍推广后必须具有一致性。第二，对人的尊重。康德主张，我们每个人都有尊严，都必须得到尊重。因此，他提出了第二条绝对命令：理性人应该永远同时把人看作目的，而永远不要把人只看作实现目的的手段。这一绝对命令意味着，每个人拥有同样的尊严，因而不应该受到操纵、欺骗、剥削以满足他人的利益。也就是说，不能把人当作不会进行自由选择的物一样来对待。这一绝对命令可以表述为以下伦理原则：一个人在从事某种行动时，不能把他人仅仅作为实现自身利益的工具，而是要尊重并发展他人自由选择的能力，这样该行为才是道德的。第三，普遍接受，即“仅依据你能同时意欲它成为一项普遍法则的那项规则行动”。这意味着，当且仅当一个人愿意把自己在特定条件下从事某一行为的理由，作为每个人在相同条件下的行为理由时，该行为才是道德的。

可见，康德的义务论强调人行为动机的重要性，以行动者的动机作为伦理判断的基本依据。这种合理的动机就是，要把人当然对待，不能把人作为工具和手段。

五、功利主义

功利主义即效益主义，是由英国哲学家边沁（1748—1832）提出，并经由穆勒（1806—1873）修正推广的。功利主义反对康德以动机作为判断道德的标准，认为动机属于人的内心状态，动机无法说明行为的善恶。只有行为是否能增进快乐的结果，才能表明行为是否满足道德属性。

功利主义的伦理观基于这样一种假设：人的本性是避苦求乐的，人的行为是受苦乐支配的，追求功利就是追求大多数人的幸福。因此，人应该做出能达到最大善的行为。所谓最大善，就是所有人的幸福最多或者痛苦最小。

按照功利主义的原则：一种行为如果有助于增进大多数人的幸福，就是正确的；如果导致产生和幸福相反的东西，则是错误的。幸福不仅涉及行为的当事人，也涉及受该行为影响的每一个人。寻求最多数人的利益最大化是功利主义的主要目的。

运用功利主义原则的根本点在于：需要考虑该行动所影响到的所有人，考虑其整体利益最大化。该原则不同于利己主义，它关注的是更广泛的受影响的大众。

功利主义的缺陷在于：第一，没有一致的标准计量利益和损失。相同的行为，带给不同人的利益是不同的。第二，有些利益和损失很难计量。第三，有些东西非金钱可以衡量，如生命的价值、健康的价值、公平的价值、人的尊严等。

运用功利主义进行伦理决策，可以遵循如下分析步骤：第一，对需要评价的行为进行详细而清晰的描述。第二，对受到该行为直接和间接影响的人群范围分别加以界定。不能仅仅考虑自己或那些将受到直接影响的人，还要把可能受到间接影响的人，以及对社会整体所造成的普遍影响考虑进去。第三，考虑是否存在一些明显的决定性因素，其重要性超过其他影响因素。如果存在相当严重的后果，以至于已经可以做出评判，就不必对所有后果逐一分析了。第四，将该行为对直接相关人群造成的后果进行详细描述，考察每一后果可能产生的正面、负面效应及在现实中发生的可能性。第五，为利益因素与损害因素分配权重，需要分别考虑可能引起的每一种收益或损害的数量、持续时间、确定性等。第六，考虑当准则得到普遍遵循时所带来的积极与消极影响，如有必要，对那些受到该行为间接影响的人群以及总体社会做同样的分析。第七，对所有正面及负面效应进行加权计总。第八，考虑除"非此即彼"的选择外，是否存在其他备选方案。如果有，则需要对每一种方案进行如上的分析步骤。第九，比较所有备选方案的分析结果，将能够产出最大收益净值的行为作为最终方案。

六、公正论

公正论由当代美国哲学家罗尔斯（1921—2002）提出。在他看来，当分配利益和负担时，当制定和执行政策、规定时，当群体成员间相互合作或竞争时，当人们因做错了事情而受到惩罚时，当人们因他人的原因遭受损失得到补偿时，往往会涉及公正、公平问题。所谓公正，就是指给予每个人应得的权益，对可以等同的人或事物平等对待，对不可等同的人或事物区别对待。公正可以分为交易公正、程序公正、分配公正、惩罚公正、补偿公正。

（1）交易公正。当一个个体与另一个个体达成协议时，就产生了契约权利和义务。契约权利和义务取决于公众接受的指导交易的一套规范。几乎每一项企业交易在某个时候都要求有一方相信另一方的口头承诺，如在将来某个时刻付款。如果没有契约的社会规范，任何一方都不愿意相信另一方的口头承诺，交易就不会发生。契约规范是保证个体信守诺言的一种途径，使得企业活动得以开展。一项公平的交易应当具有以下三个特征：交易双方获得充分透明的交易信息；交易双方出于完全自愿的目的进行交易；交易双方均可从交易中获取利益。

（2）程序公正。程序公正的基本宗旨在于保护全体成员的利益，在于使社会成员普遍受益。程序公正的基本特征是：普惠性、公平对待、多方参与、公开性、科学性。普惠性意味着每一个社会成员的尊严和利益都应当得到有效维护，任何一个社会群体和社会成员尊严和利益的满足，都不得以牺牲其他社会群体和社会成员的尊严和利益为前提条件。公平对待是普惠性特征的具体化，是在操作层面上的具体体现。公平对待至少有两层含义：第一层含义是在处理同样的事情时，应当按照同一尺度。如果是有所差异的话，也应当是因事而异，而不能因人而异。第二层含义类似于法律所说的"无偏袒地中立"，即与自身有关的人不应该是法官，解决纠纷者应当保持中立。多方参与是指在制定重要的政策时，必须让多方人员参与，尤其是要允许相关群体有充分的参与和表达意见的机会。公开性是指无论是政策的制定还是实施，无不以占有必要的信息为前提。利益相关群体对于事关切身利益的信息具有平等知晓的权利。如果与某项政策的制定、实施相关的信息出现了不对称的情形，信息充足一方可能通过垄断信息，对其他群体进行各种类型的欺骗和误导，信息缺乏一方无法得到公平对待，程序公正也就无从谈起。科学性是指技术方面的要求：其一，相关信息充分、准确；其二，应当有必要的评估机制和修正机制。

（3）分配公正。当不同的人对社会利益和负担有不同的要求，且这些要求无法同时满足时，就出现了怎样分配才公正的问题。分配公正的基本原则是：相同的人应该得到相同的对待。在罗尔斯看来，当且仅当符合下列原则时，利益和负担的分配才是公正的：一是每个人都应有一种平等的权利。二是针对社会和经济的不平等应该这样分配：给处于最不利地位的人提供最大的利益；给所有人提供均等的机会。

（4）惩罚公正。惩罚公正关心的是对一个做错事情的人怎样惩罚才算公正。一是在什么情况下可以免除道德责任；二是谁是该受惩罚的人，受惩罚的人应该是确实做错事情的人；三是惩罚的力度多大合适，惩罚的力度应该与所做错的事情的严重程度相称。

（5）补偿公正。一个人损害了另一个人，则加害者有道德义务给受害者某种合适的补偿。

七、关怀伦理

关怀伦理诞生于20世纪80年代初期，由当代美国思想家内尔·诺丁斯提出。关怀伦理的出现有着深刻的社会背景。全球化、国际化以及市场化所引发的社会竞争日益激烈，导致人际关系日渐紧张化、功利化。在这种情况下，对于人际关怀的需求，就成为社会文明发展与社会稳定过程中出现的重要需求，关怀伦理应运而生。

诺丁斯认为，男女两性有着不同的伦理决策方法。男性以普遍的道德原则为基础进行抽象逻辑分析，女性应用的则是集中于实际关系的、感性的、对于事情发生情景进行细节分析的推理方法。在诺丁斯看来："我不能退避在我的办公室，然后逻辑地想出我该做些什么——我应该运用什么原则来证明我的行为是正确的。我不能依赖有用性的计算，我也不能召唤我的美德。"①

因此，诺丁斯提出了关怀伦理。关怀伦理的两个重要概念是仁慈和同情。首先，关怀是与仁慈相关联的。所谓仁慈，就是抱着爱心、细心去爱别人，关心别人的疾苦，更多地帮助别人。仁慈的实质，是一种包括全心全意关心他人、具有异常的敏感和无微不至的照顾在内的关怀。其次，关怀与同情相关联。同情作为人类天真纯净的天性之美，是人类的善良情感，是看到命运强加于别人的不幸时所产生的共同悲哀，是对别人痛苦的感受，以及由此产生出一种想要提供救援与爱护相混合的爱怜他人的情感。关怀伦理把人看成是相互依赖的，而不是独立的个体，认为道德应该强调人们之间的关怀、同情和关系问题，而不仅仅是或主要是单个道德行为者的理性决定。

总之，关怀伦理抛弃抽象的、普遍的原则，强调体验和关心人们的欲望、需要和情感，对待他人要仁慈，要富有同情心。但关怀伦理会导致偏袒、不公正。

八、美德伦理的复兴

在古希腊美德伦理沉寂两千多年后，当代哲学家麦金泰尔倡导重新回归美德伦理。他认为，当代西方社会的道德危机，来源于一种严重的道德无序状态。道德的立场与原则，变成了纯主观的选择和情感的表达。他追溯历史，认为这种状况来源于对亚里士多德哲学中目的论和美德论的抛弃。他指出，当代罗尔斯与诺齐克之间的道德争论，就是由于缺少亚里士多德式的德

---

① 内尔·诺丁斯．关心：伦理和道德教育的女性路径：第2版．北京：北京大学出版社，2014.

性。伦理学应该回归到传统意义的德性论上。

第 2 节　中国传统的伦理观

春秋战国时期，诸子百家争鸣，达到了中国伦理学的高峰。在这场思想大讨论中，儒家、道家脱颖而出。东汉时期，佛家学说传入中国。南北宋时期，以张载、程颐、朱熹等为代表的新儒学家，吸收道家、佛家的观点，进一步将儒家思想系统化，形成新理学。儒、道、佛三家交相辉映，构成了中国传统伦理的主要流派。

一、儒家的伦理观

孔子（前 551—前 479）是儒家学派的创始人。孟子（约前 371—前 289）、荀子（约前 313—前 238）从不同角度进一步扩充了儒家伦理思想。

（1）将“仁”作为伦理道德的核心。儒家将“仁”作为伦理道德的核心。在孔子看来，“仁”，人心也，也是做人的基本准则。“君子无终食之间违仁，造次必于是，颠沛必于是”；“仁远乎哉？我欲仁，斯仁至矣”。“仁”有多方面的表现形式。“己所不欲，勿施于人”是仁；“克己复理”是仁；“己欲立而立人，己欲达而达人”也是仁。因此，“仁”是孔子对各种善的品德的最高概括，也是他整个学说的精髓所在。在孔子看来，各种德行都不过是仁的外在表现形式。

（2）强调义的重要性。儒家并不反对利，但强调义的重要性。孔子说：“富而可求也，虽执鞭之士，吾亦为之。”可见，孔子对于正当、合理的利益追求，予以充分的肯定。但与此同时，孔子更强调“君子爱财，取之有道”，反对为谋取经济利益而不择手段。他说：“不义而富且贵，于我如浮云。”又说：“富与贵，是人之所欲也，不以其道得之，不处也。贫与贱，是人之所恶也，不以其道去之，不去也。”由此可见，孔子倡导的是以合乎道义的方式去追求个人的经济利益。

（3）重义轻利。儒家在面对义与利的冲突时，主张“先义后利”，强调道德原则、道德规范对于人们行为的指导作用。孔子说：“志士仁人，无求生以害仁，有杀身以成仁。”孟子认为：“鱼，我所欲也，熊掌，亦我所欲也；二者不可得兼，舍鱼而取熊掌者也。生，亦我所欲也，义，亦我所欲也；二者不可得兼，舍生而取义者也。”荀子则认为，“保利弃义，谓之至贼”。

（4）强调诚信的重要性。生活在春秋时期的孔子，针对当时礼崩乐坏、诚信缺失的社会现实，不仅在社会生活中以身作则，大力倡导诚实守信，而且对诚信思想提出了独到的见解。概括起来，孔子的诚信思想主要体现在以下几个方面：其一，诚实守信是为人之本。孔子曰：“与朋友交，言而有信”；“老者安之，朋友信之，少者怀之”；“主忠信，无友不如己者，过则勿惮改”。曾子曰：“吾日三省吾心，为人谋而不忠乎？与朋友交而不信乎？传不习乎?”在孔子的思想中，诚实守信是为人处世的基本态度。离开诚信，言行不符合真实无妄的本性，无论何人，在社会上都势必难以立足。其二，诚实守信是立国之基。做人要讲诚信，治国更离不开诚信。对于诚信在国家治理中的重要意义，孔子将其提到相当的高度。孔子说：“足食，足兵，民信之矣。”一个国家可以“去食”“去兵”，但不能“去信”。其三，诚实守信是交往之道。诚实守信是沟通人际关系、促进人与人之间相互尊重与理解的精神纽带，孔子把它视为与人交往的一条基本准则。他说，“益者三友，损者三友。友直，友谅，友多闻，益矣。友便辟，友善柔，友便佞，损矣”，强调一个人只有具备了“诚信”的品质，才能受到他人的尊重。孔子曾说，“巧言、令色、足恭，左丘明耻之，丘亦耻之；匿怨而友其人，左丘明耻之，丘亦耻之”，强调只有诚实守信，才能建立起良好的人际关系。其四，诚信贵在践行。诚信作为一个道德规范，其重要表现便是言行一致，身体力行，信守承诺。从《论语》的记载看，孔子十分强调践行诚信，认为诚实守信不能停留在口头上，而要体现在行动中。孔子提出了“言必信，行必果”的道德准则，要求人们不管处于何种地位，从事何种职业，都要严格履行自己的职责和社会义务。所谓“言必信”，就是恪守信用；“行必果”，就是履行诺言要果断坚决。孔子始终认为，最有真实感人力量的不是一个人的言语承诺，而是身体力行的品质。他甚至赞叹老天不言而行的伟大：“天何言哉？四时行焉，百物生焉。天何言哉?”在谈到对人的评价时，孔子又说：“始吾于人也，听其言而信其行；今吾于人也，听其言而观其行。”从中可以看出孔子对践行诚信的重视程度。在孔子的思想里，表里如一，身体力行，信守承诺，占有极其重要的地位。在孔子看来，能否言而有信，说到做到，是判定一个人人格高下的重要标尺，也是一个人能否安身立命和成就事业的基础。

（5）强调领导者的道德表率作用。由于领导者的职位权力使其对下属有极大的号召力，故做领导者要正人先正己。孔子说：“其身正，不令而行；其身不正，虽令不从。”“为政以德，譬如北辰，居其所而众星共之。”“道之以政，齐之以刑，民免而无耻；道之以德，齐之以礼，有耻且格”。德治可以使下属心服。

（6）强调人的全面发展。孔子曰：“志于道，据于德，依于仁，游于艺。”“志于道，据于德”是精神思想，是天道，是指做人立志要高远；“依于仁，游于艺”是生活处世的准绳，是人道，是说道与德依靠仁与艺发挥作用。有了爱心，爱人、爱物、爱社会、爱国家、爱世界，扩而充之爱全天下，这是仁的发挥。因此，在孔子看来，没有相当的德行作为根据，人生是无根的。没有仁的内在修养，在心理上就没有安顿的地方。没有“游于艺”，知识学问不渊博，人生就无法发挥其作用。“修身、齐家、治国、平天下”是儒家的重要思想和人生理想，而修身的关键则是“格物、致知、诚意、正心”。

二、道家的伦理观

与儒家的伦理思想相比，道家的伦理思想无论是从表现形式上还是从表现内容上都有明显的不同。如果说儒家以积极入世的态度，以大量肯定性的命题，全面阐释了其伦理思想，那么，道家则是以消极的态度，以大量否定性的命题，阐明了其别具特色的伦理思想。道家的伦理思想同样具有深刻的社会意义和现实意义。老子、庄子作为道家的代表人物，其思想有较大差异，老子强调无为但不避世，庄子则看淡世俗，强调脱离世界名利之束缚，追求出世之自在。

老子（生卒年不详）的伦理思想可以概括为：

（1）主张无为。老子无为的思想作为世界本源的特点，是“道常无为，而无不为”，是“生而不有，为而不恃，长而不宰”。换言之，老子的无为是顺应自然规律，强调遵循自然规律以达到目的。老子的无为作为一种道德的实践原则，基本要求就是要顺应自然规律，不要人为追求某些外在的东西，以符合人的内在本性，达到社会的稳定和安宁。

（2）主张清心寡欲。在老子看来，人要清心寡欲，才能经得住外界的各种诱惑。老子说：“五色令人目盲，五音令人耳聋，五味令人口爽，驰骋畋猎令人心发狂，难得之货令人行妨”；“祸莫大于不知足，咎莫大于欲得”。正是外界形形色色的诱惑使人难以抵挡，刺激了人们的物欲，使人贪心不足，铤而走险，以致犯下各种罪错，引发各种灾祸。老子提出：“知足不辱，知止不殆，可以长久。”

（3）主张谦虚处下。老子曰：“民不畏威，则大威至。”“是以圣人自知不自见，自爱不自贵，故去彼取此。”“贵以贱为本，高以下为基。”在老子看来，圣人应该谦虚谨慎，不能骄傲，也不能居功自傲，而是要让自己处于谦下的地位，不表现自己，永远保持自己谦和的美德。

（4）主张守柔。老子曰：“反者道之动，弱者道之用”，主张人们在现实中守柔，自觉处在柔弱地位，以退为进，以静制动。“兵强则灭，木强则折”，在事物相互关系中，老子要求人们贵柔戒刚。

（5）主张不争。老子强调：“天之道，利而不害；圣人之道，为而不争。”“以其不争，故天下莫能与之争。”不争是做人的基本准则。

（6）主张善。善在老子的思想中占据着核心位置。老子说：“居善地，心善渊，与善仁，言善信，正善治，事善能，动善时”；“上善若人”。在老子看来，人生的最高境界是善，是涵养万物。

（7）主张宽容。老子的善是一种宽容的善。老子说：“圣人常无心，以百姓心为心。善者，吾善之；不善者，吾亦善之，德善。”老子主张善待天下所有人，善者使之更善，不善者使之得到感化而迁心为善，从而达到“常善救人，故无弃人；常善救物，故无弃物”的理想状态。

（8）主张节俭。老子说：“我有三宝，持而宝之：一曰慈，二曰俭，三曰不敢为天下先。”节俭是老子伦理思想的主要内容之一。他说：“金玉满堂，莫之能守；富贵而骄，自遗其咎。”在老子看来，节俭的生活有助于人们保全生命，而奢靡浮华的生活则难以持久维持，甚至危及自身生命。为此，他强调“为腹不为目”，要求个体节俭消费而不为嗜欲所困扰。

庄子（约前 369—前 286）的伦理思想可以概括如下：

（1）看淡世俗，主张心灵的自由。庄子认为，人生活在世界上总是“未免乎累”，为是非、得失、福祸、功名利禄等各种事务所困扰，因此，最好的途径就是摆脱周围的世界，顺从自然的本性，在无限的时空中自由自在地往来，实现逍遥游的理想。但无条件的自由往往不大现实，庄子退而求其次，选择逃避现实以求得人生的安宁。所以，庄子宁愿做一只在污泥中翻滚自乐的小猪，也不愿为获千金和一国卿相之位而受其羁绊。

（2）强调与天地合一是最高的幸福。在庄子看来，万物各有其本性，本无所谓高低。只要都各自充分而自由地发挥了自己的自然能力，它们就同等幸福。比如，小鸟的幸福就是枝头歌唱，大雁的幸福就是千里迢迢。但幸福是有不同层次的，最高级的幸福就是与天地融合、天人合一。这个境界，超越了万物的区别，超越了人与世界的区别，人本身也已经感受不到了，完全融入天地之中，于是获得永恒的幸福。

三、佛家的伦理观

佛家伦理学与佛家宇宙观密切相关。在佛家看来，四方上下曰“宇”，古往今来曰“宙”。换言之，“宇”就是指宇宙空间上的四维上下，“宙”就是指时间，其内容包含时间上的过去、现在和未来。从宇宙的构成看，佛家认为宇宙空间是无限的，由无数个大千世界构成。由一个太阳和月亮周遍流光所照的世界，名为一个小世界。① 一个小世界以须弥山为中心，由色界初禅天统摄。如此的一千个小世界称为一个“小千世界”，由色界二禅天统摄。以小千世界为一个单位，一千个小千世界称为一个“中千世界”，由色界三禅天统摄。以中千世界为一个单位，一千个中千世界称为一个“大千世界”，由色界四禅天统摄。从时间的广度看，佛家用“劫”作为划分时间的基本单位。劫分为小劫、中劫、大劫。小劫包含增劫和减劫。在增劫，人的寿命增加；在减劫，人的寿命减短。如此一增一减的时间过程，称为一小劫。一中劫包含 20 小劫。宇宙的成、住、坏、空分别为一中劫。成劫是宇宙的生成时期，住劫是宇宙的安住时期，坏劫是宇宙的坏灭时期，空劫是世界空无的时期。一小劫大约为 1 600 万年，一中劫为 3.2 亿年，一大劫为 12.8 亿年。②

在这样宏大的宇宙观背景下，佛家的小乘、大乘提出了不同的伦理学思想。

（1）佛家小乘的伦理观。佛家小乘认为，人生的目标是出离人、天等六道，因此，小乘主张戒、定、慧的思想。

戒就是守戒律，主要包括五戒：不杀生、不偷盗、不邪淫、不妄语、不饮酒。要不断地断恶修善，提高自己的修为。定就是有定力，不做违背佛理之事。只有这样才能内心清净，断除一切烦恼和妄念。只有做到了定，才能

---

① 从现代天文学的角度看，一个小世界就是一个太阳系。

② 方立天．佛教哲学．北京：中国人民大学出版社，2012.

有智慧，才能对宇宙万物做到彻底明了，才能放下欲界一切，出离人、天等六道。

(2) 佛家大乘的伦理观。佛家大乘认为，人生的目标在于自度度人，不仅要自己摆脱烦恼获得解脱，而且要帮助众生解脱。大乘的伦理思想可以概括为：布施、持戒、忍辱、精进、禅定、智慧。

第一，布施。布施有三种。一是财布施，就是以饮食、衣服、钱财等施给有需要的人。二是法布施，就是以正确的见解劝人为善，不能劝人为恶，断人慧命。三是无畏布施，就是爱护、保护他人的身体乃至将自己的生命布施给他人。

第二，持戒。持戒是好行善道，不放逸。一是要断恶行，断除身、口、意十种恶业：杀生、偷盗、邪淫、妄语、两舌、恶口、绮语、贪欲、嗔恚、邪见。二是要行善业：不杀生、不偷盗、不邪淫、不妄语、不两舌、不恶口、不绮语、不贪欲、不嗔恚、不邪见。

第三，忍辱。一是指别人对自己诋毁、恶语中伤时，以及暗中说坏话时，不生嗔恨或愤怒。二是为了求得关于宇宙人生的正确见解忍受一切痛苦。

第四，精进。精进是指不浪费生命，不虚度人生，在探究生命、宇宙真相，求取正确见解的过程中，诚心诚意、勤奋修持。

第五，禅定。禅定就是面对宇宙、人生中的各种诱惑，能够以定心保持一心不乱，不受迷惑。

第六，智慧。一是对一切关于宇宙、人生的正确见解，听闻后能够如理如实理解。二是对一切关于宇宙、人生的正确见解，反复研究、观察，认真思考。三是获得对宇宙、人生的真实理解，彻见宇宙、生命的实相，自在解脱，出离烦恼。

(3) 佛家主要的伦理思想。佛家伦理思想博大精深，其中对现实具有意义的思想可以略举如下几条：

第一，扬善弃恶。善与恶是伦理学的基本范畴。佛家所说的善实际上是最简单的做人道理，也是最基本的处理人与人之间关系的准则，如不杀生、不偷盗、不两舌、不恶口等。“诸恶莫做，诸善奉行”是佛家伦理观的出发点。

第二，众生平等。“一切众生，皆有佛性，皆可成佛。”众生是广义的众生，泛指人与一切有生之物。人与人之间，以及人类与其他生物之间，应该彼此平等相处、相互关爱，不应无情无义、相互残杀。

第三，慈悲为怀。慈悲是佛道之根本。大慈大悲是佛教伦理的根本。佛经指出："大慈以喜乐因缘与众生，大悲以离苦因缘与众生。"给人欢乐就是慈，去人痛苦就是悲。慈悲为怀就是要用为他人去苦得乐之心为己心。

第四，克己容忍。克己容忍就是"大肚能容，容天下难容之事"，就是安于受难、受耻辱，而无怨恨情绪及行为。

第 3 节 中西方伦理观之比较

一、视野不同

中国传统伦理观以儒、道、佛为代表，能够从人生、宇宙的高度探讨伦理，视野更为开阔。西方伦理观特别是近现代以来，往往根据人的本能，从情感、心理、意志、理性、工具等视角来探讨伦理，视野较为狭窄。

二、立意不同

中国传统伦理观将伦理放置在人的整个生命过程之中，认为伦理是提升人、完善人的手段。西方伦理观将伦理置于人的生命之外，将伦理视为对人的本能的一种束缚，使伦理与人生相互割裂。

三、作用不同

中国传统伦理观强调知行合一，具有明显的实践性特点。西方伦理观更多的是一种思辨活动，从逻辑思维的角度进行辩论，不注重实践性。

四、包容性不同

中国传统伦理观相互包容，水乳交融，你中有我，我中有你，形成一个完整的体系，可以和平共处于不同时代。西方伦理观相互矛盾，存在水火不相容之势，面临碎片化、零散化的难题。

五、深度不同

中国传统伦理观属于形而上的伦理观，处于“道”的层面，能收能放，回味无穷。西方伦理观属于形而下的伦理观，处于“术”的层面，缺乏弹性和生命力。

南怀瑾十分推崇中国传统文化，他认为，儒家的孔孟思想是粮食店，是天天要吃的；道家像药店，不生病可以不去，生了病则非去不可；佛家像百货店，里面百货杂陈，样样俱全，有钱有时间，就可以去逛逛。逛了买东西也可，不买东西也可，根本不去逛也可以，但是社会需要它。在南怀瑾看来，人生的最高境界是：“佛为心，道为骨，儒为表，大度看世界。技在手，能在身，思在脑，从容过生活。”

思考题

1. 你认为中国传统伦理思想与西方伦理思想相比，有哪些不同的地方？

2. 西方利己主义伦理观如何影响当代企业实践？请用具体事例阐述。

3. 中国传统伦理思想对企业实践是否有启发意义？请用具体事例阐述。

4. 儒家认为：“君子爱财，取之有道。”这种伦理观是否可以应用到当代企业实践中去？为什么？

5. 你认可何种伦理观？谈谈你的看法。

案例1

飓风中的掠夺者

2004年，飓风“查理”从墨西哥湾咆哮而出，横扫美国佛罗里达州直至大西洋。此次飓风夺去了22条生命，导致了110亿美元的经济损失。同时，它还引发一场关于定价的争论。

在奥兰多的一家加油站，商家将原本2美元的冰袋卖到了10美元。当时正值8月中旬，因为停电不能使用冰箱和空调，所以人们别无选择，只能购买高价冰块。那些被风刮倒的大树引起对链锯和修补屋顶服务的需求量猛增。承包商们提出，房主需要支付2.3万美元，才能将两颗被风刮倒的树从屋顶上清除。商店里小型家用发电机的标价通常为250美元，此时却涨到了2 000美元。一个逃离飓风的77岁老妪和她年迈的丈夫以及残疾的女儿住进一家汽车旅馆的房间，竟然被要求每晚支付160美元，而通常只要40美元。

许多佛罗里达州居民被飙升的物价激怒了。《今日美国》头条报道：“刚走暴风雨，又来掠夺者。”一个居民得知他需要花费10 500美元才能将一颗压在屋顶上的大树移开时说道：“企图利用别人的困难和痛苦发财是不对的。”佛罗里达州总检察长查理·克里斯特同意此种说法：“这真让我感到震惊，有些人在灵魂深处是如此贪婪，竟然想利用别人在飓风中所受的灾难而发财。”

然而，有些经济学家却认为，公众的愤怒是错误的。在欧洲中世纪时期，哲学家和神学家认为，商品交换应当根据一个“正当的价格”，这一“正当的价格”是由传统或物品的内在价值决定的。但是，经济学家却认为，在市场经济中，价格是由供求关系决定的，根本就没有所谓的“正当的价格”。托马斯·索维尔是一位自由市场的经济学家，他写道：“当价格明显高于人们所习以为常的价位时，人们就会指责这是价格欺诈。然而，人们习以为常的价格水平，并非在道德上就是不可侵犯的。它们与其他价格一样都是由市场条件——包括飓风所带来的条件——所产生出来的特殊或公平价格。”杰夫·雅各比是《波士顿环球报》一位支持自由市场的评论家，他以类似的理由提出了反驳：“根据市场所产生的价格索价，并不是欺诈，也不是贪婪或无耻之举，而只是物品和服务在自由社会中获得分配的方式。”

资料来源：迈克尔·桑德尔．公正：该如何做是好．北京：中信出版社，2011.

问题

1. 你是否认可商家提价的做法？请给出理由。
2. 用不同的伦理观对商家的提价行为进行评价。
3. 当商家的提价行为与主流伦理观相冲突时，企业究竟该如何决策？

案例 2

肺癌

菲利普·莫里斯捷克公司是一家生意很大的烟草公司。在捷克，吸烟现象很普遍，而且得到社会认可。由于担心吸烟使医疗费用不断攀升，捷克政府一直在考虑提高烟草的税额。为了阻止税额增加，菲利普·莫里斯成立调查团，就吸烟对于捷克国民预算的影响做了一项成本收益分析。该研究发现，吸烟给捷克政府所带来的收入要大于支出，其原因在于：尽管烟民在世期间会在预算中花费更多的医疗费用，可是他们死得早，因此能够给政府在医疗、养老金以及养老院等方面节省数目可观的费用。根据这一研究，如果将吸烟的“积极效果”——包括烟草税的财政收入以及烟民早死而节省下来的钱计算在内，国库每年的净收入将达到 1.47 亿美元。

这份分析报告成为菲利普·莫里斯公关史上的一场灾难。一名评论员写道：“烟草公司过去常常否认烟草能够杀人，可是现在它们却为此吹嘘。”一个反吸烟组织在报纸上刊登了一则广告，它展示了停尸房中一具尸体的脚，脚趾上贴着一张标价 1 277 美元的标签，这代表每一例与吸烟相关的死亡给捷克政府节省的开支。面对公众的愤怒和奚落，菲利普·莫里斯的首席执行官为此公开道歉，他说：“这一研究体现了一种彻底的、不可接受的、对人类基本价值的漠视。”

资料来源：迈克尔·桑德尔．公正：该如何做是好．北京：中信出版社，2011.

问题

1. 菲利普·莫里斯是用何种伦理观进行决策的？为什么？
2. 这种伦理观存在何种缺陷？
3. 本案例对企业经营有何启示？

案例3

经济萧条一定要裁员吗

经济萧条是每家公司都要面临的问题。在经济萧条时期，大多数企业的做法是裁员。日本企业家稻盛和夫却采取了不一样的策略：绝不裁员。在他看来，景气和萧条是企业发展中的必然规律。在经济景气的时候，要打造企业高收益的经营体质。因为高收益是一种“抵抗力”，使企业在萧条的形势中照样能站稳脚跟，就是说企业即使因萧条而减少了销售额，也不至于陷入亏损。

当萧条的风暴席卷而来时，稻盛和夫给出了应对萧条的五项对策。

对策一：全员营销。萧条时期，全体员工都应成为推销员。员工有不同的岗位，平时都会有好的想法、创意、点子，这些东西在萧条时期不可放置不用，可以拿到客户那里，唤起他们的潜在需求。这件事全体员工都要做。

对策二：全力开发新产品。萧条时期全力开发新产品非常重要。稻盛和夫认为，平时因工作忙碌而无暇顾及的产品、没空充分听取客户意见的产品，都要积极开发，不仅是技术开发部门，营销、生产、市场调查等部门都要积极参与，全公司要团结一致共同开发。

对策三：彻底削减成本。萧条时期竞争愈加激烈，眼看着订单数量、单价不断下降，这时仍要维持盈利，必须彻底削减成本。“成本的下降程度要大于价格才行。”人工费不可以随便降低，除了提高每个人的工作效率外，一切都要重新审视，其他各方面的费用都必须彻底削减。“把走廊里的灯关掉”“把厕所里的灯也关掉”，不断采取切实的措施。

对策四：保持高生产率。稻盛和夫认为，必须在萧条时期仍然保持高生产率，这点非常重要。因萧条订单减少，要干的活少了，如果仍然由过去同样多的人来生产，制造现场的生产效率就会下降，车间里的工作气氛就会松弛。这种情况下，应该把多余的人从生产线上撤下来，维持制造现场的紧张气氛。富余的人员从生产线上撤下来后，去从事生产设备的维修、墙壁的粉刷、花坛的整修等工厂环境的美化工作。同时，举办哲学培训班，让员工学习哲学，使企业内全体员工掌握共同的思维方式。也就是说，在因萧条而减产时，也绝不降低生产效率，不仅要维持高生产率，而且去做平时无暇顾及的环境整理工作，去开展统一组织方向的哲学学习活动，这将成为使企业再次飞跃的推动力。

对策五：构建良好的人际关系。稻盛和夫认为，萧条来临，劳资关系往往出现不和谐的声音，景气时彼此都可以说些冠冕堂皇的话，一旦面临萧条的严峻状况，经营者要求严格，光说漂亮话就不管用了。在困难的局面之下，职场和企业的人际关系受到考验，同甘共苦的人际关系是否真的已经建立，职场的风气、企业的风气从正面受到考验。从这个意义上讲，萧条是调整和再建企业良好人际关系的绝好机会，应趁此机会努力营造更优良的企业风气，这一点十分重要。

1973 年 10 月第一次石油危机冲击全世界时，也波及稻盛和夫的京瓷公司。日本大企业纷纷停产，解雇员工，或让员工歇业待岗。此时，京瓷公司并不裁员，而是保证所有员工正常就业，依靠景气时企业内部积累的留存渡过了难关。事实上，在京瓷公司 50 年的历史中，虽经历过因萧条销售额大幅下降的情况，但从未裁减过员工，也未出现过一次亏损。

资料来源：根据网络资料整理。

问题

1. 在经济萧条时，企业裁员是不是一项好的决策？为什么？
2. 稻盛和夫应对经济萧条的对策是否值得借鉴？为什么？
3. 本案例对你有何启示？

第 7 章

企业与顾客的伦理关系

引导案例

被整改的快手

快手是北京快手科技有限公司旗下的产品，其前身是名为 GIF 快手的 APP，诞生于 2011 年 3 月。快手最初是一款用来制作、分享 GIF 图片的手机应用程序。2012 年 11 月，快手从纯粹的应用工具转型为短视频社区，成为用户记录、分享生活体验的平台，APP 名称中也去掉了“GIF”，改名为快手。随着智能手机的普及和移动流量成本的下降，快手在 2015 年后迎来市场转机。从 2015 年 6 月到 2016 年 2 月，短短几个月，快手用户从 1 亿增加到 3 亿。2016 年年初，快手上线直播功能。2017 年 11 月，快手 APP 的日活跃用户数超过 1 亿，总注册用户数超过 7 亿，每天产生 1 000 多万条新视频内容。

但在快手用户快速增长的同时，也爆发了一系列社会问题。2017 年 1 月 16 日，巴林右旗公安局接到上级公安机关的通报，称一网民在快手平台上传播暴力视频及血腥图片。2017 年 2 月，郑州公园的“逆天摇摆抽筋舞”突然引爆网络，视频两天内点击量超过千万人次。《河南法制报》明确表示，尬舞动作低俗，可能给社会风气带来不良影响，应当受到法律的规制和约束。2017 年 10 月 31 日，有网友发布微博称，在快手上看到 14 岁女孩发的怀孕视频，并配有多张视频截图。消息一出，立刻引起网友热议。

2018 年 2 月 12 日，央视《焦点访谈》播出了题为《重拳打击网络乱象》的节目，揭露了网络直播中存在的各种乱象，公开点名批评快手。

2018 年 3 月 31 日，央视《新闻直播间》报道了短视频平台出现大量未成年女孩怀孕视频，这些视频以未成年女孩生子为噱头，争相炫耀。在报道中，快手又一次被点名批评。4 月 4 日，国家广播电视总局会同管理部门严肃约谈了快手主要负责人，并责令网站立即采取整改措施：全面清查库存节目，将网站上的文身、低俗、暴力、血腥、色情、有害问题节目立即下线；停止新增视听节目上传账户，全面排查现有账户，对上传了违法违规有害节目的，要采取关停上传功能、永久封号等处理措施；追究播出违法违规有害视听节目的网站审核人员、主管人员责任；网站节目的上传总量和上线播出总量应立即调减至与网站审核管理力量相匹配的规模，确保未经审核的节目不得播出。

2018 年 4 月 5 日，快手 APP 在安卓手机各大应用商店内下架。4 月 8 日，快手在清明假期期间宣布已扩充审核员队伍，并清理 5.1 万条问题短视频，封禁用户 1.1 万余人。

2018 年 8 月 14 日，继上半年国家广播电视总局联合北京市广播电视局对多家视听网站存在的突出问题开展系列整治后，北京市文化市场行政执法总队对快手所属的北京快手科技有限公司做出警告和罚款的行政处罚。

资料来源：吴晓波：拼多多的新与旧．[2018 - 08 - 02]．新浪网；拼多多，有 3 亿人假装在生活．[2018 - 07 - 31]．天涯社区．

本案例揭示了企业与顾客之间存在的复杂伦理关系，这也是本章的主要内容。首先，本章分析企业与顾客关系的伦理维度；其次，本章从生产何种产品、产品质量、产品包装、产品定价、产品营销、售后服务等维度，揭示企业与顾客中存在的主要伦理问题，并分析应对之策；最后，本章从消费主义、娱乐至死这两种社会思潮出发，对企业与顾客之间的伦理问题进行深层次探讨。

第 1 节 企业与顾客关系的伦理维度

一、企业与顾客关系的演变过程

企业与顾客的关系是市场经济的独特现象。任何事物的发展都不是一蹴而就的，都有自己的演变过程，企业与顾客的关系也是如此。在中国，自 20 世纪 80 年代特别是 90 年代以来，企业与顾客的关系主要经历了四个阶段：生产观念阶段、产品观念阶段、推销观念阶段、营销观念阶段。

（1）生产观念阶段。这一阶段主要指 20 世纪 80 年代。当时，中国刚刚实行改革开放，社会经济迅速发展，商品需求量快速增加，但企业生产的商品数量远远不能满足消费者的需求，出现了供不应求的卖方市场。当时企业的典型口号就是“我们生产什么，就卖什么，顾客就买什么”。

（2）产品观念阶段。20 世纪 90 年代，顾客的消费理念出现了转变，喜欢高质量、高性能和具有特色的产品。在这种背景下，企业开始重视产品质量。这一阶段，企业只重视产品质量，但不重视销售。

（3）推销观念阶段。此观念盛行于 21 世纪初。这种观念认为，消费者通常有一种购买惰性或抗衡心理，如果听其自然，就不会大量购买企业的产品。这个阶段，企业的口号是“我们卖什么，就让顾客买什么”。

（4）营销观念阶段。从 2010 年起，营销观念盛行。这种观念认为，企业的一切计划与策略应以消费者为中心，要分析顾客的需要和欲望，并比竞争者更有效地满足顾客的需求。

二、企业与顾客关系的伦理维度

企业与顾客关系的演变过程，揭示了企业与顾客关系中几个重要的伦理维度。

（1）顾客需求。企业提供的产品和服务可以满足顾客的需求。但顾客的需求各种各样，有些需求是明确的，有些需求是潜在的，有些需求是被企业刺激产生的。企业应该满足顾客什么样的需求、提供什么样的服务，是企业在伦理决策中应该仔细考虑的。

（2）产品质量。企业提供的产品和服务应该满足特定的质量要求。假冒伪劣、有瑕疵、有缺陷的产品，不能满足顾客的需求。产品质量是企业与顾客关系中的另一个伦理维度。

（3）产品包装。企业提供的产品需要必要的包装。如何做出合乎伦理的包装决策，避免过度包装和其他不适宜的包装方式，是企业与顾客关系中的重要伦理维度。

(4) 产品定价。企业提供的产品和服务，其价格制定应该遵循一定的规则。如何合理定价，避免不合理的定价影响公司声誉，也是企业处理与顾客的关系时应该关注的。

(5) 广告与营销。在市场经济条件下，企业生产是为了扩大和控制市场份额。为了满足投资者不断膨胀的投资回报心理，企业必须创造有影响力的营销方式以操控消费者。正是这种营销理念，造成企业拼命生产、拼命营销，同时鼓励消费者无节制消费的现象。这种营销方式和消费理念一方面导致资源的大量浪费，另一方面导致人们盲目购买和消费，值得我们从伦理的角度深思。

(6) 售后服务。企业提供的产品和服务，难免会在售后环节出现问题。如何为顾客提供合适的售后服务，是企业处理与顾客关系中的另一个重要维度。

第 2 节 满足顾客何种需求

一、顾客需求的不同类型

不同的顾客有不同的需求。按照马斯洛的需求层次理论，人类需求从低到高按层次分为五种：生理需求、安全需求、社交需求、尊重需求和自我实现需求（见图 7-1）。

企业通过为顾客提供有价值的产品或服务来获取利润。顾客的需求各种各样，并非任何一种需求都是正当的，都应该满足。有一些产品和服务与中国传统的文化价值观相背离，如电子游戏、色情娱乐、博彩行业等；有一些产品或服务存在争议性，如香烟、白酒行业等。应该满足顾客什么样的需求、提供什么样的服务，是企业应该仔细考虑的，以免陷入危机。

我们可以根据合理与否，将顾客需求归纳为如下四类：其一是不合法的需求，比如对毒品、私人枪支、色情等需求；其二是对顾客本身有利，但对其他人和社会有害的需求，如一次性消费品，会导致资源浪费、环境污染；

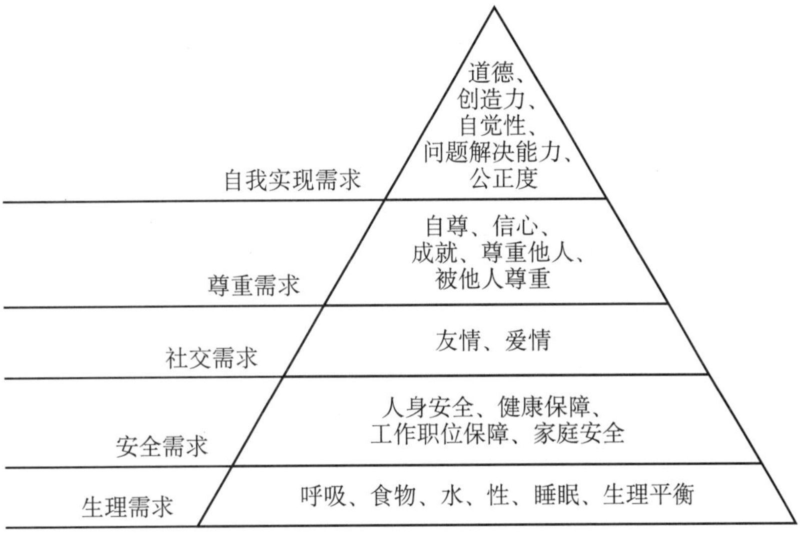

图 7-1　马斯洛需求层次理论

其三是对他人和社会无害，但对顾客有潜在不利影响的需求，如高脂肪食品；其四是对顾客有利，且不损害他人及社会的利益，或者对他人及社会也有利的需求。

二、满足顾客需求的伦理决策方法

卡罗尔提出了一个 VENN 模式，可以帮助企业判断应该生产何种产品、提供何种服务。该模式从经济、法律和伦理三个维度考虑企业的产品/服务决策（见图 7-2）。

（1）区域 1：可盈利的、合法的、符合伦理的，企业要追求它。

这样的区域在现实中非常多见。海尔开发能洗地瓜的洗衣机就是一个事例。1996 年 10 月张瑞敏在四川出差，有人对他说："海尔的洗衣机质量不太好，排水管经常堵。"张瑞敏立刻派人向用户做深入了解。原来四川一些农民把洗衣机买回去以后，不是用来洗衣服，而是用来洗地瓜。地瓜泥沙多，排水口自然会堵塞。排水口经常堵，农民不愿意用，洗衣机在农村销售受阻。面对这种情况，张瑞敏认为："我们绝不能因此责怪老乡。这只是说明市场有这种需求。"于是，他向有关部门下达指令：开发能洗地瓜的洗衣机。有的技术人员想不通，认为这太"土"，也太不合理了。但张瑞敏说：

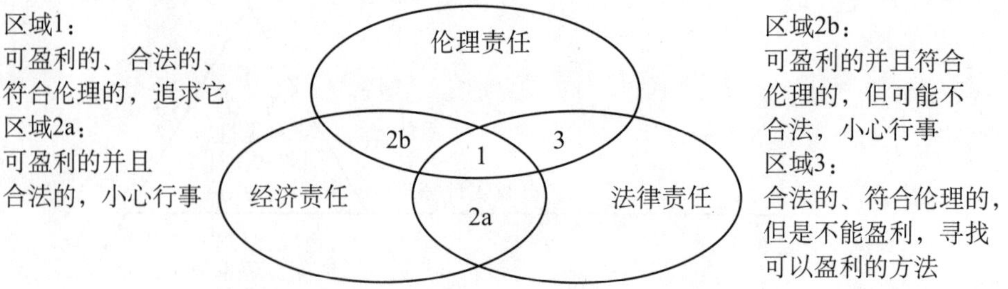

图 7-2　进行伦理决策的 VENN 模式

资料来源：阿奇·卡罗尔，等．企业与社会：伦理与利益相关者管理．北京：机械工业出版社，2004.

“不！对用户的要求说不合理是不行的，应该转变观念。开发产品不能从洗衣机的定义出发，而应从用户的需求出发。只要开发出一个适应需求的产品，你就能创造出一个全新的市场。”没过多久，一种能洗地瓜、土豆等多种农产品的洗衣机开发出来了。它在技术上并不复杂，只需把里面的摩擦系数减小，出水管道加粗，并将过滤系统改得疏一些，不让泥沙把管道堵塞就行了。地瓜洗衣机开发出来后，果然在农村市场大受欢迎。一个新的细分市场就这样被海尔创造出来。①

美国有一家专做女性内衣和新娘礼服的缝纫店。一天，一位年轻的女顾客来到店里，要求店主给她缝制三件孕妇穿的衣服。店主说：“我们店本来只做内衣和结婚礼服，不过，因为您是孕妇，我们可以破例为您服务。”“谢谢”，孕妇喜形于色：“为了以后不再来麻烦你，我想一次做三件。”店主问：“为什么要做三件？”孕妇不好意思地说：“我的意思是，随着时间不断推移，请给我增大尺寸，做大小不同的 3 件。”店主笑着说：“您真聪明。一式三件，有大有小，肚子小时穿小的，肚子大时穿大的，都是同一颜色、同一款式，也不会引起人们的注意。好吧，一个星期后您来取衣服。”店主做衣服时，发现布料不够做 3 件大小不同的衣服。她躺在床上琢磨，想起自己怀孕时，也特地做过几件衣服，现在都束之高阁了。她突然若有所悟：如果有一件衣服能随孕妇形体的变化而变化，该多好啊。她开始认真研究起来。但研究来研究去，总觉得这种衣服不好做。如果太紧，会妨碍胎儿的发育；如果太松，又显得难看。最后，她终于想出一个办法：在孕妇装上加一条特制的松紧带，这种松紧带可以随意伸缩，这样孕妇穿上就没有半点不适了。一个星期后，女顾客来取衣服。店主告诉她只做了一件。女顾客起初不解，但当

① 罗长海．企业文化学．3 版．北京：中国人民大学出版社，2006.

她穿上这种可以随腹部扩张而扩张的松紧衣时，十分满意。这种衣服不仅孕妇喜欢穿，普通女性也喜欢穿，因此成为流行服装。店主一边申请专利，一边大量生产，后来成为一名企业家。①

（2）区域2a：可盈利的并且合法的，但可能不符合伦理，企业要小心行事。

这样的区域现实中也比较多。有些领域可以盈利，而且不违背现有法律，但是可能违背伦理道德。香烟、白酒就属于这样的区域。

（3）区域2b：可盈利的并且符合伦理的，但可能不合法，企业要小心行事。

由于法律是变动的，而且不可能涉及企业经营的方方面面，因此这样的区域现实中也可能有。比如，2013年春节期间铁路系统首次实行网络订票，网上售票比窗口提前两天。农民工不会上网，常常在窗口排几个小时的队也无法买到票。听到农民工的抱怨，佛山廖元有夫妻为了解决当地农民工不会上网无法抢购火车票的问题，利用开网店的便利，在网上替附近外来务工的农民工订购火车票，每张收取10元的手续费，其中包括帮农民工去火车站取票的费用。但是，广州铁路公安局以“倒卖”火车票为由对廖元有夫妻进行了刑拘。之后，法院判决廖元有犯倒卖车票罪，判处拘役6个月，并处罚金8 000元。

（4）区域3：合法的、符合伦理的，但是不能盈利，企业要寻找可以盈利的方法。

社会创业可以视为企业在这一领域的尝试。社会创业是用创新的方式整合和运用资源，以寻求促进社会变革或解决社会问题的机会。社会创业解决的问题都是合法的、符合伦理的，但是不能获利。如何寻找合适的商业模式，在解决社会问题的同时盈利，正是社会创业企业需要做的事情。社会创业的两大关键特征是创业性和社会性。创业性表现为不知疲倦地寻找新机会，不断创新、修正和改进，不受当前稀缺资源的限制大胆行动。社会性表现为实现社会目标、履行社会使命、实现社会价值、创造社会价值、增加社会价值。孟加拉国尤努斯教授开创的小额信贷是社会创业的典型事例。中国也有许多社会创业公司，如分享收获、朗力养老、乐朗乐读等，它们在解决社会问题的同时，采用创新的商业模式，实现了盈利。②

---

① 赵宏．经营管理的金钥匙．北京：解放军出版社，1988.

② 毛基业，等．社会企业家精神：创造性地破解社会难题．北京：中国人民大学出版社，2018.

第3节 产品质量

一、产品质量中存在的问题

产品质量是指产品满足规定和潜在需要的特征总和。当前，我国企业的产品质量存在如下方面的问题：

（1）假冒产品。假冒产品是指在制造时模仿其他同类产品的外部特征，或未经授权对受知识产权保护的产品进行复制和销售，借以冒充别人的产品。在当前市场上，假冒产品主要表现为：冒用、伪造他人商标、标志；冒用他人特有的名称、包装、装潢、厂名厂址；冒用优质产品质量认证标志和生产许可证标识。在市场上被假冒的商品，都是一些质地优良、适销对路、深受消费者和用户厚爱、在国内外市场上有较高声誉的名牌商品，这些商品在其创业创名牌的过程中，都付出了长时间艰辛的劳动。

（2）伪劣产品。伪劣产品是指生产、经销的商品，违反了我国现行法律、行政法规的规定，其质量、性能指标达不到国家标准、行业标准及地方标准所规定的要求，甚至是无标生产的产品。因此，与假冒产品不同，伪劣产品主要是指质量低劣或者失去了使用价值的产品。伪劣产品有时也假冒其他名牌产品进行销售，则此时它既是伪劣产品，又是假冒产品。

（3）不安全的产品。产品的安全性是指产品在使用、储存、销售过程中，保障人体健康和人身、财产安全免受伤害或损失的能力。不安全产品是指有可能对人体健康造成危害的产品。近年来，地沟油、毒奶粉、瘦肉精、假疫苗等食品药品问题不断曝光，引起社会公众的愤怒。毒跑道、有问题的化妆品、甲醛超标的家具及服装等问题层出不穷，暴露出我国企业在产品安全方面存在的许多问题。

（4）达不到性能要求的产品。产品性能是指在一定条件下，实现预期目的或者规定用途的能力。任何产品都有特定的使用目的或用途。目前，国内市场上存在一些达不到特定使用目的或者用途的产品，保健品就是其中一例。1987年，以杭州保灵为代表的蜂王浆产品拉开了中国保健品市场的帷幕。此后，保健品市场快速扩张。20世纪90年代，昂立一号口服液、中华鳖精、太阳神、三株口服液等众多保健产品蜂拥上市，打着“有病治病，没病防病”的口号，在消费市场掀起一波又一波浪潮，最终都退出了江湖，只留下恶名。21 世纪，国内保健品市场虽然没有了 20 世纪 90 年代的非理性和疯狂，仍然潜龙暗伏，不时出来兴风作浪。2017 年的鸿茅药酒事件、2018 年 12 月的权健风波，让达不到性能要求的保健品再次受到公众的质疑和声讨。

（5）人为强制淘汰产品。产品寿命是产品质量的另一个重要维度。如同人的寿命一样，产品也有自己的寿命。产品的寿命可以分为自然寿命与经济寿命。自然寿命是指产品从研究设计开始，经过生产制造、市场销售、用户使用，直到没有使用价值完全报废为止所经历的全部时间。经济寿命是指从经济方面考虑产品的寿命。随着经济的发展和科学技术的进步，原有产品的技术性能落后，经济效益低下，虽然还没有达到它的自然寿命周期，但如果继续使用已经不经济了，必须将其强制淘汰。这种从产品研发开始，直到其因技术性能落后、经济效益低下而被淘汰所经历的全部时间，就是产品的经济寿命。人为强制淘汰产品也称为有计划的产品淘汰，通常是指生产厂商在生产产品时预先设定一个寿命，这个寿命比正常的寿命短，这样就迫使消费者在较短的时间内再购买产品。从社会的层面看，人为强制淘汰产品会带来资源的浪费。

二、保证产品质量的方法

（1）拒绝生产或者销售假冒伪劣产品。20 世纪八九十年代，中国假冒伪劣产品横行。1985 年，人民日报以《触目惊心的福建晋江假药案》为题，揭露了晋江地区的 28 个假药工厂。它们伪造了卫生行政部门的药品审批文号，夜以继日地生产 100 多种假药劣药。它们的推销员拿给医院的传单上公然写着“人为财死，鸟为食亡”的标题，后面则备注了推销能拿到的回扣比例。这条新闻一出，举国哗然，晋江成为“假药”和“骗子”的同义词，足足花了 20 年才洗掉这个称呼。

假冒伪劣产品虽然只占我国社会产品总量的一小部分，但其发展和蔓延势头如果得不到有效遏制，将会对我国经济和社会发展以及社会主义市场经济体制的建立造成极大的危害，也会对几千年来中华民族已形成的社会公德、职业道德、个人美德带来严重的冲击。它加剧了社会财富向不公平分配方向发展，加剧了社会上不劳而获的投机心理。

假冒伪劣产品对消费者和企业都会产生伤害。因此，除了国家相关部门对其进行监管外，企业经营者也应树立诚信的价值观，拒绝生产或者销售假冒伪劣产品。

（2）保证产品的安全性。企业提供的产品/服务应该满足一定的质量要求，其中产品安全是最重要的。产品一旦出现安全问题，会给企业、消费者带来严重的危害。企业要高度重视产品的安全问题。但是，要使所有产品在任何情况下都绝对安全也是不现实的。如果要求绝对安全，某些产品根本就无法面世，因为在技术上做不到。还有些产品，要想保证其绝对安全则在经济上不可行，因为要使产品绝对安全所增加的成本是消费者无法或无力承担的。所以产品的安全问题实际上是厂商生产的产品要确定一个合理的期望值，这个期望值在消费者意料之中。

从伦理角度进行产品安全评估的三个步骤如下：第一，确定通过一定的努力能够获得多大的安全性以及如何获得。这是生产者必备的技术知识。第二，确定对某一产品和行为要求多大的安全度。这是一个可以接受的风险程度的问题。这个问题可以由那些经历过这些风险的人确定，包括最终用户、普通公众和代表公众利益的政府。随着科学和知识的进步，可接受的风险水平应该是不断降低的。第三，在上面两个问题确定后，确定某个特定的产品和行为是否满足公众订立的标准。①

（3）保证产品的性能和使用寿命。企业应该从设计环节出发，从原材料、工艺、设备、检测等各方面入手，保证产品的性能要求，满足顾客的需求。此外，应该杜绝人为强制淘汰商品，提倡合理的产品寿命，以免造成不必要的资源浪费。

第 4 节 产品包装

一、产品包装中存在的问题

（1）过度包装。过度包装是指包装的耗材过多、分量过重、体积过大、

① 周祖城．企业伦理学．3 版．北京：清华大学出版社，2015.

成本过高、装潢过于华丽、说辞过于溢美等，背离了包装应有的功能。有的商品故意增加包装层数，外观漂亮，名不副实；有的商品包装体积过大，实际产品很小，喧宾夺主；还有的商品采用过厚的衬垫材料，保护功能过剩。有的商家为了提高商品价格，不惜在包装材料的选择上下功夫，本来用纸包装可以满足要求，却采用实木、金属制品等，造成不必要的资源浪费，增加消费者的购买成本。

（2）虚假包装。有些企业利用包装精美的礼盒，打着传统文化旗号，或者虚假标注商品成分、原料，或者夸大宣传商品性能，或者用高科技概念误导消费者，以此作为营销手段，达到招揽吸引消费者、实现利益最大化的目的。

（3）混合包装。一是利用消费者因送人需要保持包装完好、无法当场拆封的有利因素，采取优劣商品混合包装的方式销售，以此迷惑消费者，达到销售质次价高商品的目的。二是通过混合包装强制搭售商品。例如，在白酒礼盒中搭售水晶龙，在年夜饺子礼盒中搭售镀金手表，在天价粽子礼盒中搭售普洱茶、茶具等。

（4）劣质包装材料。以月饼包装为例，一些生产厂家用豪华的金属色月饼拖盘作为内包装。这些包装中大量添加金银粉，有些是使用再生塑料加入金粉和银粉制成的，这些再生塑料来源复杂，有些甚至来自医疗垃圾、农药瓶等，含有大量有毒有害物质，这些物质融入食品中，会对人体健康造成危害。

二、产品包装的伦理决策

为了做出合乎伦理的包装决策，应该考虑以下问题：

（1）产品包装应能保护商品和消费者的人身安全。在商品包装上应标注有关商品的搬运、储藏、开启、使用、维护等方面的安全注意事项，要有醒目的安全警示和使用说明。包装设计应便于搬运、储存、开启、使用和维护。

（2）切忌使用“金玉其外，败絮其中”的欺骗性包装。面对日益激烈的市场竞争，很多企业不仅重视商品包装问题，而且通过发掘包装功能取得显著的经济效益。一些企业不适当地运用包装策略，片面追求商品的包装效果，忽视了内在产品的质量问题，对消费者产生误导，损害了消费者的权益。在包装与商品之间，商品永远是第一位的，包装只是辅助手段。商品最重要的是内在质量，包装只是“锦上添花”。

(3) 商品包装应该避免浪费。合理、适宜的包装会使商品物有所值、物有所用。但是，作为生产活动的商品包装，其生产过程伴随着资源的消耗，当商品包装所形成的社会价值、经济价值远低于资源自身价值时，包装就是一种浪费。

(4) 商品包装要符合绿色营销的要求。一些商品包装本身有着一次性消耗自然资源、一次性使用即要被遗弃而导致环境污染等负面特征，由此产生的包装垃圾会对人类的生存环境产生极大的危害。大量的包装垃圾尤其是塑料包装未经无害化处理而遗弃，成为危害人类生存空间、损害人类健康的大敌。企业不仅应该注重产品的使用价值，而且应该考虑包装的生态环境价值。

(5) 商品包装材料要符合 3R 原则。3R 原则就是减量（reduce）、再利用（reuse）和再生循环（recycle）。具体说来，包装材料应能被回收、再生利用，要提高包装材料的回收利用率。在产品包装上，要研制和使用易分解、无毒害、无污染的包装材料，尽量使用标准化包装以便于回收。

(6) 商品的标签必须清晰、准确、易读。这要求企业在包装标签中必须对商品的性能、产地、用途、质量、价格、规格、主要成分、生产者、有效期限、使用方法、售后服务及服务的内容、范围等有真实的说明，说明应当准确、清楚、明白，不能含糊其词、模棱两可。

第 5 节 产品定价

一、产品定价中存在的问题

产品定价中的问题可以分为两大类：第一类是妨碍公平竞争的定价策略，即企业的定价行为损害了正常的竞争。第二类是消费价格的合理性，主要是指企业的定价行为对最终消费者的影响。

(1) 合谋定价。合谋定价是指生产者、经营者之间互相串通、订立价格协议或达成价格默契，以共同占领市场、获取高额利润的行为。合谋定价包括协议定价、转售价格维持。协议定价是通过类似合同的协议来固定价格，具有反竞争性，比较容易判断。转售价格维持指的是制造商规定零售商和批发商销售商品时的最高或最低价格。

(2) 掠夺性定价。掠夺性定价是指企业为了挤出或吓退意欲进入该市场的潜在对手，降低价格至成本以下，等对手退出市场后再提价，以驱逐竞争对手，获得或增强“市场控制力”。通常在市场中处于优势的企业会采用这种策略打击竞争者，迫使竞争者退出市场。一旦竞争者完全丧失竞争力，便可以垄断市场价格，获取高额利润。

在我国，掠夺性定价行为被《反不正当竞争法》禁止。该法规定，经营者不得以排挤竞争对手为目的，以低于成本的价格销售商品。但是，法律也列出了几种例外情况，明确有以下情形之一以低于成本的价格销售的，不属于不正当竞争行为：销售鲜活商品；处理有效期限即将到期的商品或者其他积压的商品；季节性降价；因清偿债务、转产、歇业降价销售商品。

(3) 歧视性定价。歧视性定价是指对同一商品的不同买主索要不同价格的行为。歧视性价格主要存在于卖主是垄断者或者寡头的市场上。

(4) 欺诈性定价。欺诈性定价是指企业以不正当的价格手段，欺骗购买者并使其利益受损的行为。

(5) 误导性定价。误导性定价是指企业在经营活动中，使用容易使公众对商品的价格产生误解的表示或说法的行为，主要包括促销价格、优惠价格、清仓价格、建议价格等字眼。

(6) 暴利。暴利是指企业通过不正当的价格手段在短时间内获得巨额利润。高利润和暴利有一定的联系，但并不能说高利润就一定是暴利。有些产品的高利润是由高风险引起的，例如一些高科技产品。有些企业的暴利是通过垄断实现的，这种情况下，企业的高利润就是不道德的。比如，2017年夏天有旅客投诉，在青岛旅游期间每斤70元的龙虾，结账时价格变为每斤368元，一份2.6斤的龙虾被收了956.8元。事件曝光后，涉事饭店受到舆论的批评。

二、产品定价的伦理原则

不合理的定价行为会给企业带来争议，从而影响企业声誉。《价格法》规定，产品定价应该遵循公平、合法、诚实信用的原则。

(1) 公平。公平是中世纪西方学者提出的一种定价原则。中世纪的西方神学家马格努用宗教伦理观点表述价值规律，认为一切商品都应该有其真正的价值。公平的交换要求商品定价以其真正的价值为依据。商品的真正价值是商品在生产上耗费的劳动，与此相适应的价格就是公平价格。商品的价格比它的公平价格稍微多一点或者少一点，并不算是破坏公平原则。阿奎那(1225—1274) 也赞成这种观点。在阿奎那看来，公平的价格既不决定于买主的意志，也不决定于卖主的意志，它反映了生产物品所耗费的劳动量。

(2) 合理。合理是指产品定价可以围绕生产物品所耗费的劳动量合理波动。此外，产品定价还应该考虑购买方的感情，控制在买方可以接受的范围之内。

(3) 诚实信用。产品定价应该实事求是、诚实守信。欺诈性定价、误导性定价、合谋定价显然有违诚实信用的原则。

第6节 广告与营销

一、广告中的伦理问题

(1) 吹捧性广告。吹捧性广告包含一些富有表现力的陈述，如明喻、暗喻和夸张等。如果这类广告的实质内容或者关键内容是真实的，并且这些吹捧手法不会对消费者造成误导，在伦理上就是可以接受的。如果吹捧超过了合理的限度，对消费者造成误导，在伦理上就是不能接受的。有些过度的吹捧广告会变成欺骗性广告。

(2) 欺骗性广告。欺骗性广告是指客观上所陈述的内容与事实不一致，而且主观上欺骗或误导消费者的广告。这类广告同时满足两个条件：一是广告的内容在客观上是虚假的；二是在主观上故意欺骗或误导消费者。欺骗性广告是不道德的。

(3) 含糊的广告。在这类广告中，有关产品或服务的信息并不是很明确，其陈述方式可能意味着几种不同的含义，观众或读者需要自己推断广告所传递的意义。这些广告本身是含糊的，但公司可能宣称自己没有误导消费者。比如“帮助”这个词，一些广告语说：“帮助你变得更年轻”“帮助你变得不脱发”“帮助你变得有身份”。这些含糊的广告有时会误导消费者，存在伦理问题。

（4）半真实广告。半真实广告是指广告内容是真实的，但是没有揭示那些将会明显影响产品性能或安全的其他关键信息。有时，广告未提及的方面与它提及的方面同样重要。在宣传和销售某种带有危险性的产品时，如果不向购买者揭示产品的危险性，该广告就是不道德的。对于某种带有一定危险性的产品，如果消费者在潜意识中认为这种产品是安全的，在广告中或者产品的包装上就应该包含特定的警告。

（5）情感性广告。在现代社会，个体获取物质的欲望源于自身天性，不可避免。如果企业利用广告制造虚假的幻觉，以刺激人们购买商品的欲望，而这种欲望超越了人类生存的基本需求以及产品的实际功用，这种广告就存在问题。例如，将汽车定义为身份、高贵和个性的象征，而不是实际的交通工具；将顾客的购物体验打造为一种社交体验，而非实际需要；将人们购买商品作为满足情感上的需要，而不是对商品实际效用的需要。

（6）针对儿童的不良广告。广告很多时候以儿童为对象。因为家长在儿童身上的花费比较多，儿童能影响父母的购买行为，而且传统观念认为儿童是冲动型购买者，因此企业希望利用广告使儿童从小建立起对某个品牌的忠诚度。另外，电视广告声画并茂、跳跃动感、短小精悍，正好符合儿童注重感觉、好奇心强、活泼善变的特点，所以儿童都比较喜欢观看电视广告。儿童缺乏对外界信息的判断和认知能力，在接收电视广告信息时，不能完全对广告信息进行处理并做出合理的判断。因此，针对儿童的不良广告会使儿童受到不良影响。

（7）比较广告。比较广告是指把所宣传的产品与同一竞争领域内的其他产品相比较的广告。从表现形式看，比较广告可以分为直接比较广告和间接比较广告。直接比较广告是指商品的经营者“指名道姓”地与竞争对手的商品或者服务进行比较的广告。间接比较广告是指商品的经营者或者服务的提供者与不特定的同一行业竞争对手的商品或者服务进行比较的广告。不当的比较广告包括：以自己商品或者服务的长处与竞争对手的商品或者服务的短处相比，即对比的内容没有针对性，违背“面对面，点对点”的要求；不说明比较内容，只表现结果；违背事实、片面夸大、无根据地引用最高级形容词；拿自己产品或服务的某些特点进行不真实、不全面的比较，来诋毁他人商品或服务的声誉。显然，比较广告必须真实、明白，不得误导消费者。首先，比较内容必须以事实为基础。其次，比较内容必须具有说服力。最后，比较必须全面，包括对自己不利的比较。

在全面营销时代，上述广告伦理问题仅仅是冰山一角。

二、营销中的伦理问题

(1) 强迫和操纵。强迫是指营销人员通过劝说或说服，迫使顾客购买他们不需要的产品。操纵就是通过迂回劝说，玩弄权术，使顾客购买。作为消费者，在面对不确定性的情况时，经常需要一些外在鼓励才能做出决定。但是当这种鼓励是强迫或权术性的时，就涉及伦理问题。营销人员惯用的一种手段是限量销售。通过这种方法，营销人员制造了产品紧俏的情景，即顾客只有有限的机会可以购买，他们有时宣称产品即将出现短缺，有时宣称价格即将提升。强迫和操纵违背了诚信、公平的伦理原则，因此从伦理的角度看是有问题的。

(2) 顾客歧视。顾客歧视是指营销人员对不同的顾客给予不同的服务。一些顾客可以获得更快捷的送货；一些顾客可以获得低价格；一些顾客可以获得高折扣；一些顾客被告知销售组织内的变化。相比而言，其他顾客可能没有这些优待。顾客歧视违背了公平、公正的伦理观。

(3) 误导宣传。当营销人员对产品和服务进行不正确的陈述或者做出错误的承诺时，误导宣传就发生了。误导宣传扰乱了消费者自由的购买意愿，是不诚信的表现，因而是不道德的。在销售活动中，营销人员应该遵守诺言，保持诚信。如果这笔交易本身不正确，营销人员就不应该采取误导宣传等手段来促成交易。

三、广告与营销中的原则①

(1) 真实性原则。所谓真实性原则，是指有一说一，有二说二，恰如其分地反映商品面貌，既不增大优点，也不缩小缺点，不故弄玄虚，不哗众取宠。

---

① 冯益谦，邹木兰．略论商业广告的伦理原则．中山大学学报论丛，1999 (6)：179－181.

（2）健康原则。所谓健康原则，是指在商业广告和营销中不允许低级、丑恶和庸俗的东西出现。应该通过健康情调、高尚趣味的广告宣传，使消费者树立正确的道德观，使商业成为物质文明和精神文明的传播者。

（3）艺术性原则。所谓艺术性原则，是指通过各种综合性的艺术形式，引起顾客注意，激发顾客购买商品的欲望，从而达到广告宣传的目的。

第 7 节　售后服务

一、售后服务中存在的问题

售后服务是指商品出售以后，商家为消费者提供的一系列服务活动。售后服务主要包括产品介绍、送货、在使用过程中的调试及维护、技术培训、质量问题咨询、客户沟通和回访等方面。它既是营销的最后过程，也是再营销的开始，是企业与顾客建立长久关系的起点。售后服务的好坏不仅关系到企业的声誉、产品的形象，更关系到顾客对产品的认可度。售后服务是一个长期的过程，其服务质量直接影响顾客的满意度和忠诚度。

售后服务中主要存在如下问题：

（1）不注重售后服务。除大型企业注意售后服务投资、努力提升售后服务质量以外，中小型企业一般售后服务资金投入不足、售后服务能力差，对售后服务推诿扯皮，售后服务网点建设不足，甚至许多新企业根本不提供售后服务，企图在市场中倾销“一次性”商品。

（2）缺乏服务精神。售后服务人员水平不一，服务意识淡薄，缺乏良好的售后服务心态。有些企业的售后服务网络终端监控不力，大量使用外部人员和临时人员进行“应急”式售后服务，企业品牌往往在各售后服务终端受到影响。

二、售后服务的原则

（1）树立诚信的服务态度。诚信的服务态度主要表现为四心：热心、细心、耐心、用心。消费者无论是咨询、维修还是投诉，服务工作人员都应该以诚信的态度，给消费者一个满意的解答，针对问题提出可行性解决方案。如果解决方法得当，不但可以增进和巩固与消费者的关系，甚至还可以提高产品销量。解决客户问题的整个过程，都要求服务人员耐心倾听，用心整理消费者信息、分析消费者需求，提供解决方案，以提升消费者满意度。

(2) 遵循严格赔偿责任。所谓严格赔偿责任，是指无论厂商在产品安全方面是否履行了自己的伦理责任，只要消费者因产品质量问题受到伤害，厂商就应当承担赔偿责任。也就是说，即使产品的质量缺陷不是厂商的过错造成的，但只要产品确实存在不合理危险，仍然要对消费者由此而受到的损害承担责任。因为作为生产者，厂商应该比别人更了解自己的产品，更有责任测试自己的产品并预见可能发生的危险。

(3) 实行产品召回制度。产品召回制度是指产品生产者对其生产和销售的缺陷产品进行回收、改造等处理，并采取相应措施消除产品设计、制造、销售等环节的缺陷，以维护消费者权益、保护生态环境的一种制度。所谓缺陷产品，是指企业因产品设计上的失误或生产线上某个环节的失误而可能危及消费者人身财产安全和环境的产品。召回制度是针对缺陷产品建立的。基于召回制度的衍生义务，厂商还有责任及时公开召回信息。

关于产品缺陷，我国《产品质量法》将其定义为"产品存在危及人身、他人财产安全的不合理危险"。因此，判断产品是否存在缺陷，就看该产品是否存在不合理危险。所谓不合理危险，是指产品不能提供人们有权期待的安全性。

阿迪达斯是世界最大的体育用品公司之一。在创立之初，阿迪达斯坚持质量第一，重视公司荣誉，但仍难免因生产失误而造成产品缺陷。在第14届夏季奥运会的马拉松决赛中，比利时选手阿尔贝·斯巴克一路遥遥领先。不料，跑到半程时，他脚上穿的阿迪达斯跑鞋裂了，而且裂缝不断扩大，眼睁睁地看着到手的金牌旁落。很快，这一丑闻像长了翅膀一样传遍世界，使阿迪达斯信誉扫地。面对这一打击，阿迪达斯决定不惜血本挽回影响。于是，公司将销售到世界各地的跑鞋一律按照原价收回，并向有关经销商赔偿由此带来的一切经济损失。与此同时，公司狠抓产品质量，很快在公众中重新确立了信誉，赢得了越来越多的客户。①

---

① 姜卫华，等．生存与拼搏：中外企业成功实例．北京：企业管理出版社，1991.

第8节　消费主义与娱乐至死

一、消费主义

（1）消费主义的兴起。消费主义是指追求物质享受的理念及社会思潮。在这种社会中，人们大量购买、拥有超过生存需求的物质商品以获得自我认同。

消费主义萌芽于500多年前的西欧。从15世纪开始，西欧各国通过在国内剥夺农民的土地，在国外开辟和掠夺殖民地，用暴力手段完成了资本主义的原始资本积累。大量财富集中在新兴的资产阶级手中，他们通过过度消费、奢侈消费和炫耀性消费来显示自己的财富、地位和品位，以期获得包括旧贵族在内的社会各阶层的认同与接纳。

20世纪30年代，在美国这块新大陆上，消费主义迅速兴起。人们通过购买商品表达自身的角色和地位，消费主义作为一种思潮，迅速渗透到社会大众的日常生活领域。在消费主义的话语体系中，消费成为高于一切的价值追求，人们存在的目的就是消费，消费成为人生的支点。作为一种生活方式，消费主义鼓励人们高消费、超前消费，将及时行乐道德化、合理化，甚至将消费看作促进经济发展、社会进步的善举。于是，人们的物质欲望被大大刺激和释放出来，人们的日常生活沉溺于消费活动。人们在消费中关注的不再是商品的使用价值，而是商品的符号价值、象征意义，并试图通过消费，将商品所承载的符号意义转化到自己身上。商品成为符号的载体，人自身成为商品的载体。消费活动成为实现自我个性、寻找身份认同与区隔、彰显人生幸福与美满、标志事业成功的外显型标志。

（2）消费主义的推动因素。推动消费主义在美国兴起的因素多种多样，其中分期付款制度和广告业起了推波助澜的作用。

第一，分期付款制度。分期付款制度起源于美国。早期，分期付款制度主要集中在生产领域。20世纪20年代，分期付款制度逐渐从生产领域扩大到消费品领域。1925年，由通用汽车公司资助的一项分期付款研究项目，论证了分期付款方式在汽车销售中的可行性和可能性。很快，这种促销手段在其他消费品领域迅速普及。销售商用“先享用、后付款”“寅吃卯粮”“及时行乐”的宣传口号，激发了人们的享受欲望，抵押贷款与信用卡制度为分期付款提供了便利，刺激了大众提前消费的欲望，消费主义思潮的产生也就顺理成章了。

第二，广告业。美国广告业的空前繁荣以及对消费主义价值观和生活方式的劝诱是消费主义思潮的催化剂。20 世纪 20 年代，美国整个经济结构从生产主导型向消费推动型转变，对广告业的迅速发展提出了现实要求。当时，无线广播技术的发展促进了电波媒介的兴起。后来，新兴的广播广告加上原有的报纸和杂志广告成为商业劝诱的有效方式。广告首先是一种商品信息传播方式，具有重要的经济功能，能向消费者提供商品的属性、功能、用途和优点等信息，沟通供需双方的联系，促进消费者的购买，提高商品销量。除此之外更为重要的是，广告还具有强大的象征意义。当时美国的广告商抓住新兴资产阶级急于谋求社会地位的心理，利用广告将消费说成是提升社会地位的有效手段。同时，商业广告在传播商品使用价值和符号价值的同时，也积极宣扬一种新的生活方式。电影明星、主持人、体育明星等各类名人被广告塑造成消费偶像，在他们的示范作用下，富裕阶层的穿衣打扮、居家装饰、外出旅行等生活方式成为全社会学习和模仿的对象，广告在其话语体系中运用拼接、重复的叙事伎俩，利用超出对商品本身使用价值的真实描述，编织了一个又一个神话。在这一神话之下，不仅消费成为实现个人幸福、快乐，满足和彰显自我价值和身份地位的外在标签，消费活动所代表的生活方式更彰显着一个人的生活情趣、时尚观念、审美理念等内在素质。因此，广告就具备了资本主义时代神奇的作用，它对大众的教导就是：如果想过一种时尚、高贵、有品质的生活，那么你应该消费什么。广告将消费与生活方式、个人内在素质联系起来，赋予商品符号价值，传播消费至上的价值观，将消费神圣化、象征化、人性化和意义化。因此，美国广告业以直接的感官刺激、含蓄的心理暗示、强烈的欲望诱惑，促进了消费主义的形成。

（3）消费主义的主要特征。

第一，奢侈消费的大众化。奢侈消费是指任何超出必要开支的花费，而必要的开支花费指的是为了满足实际生存需要而进行的消费。奢侈消费的大众化是一个不断发展的过程，观念上的高消费不断转化为实际的奢侈消费，实际的奢侈消费不断促进新的奢侈消费观念产生。这一过程是由大众传媒推动和扩散的，全社会不分等级、阶层、种族、贫富，都被裹挟其中。

第二，符号消费的专有化。商品的符号化是指商品在一定的文化环境中获得了超出其原本属性的符号意义。从商品的本来属性来看，商品的符号化就是其使用价值和交换价值获得了新的符号意义。商品符号化的来源之一就是使用价值的符号化，即商品的自然属性和实用功能因为符合社会文化的要求而具有相应的象征意义。例如，汽车拥有使用价值，其共同的符号价值有快速、舒适、便捷等。但不同品牌的汽车具有特定的符号价值，例如：法拉利象征着速度、激情、勇往直前；宝马象征着张扬、动感、高贵；奔驰象征着豪华、舒适和耐久。人们消费这些商品，仿佛就能通过对这些商品的占有，将商品的符号价值转嫁到自己身上，实现外物与自身的同一，或者更确切地讲，是通过外物来证明、标榜自身价值。

第三，消费控制的隐形性。表面上看，大众消费时代不再对具体消费的内容进行分等级限制，曾经是上流社会独享的奢侈品，现在人人都可以购买、消费、使用。但是，从实质上讲，大众消费时代的消费行为也是一种受控制的行为，表面上的随意选择购买并非一种真正的意志自由。购买和消费行为成为一种强制性的、非理性的目标，因为这种行为本身成了目的，至于所购买、所消费的东西有什么用处，以及这些东西蕴含着何种令人愉悦的内容，都是另外的事情。人们追求的不再是基本的生存发展需要，而是被劝诱的虚假需求。在这样的社会中，人们在不知不觉中被支配和控制，这种控制是隐形的。

(4) 西方国家对消费主义的批评。消费主义一旦落地生根就无法扭转，但会遭遇社会各界持续不断的批评和抵制。非洲人鄙视西方消费主义的价值观与生活方式。在中东，伊斯兰宗教激进主义反对西方的消费主义。在欧美，天主教仍然是抵制消费主义思潮的中坚力量。教皇约翰·保罗二世认为，西方消费主义是“不道德”和“毁灭性”的，因为它刺激人们的贪欲，并将人类生活的内在性与精神性附属在物质性与本能性这一维度。

19世纪美国的亨利·戴维·梭罗是最早反对消费主义的学者。半个世纪后，出现了第二位反对消费主义的学者索尔斯坦·凡勃伦。凡勃伦是一位特立独行的经济学家，他以漫画的形式讽刺了物质社会中的消费主义。在1899年的著作《有闲阶级论》中，他对传统经济学观点发起挑战，即消费者购买产品是为了获得最大效用。他认为，在新工业社会，人们不再通过在战争中获胜或者超凡的捕猎技术获得地位。相反，他们利用财富进行个体比较，即把自己与相对不成功的邻居进行比较。他们通过显性消费或者炫耀性消费，来显示自己的身份和地位。

从凡勃伦开始，西方国家对消费主义的批评越来越多。所有的批评都基于这样一种信念，即消费主义价值观损害了其他更高层次的价值观。

第一，消费主义导致人类生活的全方位商品化。在消费主义社会，人们判断事物的标准是事物的市场价值，而不是事物的内在价值；判断人的标准是他们的外在财富，而不是他们的内在品质。

第二，冲动性消费不是为了满足实际需求，它与情绪有关。这种消费鼓励不明智、不理性和无效率使用金钱的行为。

第三，过度消费浪费了自然资源，与可持续发展理念不相适应。有的批评者甚至认为，消费主义会“威胁人类社会”，带来全球变暖等严重问题。

第四，超过必需品的消费，特别是购买奢侈品，使人类忽视了美德。超越基本需求的消费人群，应该为贪心感到羞愧。人们大量消费无关紧要的奢侈品，浪费了资源。他们原本可以更明智地使用这些资源，如解决世界贫困问题。

第五，消费主义扭曲了人们的价值观。消费主义用信用卡消费和冲动性购买代替了节俭美德。它将浪费转变为社会美德，鼓励竞争性的模仿消费。

（5）消费主义在中国的兴起。20 世纪五六十年代，消费主义传播到西欧、日本等地。20 世纪八九十年代，随着全球化浪潮的到来，各国经济增长和社会变革刺激了消费主义，消费主义理念在全球盛行。一位历史学家认为，消费主义是西方文明对全世界最成功的影响之一。

中国也不能幸免。随着 1978 年改革开放，我国经济取得了长足发展，社会财富显著增加。到 20 世纪末，我国告别了以生产为主导的短缺时代，进入以消费为主导的过剩时代。消费主义作为一种新的意识形态，在中国社会快速渗透。于是，拥有巨大财富的新生富裕阶层迅速认同并践行了消费主义消费观，将奢侈消费、符号消费、时尚消费作为彰显事业成功、社会地位、独特品位的最直接方式。新生富裕阶层的上述行为在社会上产生了强烈的示范效应，电视、电影、网络等大众媒介将新生富裕阶层的生活方式渲染成社会大众的生活，不仅教导大众所谓的成功人士应该消费什么，而且无形中将富裕阶层的消费标准拔高为整个社会的消费标准。于是，社会大众过度消费、超前消费、竞争消费应运而生。

（6）消费主义对我国传统意识形态的冲击。

第一，挑战马克思主义的指导地位。消费主义是一种隐形的意识形态。从表面上看，消费主义隐藏于人们的消费生活方式之中，以追求幸福、快乐、自由、平等为幌子，没有表面的强制，似乎不涉及经济、政治利益。但是，透过消费主义的迷雾，可以发现消费主义是典型的资本主义意识形态，只不过具有更大的隐蔽性、欺骗性和危害性。具体说来，消费主义以大众产品为载体，不断制造虚假需求，将本质上是资产阶级增加利润的手段，通过大众传媒演绎成每个人都要追求的目标。

第二，容易造成我国主流意识形态的弱化。一方面，消费本应成为满足人们幸福生活的重要中介和手段，但消费主义从日常生活方式入手，使大众沉溺于物质追求和满足，将中介与手段变成目的，将消费推上神坛，使之成为人们顶礼膜拜的对象。在消费主义的包围下，包括物质和精神需要在内的多种多样的人的需要，被简化为单纯的物质需要，人的自尊、自强、自爱、自我实现和发展的精神需要似乎都能通过物质消费来满足。但是，无论何时何地，物质消费毕竟是满足人的多层次需要、促进人的全面发展的手段和中介。物质消费不仅不能满足人们的精神需要，反而会使人们永远处于追逐消费的过程中不能自拔。另一方面，消费主义赋予了追求物质财富道德合理性，奢侈消费、过度消费、超前消费等已经不再是受人唾弃的堕落行为，反而成为一种显示自我成功、有助于经济发展的英雄行为。在消费主义的影响下，人们会理所当然地投入到消费的狂潮之中，崇高的职业理想、坚定的政治信念、不懈的人生追求都成为落后陈旧、不切实际和扑朔迷离的幻象被抛弃。这种意识形态和中国主流意识形态相违背。

第三，容易使人异化为消费的奴隶。在消费主义的语境中，消费行为本身已经异化为一种脱离人的真实感觉、需要和体验的行为。人们的消费需求是大众传媒制造出来的，消费对象不再是能够满足人的需要的外在客体，反而成为具有魔力的主体来控制消费者，人本身异化为消费的奴隶。“物品不是用来为人服务，相反，人却成为物品的奴仆，成为一个生产者和消费者。”[①] 换言之，消费主义已经成为新的拜物教，执行着类似宗教的麻痹和抚慰作用，使那些失去了理性分析和判断能力的人，只能在消费中才能意识到自己的存在，才能忘掉工作和生活的烦恼。在消费主义看来，人的价值要在物的价值中找寻，人生的意义在于不断地攫取、占有、消费，这种价值观不符合中国传统文化的主流价值观。[②]

二、娱乐至死

（1）娱乐至死的提出。娱乐至死是美国学者尼尔·波兹曼提出的一种社

---

① 弗洛姆．在幻想锁链的彼岸：我所理解的马克思和弗洛伊德．长沙：湖南人民出版社，1986.

② 余保刚．消费主义与我国主流意识形态建设研究．北京：中国社会科学出版社，2017.

会现象。在《娱乐至死》一书中，波兹曼将娱乐至死的现象概括为："一切的公众话语都日渐以娱乐的方式出现，并成为一种人文精神。我们的政治、体育、宗教、新闻、教育、商业都心甘情愿地成为娱乐的附庸，毫无怨言甚至无声无息，结果是我们成为一个娱乐至死的物种。"①

娱乐至死的主要表现是泛娱乐化。在娱乐至死原则的支配下，泛娱乐化逐渐渗透到社会生活的各个角落。一方面，泛娱乐化以消费主义、享乐主义为核心，以现代媒介为主要载体（电视、戏剧、网络、电影等），以浅薄空洞的内容甚至不惜以粗鄙搞怪、噱头包装、戏谑的方式，通过"戏剧化"的滥情表演，试图放松人们的紧张神经，从而使其达到快感。另一方面，泛娱乐化倾向表现为传媒娱乐节目的媚俗化、低俗化，以形式上的浮华炫目、手段上的嬉戏热闹、表现上的玩耍爆料等来解构审美取向、降低文化品位、消解人文精神。其中，文化泛娱乐化更令人担忧。文化泛娱乐化就是娱乐价值被推至文化的一切领域，是否有娱乐性、能否取乐成为衡量文化产品价值的法则。在文化泛娱乐化的价值追逐中，历史可以被戏说，经典可以被篡改，崇高可以被解构，英雄可以被调侃。

（2）娱乐至死在中国的兴起。文化是一个民族生存和发展的重要力量。近年来，我国文化繁荣兴盛，国家文化软实力明显提高。但是，改革开放以来，在文化商业化浪潮的助推下，娱乐至死也正演化为中国一种独特的社会现象，逐渐风靡全社会。近年来层出不穷的"杜甫很忙""李白很酷"等名人恶搞事件，各类选秀、真人秀的强力圈粉，都是娱乐至死的表现。追求上座率、获得收视率、博取点击率是娱乐至死背后的动力，受众心理上图消遣、求轻松、避思考的倾向是娱乐至死赢得市场的重要原因。新闻媒体上，不管是财经频道还是娱乐频道，到处都是明星的身影，其出场费令人咂舌。中国明星的私生活被人津津乐道。某明星的离婚事件，中国几乎所有的媒体包括官方媒体，都给予极大的关注和报道。明星的死也是轰轰烈烈。拜媒体所赐，中国下一代关注的是媒体整天追踪的明星八卦。明星的龌龊事件被媒体无限放大，污染了社会，给民众特别是青少年造成负面影响。

（3）娱乐至死给中国带来的负面影响。娱乐至死给中国带来的最大影响，就是中国传统社会价值观念和中华民族共有精神家园受到侵蚀。"我们是谁""我们从哪里来""我们到哪里去"，这是每一个国家和每一个民族都要面对的哲学追问，帮助求解这些追问是文化的深层意义与存在价值。但娱

① 尼尔·波兹曼．娱乐至死．桂林：广西师范大学出版社，2004．

乐至死思潮动摇了对“我们是谁”的认知，模糊了对“我们从哪里来”的追寻，弱化了对“我们到哪里去”的引领，具体表现在：

第一，娱乐至死思潮冲击主体身份认同，动摇对“我们是谁”的认知。主体身份认同是主体对自我身份的认可与赞同。中华民族从某种意义上说就是基于“我们是中华儿女”身份认同而形成的文化共同体，中国传统文化能够帮助回答“我们是谁”的追问。然而，娱乐至死在戏说、调侃、恶搞中解构宏大叙事，使中国传统文化碎片化，动摇了对“我们是谁”的认知。

第二，娱乐至死冲淡中华民族历史记忆，模糊对“我们从哪里来”的追寻。民族历史记忆具有唤醒民族情感、强化国家认同的重要功能，它让我们知道“我们从哪里来”。娱乐至死将娱乐价值置于历史价值之上，为了娱乐可以随意篡改、编造历史，为历史虚无主义的传播推波助澜，模糊了对“我们从哪里来”的追寻。

第三，娱乐至死消解社会主义核心价值观，弱化对“我们到哪里去”的引领。社会主义核心价值观是当代中国精神的集中体现，也是当代中国发展的价值引领。娱乐至死背后充斥的心理空虚、个人主义等价值观与社会主义核心价值观背道而驰，弱化了对“我们到哪里去”的引领。

第四，娱乐至死让文化精神枯萎。娱乐至死提倡充满感官刺激、欲望和恶搞的庸俗文化。当文化空间逐渐被泛娱乐中的低俗占据，当文化泛娱乐化以消费、技术、快感、世俗等因素的融合消解文化的深度与厚度，当众多严肃的新闻、正统的历史、经典的叙事以娱乐包装的形式呈现时，其负面作用不可小觑。主流的娱乐一定是让人、让社会的内在精神逐渐丰盈，让人和社会的本性回归。

思考题

1. 你认为当前企业与顾客之间存在哪些主要的伦理问题？

2. 在中国，网络游戏是争议比较大的行业。你如何评价网络游戏？

3. 你对直销有何看法？国家是否应该取缔直销？

4. 企业在当今消费主义、娱乐至死的思潮中扮演了何种角色？请举例说明。

5. 企业在消费主义、娱乐至死的思潮中，是否可以承担必要的社会责任？如何承担？

案例 1

海尔勇砸冰箱

1984 年 12 月，张瑞敏临危受命，出任海尔前身青岛电冰箱总厂的厂长。当时，青岛电冰箱厂是一家街道小企业，资不抵债、濒临倒闭。

张瑞敏刚到厂时，制定的十三条厂规是：不迟到、不早退、不旷工；不准代他人划出勤卡；工作时间不准打扑克、下棋、织毛衣、干私活等；工作时间不准串岗；工作时间不准喝酒；工作时间不准睡觉；工作时间不准赌博；不准损坏工厂的设备；不偷工厂里的财物；不准在车间里大小便；不准破坏工厂的公物；不准用棉纱柴油烤火；不准带小孩和外人进入工厂。同时，张瑞敏制定了工厂的第一个发展战略——品牌战略。

1985 年，一位用户来信抱怨说：自己攒了多年钱才买的冰箱上有道划痕。于是，张瑞敏派人把库房里的 400 多台冰箱全部检查了一遍，发现有 76 台冰箱不合格。在研究处理办法时，一些干部提出，可以将不合格冰箱作为福利处理给本厂的员工。当时，一台冰箱的价格是 800 多元，相当于一名职工两年的收入。实际上，在那个物资十分紧缺的年代，别说正品，就是次品也要找人托关系才能买到。

张瑞敏却做出了有悖常理的决定，立即召开全体员工的现场会，把 76 台冰箱当众砸掉，而且由生产这些冰箱的员工亲自砸。在全场员工面前，张瑞敏抡起大锤亲手砸下了第一锤。之后，许多老工人边流泪边抡起锤子砸冰箱。砸过冰箱后，张瑞敏告诉员工，有缺陷的产品就是废品。

自此以后，“有缺陷的产品就是废品”的质量观念，深深印在海尔人的脑海中。本着“对用户负责”这一基本理念，在生产制造过程中，海尔始终坚持“精细化、零缺陷”的标准，让每个员工都明白“下道工序就是用户”，从而创造出“零缺陷”的海尔产品。1988 年 12 月，海尔捧回了中国冰箱行业的第一块国家质量金奖，由此奠定了海尔冰箱在中国冰箱行业的领军地位。1991 年，海尔成为中国家电行业唯一入选“中国十大驰名商标”的品牌。2005 年 8 月，海尔被选定为 2008 年北京奥运会的白色家电赞助商。2009 年 9 月，在德国柏林举行的 2009 年国际消费电子展（IFA）上，海尔冰箱获得全球最大媒体集团锐德商讯授予的“全球冰箱领袖奖”，这是中国企业参展 IFA 以来首次问鼎该奖项。

回望来时路，海尔的成功正是源于当时的一“砸”。那一“砸”，将“零缺陷”的质量意识砸进了海尔成长的基因中；那一“砸”，使一家亏空 147 万元、濒临破产的街道小企业，蜕变为今日营业额超过千亿元的国际化知名白色家电企业。

资料来源：根据网络资料改编。

问题

1. 将不合格冰箱作为福利处理给员工的建议是否合法？是否可行？
2. 从短期经济利益角度看，砸掉 76 台不合格冰箱是否合适？
3. 从长远考虑，砸掉 76 台不合格冰箱是否合适？为什么？
4. 管理者在面对此类问题时，一般会如何处理？为什么？
5. 本案例给你何种启示？

案例 2

淘宝的 10 月风波

2011 年 10 月 10 日，淘宝商城发布了《2012 年度淘宝商城商家招商续签及规则调整公告》，核心内容是将技术服务费从以往的 6 000 元提高至 3 万元和 6 万元两个档次，涨幅分别为 4 倍和 9 倍。同时，商铺的违约保证金数额全线提高，由以往的 1 万元涨至 5 万元、10 万元、15 万元不等，最高涨幅高达 14 倍。

这则公告发布后立即在拥有 150 万之众的淘宝卖家中点燃了冲天怒火。当天晚上，在一个语音频道中，小卖家们开始聚集，人数从 200 多迅速增加，最多的时候居然有 7 万多。在过去的这些年里，卖家伴随淘宝成长，是中国乃至世界上第一批试水互联网的买卖人。他们中绝大多数是二三十岁的年轻人，居住在三四线城镇，以微薄的资本和 24 小时的服务精神，做着几万或者几百万元的生意，在百万计的人群中，真正赚到钱的应该不足三成。在语音频道中，不满、委屈和愤怒像海啸一样被唤起。大家的故事都差不多，说着说着，有人对着麦克风就哭了，然后就一直不停地哭。

有人提议“以暴易暴”，一个名为“反淘宝联盟”的民间组织自发成立。10 月 11 日晚，一些年销售过亿元的大卖家商铺突然涌进了难以计数的“顾客”，他们拍下几乎每件货品，付款或选择货到付款，当商家们正疑惑要不要发货时，发现刚刚付款的“亲”已经在申请退款，一时间，淘宝网大乱。

激烈的抗争还发生在真实世界。数以百计的人赶到杭州的淘宝总部，高举标语，点燃蜡烛，连夜静坐，并声称要组织抗议大游行。有17名淘宝维权人士甚至跑到香港中环广场搭设“灵堂”，抗议“淘宝马云奸商行为”。

“围城”事件前后持续了一个多月。最后，在商务部的介入下，淘宝延后了新规定的执行时间，并将所有商家2012年保证金减半，还称将投入18亿元扶持中小卖家。

资料来源：吴晓波．激荡十年，水大鱼大：中国企业2008—2018. 北京：中信出版社，2017.

问题

1. 淘宝涨价的行为合法吗？为什么？
2. 从伦理的角度看，淘宝涨价的行为存在哪些问题？
3. 淘宝本来应该如何决策以避免后面的冲突？

案例3

迷惘的拼多多

2018年7月26日，一家号称“三亿人都在用”的APP在美国上市。那天，纽约这座位于世界之巅的金融之城，为一个中国的80后年轻人敲响了钟声，黄铮的电商平台拼多多上市了。当日，拼多多股价开盘跳涨39.45%，冲到每股26.5美元，市值340亿美元。创始人黄峥个人财富达138亿美元，超越刘强东，跻身全球百大巨富之列，一个新的财富神话诞生了。

在地球的另一边，真正缔造这个神话的3.44亿人，从未听说过美国证券交易委员会（SEC），根本不知道“敲钟”意味着什么。他们正忙着1元拼单购买樱花小冰箱，正在用9.9元的低价抢购包邮的无人飞机，正在扫荡7.7元10条的内裤，正在一边诅咒差劲的产品，一边享受拼单成功的快感。这一天，“折叠世界”的两个群体，被拼多多这个平台无缝连接，都在幸福地生活着。

黄峥出生在杭州一个中等收入家庭。1998年，黄峥从杭州外国语中学毕业后，被保送到浙江大学，主修计算机专业。本科毕业后，黄峥远赴美国威斯康星大学攻读计算机硕士学位。硕士毕业，黄铮选择到谷歌工作。谷歌上市后，黄峥手里的原始股已经价值几百万美元。很快，黄峥被派往中国，随同45岁的李开复组建谷歌中国办公室。不过，顶配的薪资、城市最高档的写字楼、差旅全程五星级酒店，都留不住黄铮。黄峥觉得这些成功都是谷歌的，没有意思，开始把目光投向中国的互联网世界。最终，黄峥辞职创业。

2015年，黄峥创办了拼好货电商平台，走的是“好货”路线，2016年自营收入达4.57亿元，但是困在高存货、高损耗、高成本的陷阱里走不出来。到2017年，自营收入所占比例从90.4%狂跌到0.2%。来自淘宝的孙彤宇献上了当年为淘宝谋划但未被采用的法宝：面对高贵得像公主一样的 eBay，我们要土得掉渣。在孙彤宇的指导下，黄峥开启了土得掉渣的模式，拼好货变成了拼多多。

很快，拼多多吸引了投资者的注意。经过一轮跟投、一轮领投，腾讯占股比例达到 18.5%，是除黄峥外的第二大股东。2018 年 4 月，拼多多的估值已经达到 150 亿美元。6 月，拼多多向 SEC 递交招股书，准备通过首次公开发行股票（IPO）募集最多 10 亿美元。从创办到海外上市，京东用了 10 年，唯品会用了 8 年，淘宝用了 5 年，拼多多只用了 2 年 3 个月。

拼多多在美上市前后，有两波铺天盖地的宣传文。第一波是赞赏其商业模式的。一个早期投资人用“洞察人性”来形容创始人，并大力表扬了“社交+电商”的创新思路和近乎病毒式营销的拉新手段，让它在阿里和京东双寡头的电商领域中硬是闯出一片天地。第二波则是在上市后。当众人开始调侃平台上假货多多时，网上猛然出现了多篇文章，开始夸奖平台为“拉平消费”，让“更多低线城市和农村消费者享受到现代社会生活的便利和丰富”做出的贡献。文章的配图往往是平台上各种家徒四壁的买家秀，配合“纯真喜悦”的商品评论，为此还创造出一个词——“五环内视障”，用来形容那些居高临下做出道德判断的一二线城市的居民。

但是，更多的人对拼多多那些便宜商品提出了质疑。为了写一篇专栏文章，著名财经作家吴晓波专门下载了拼多多的 APP。他在拼多多上找到了小米新品、创维先锋、蓝月壳洗衣液和老于妈……之后，吴晓波读到两份分析报告。一份是天风零售提供的。它用爬虫技术统计了 2018 年 6 月 27 日到 7 月 27 日期间，拼多多家电销售额排名 TOP100 的商品，结果发现，涉嫌假冒品牌的商品共 39 个，在总销售额的占比为 57.82%，销售量占比为 63.37%。天风零售还总结了假冒品牌的三种套路：采用和知名品牌一致的中文名称，但是英文 LOGO 不同；在知名品牌前后增加小字；借用其他品类的知名品牌名称。另外一份是华尔街见闻的见智研究所做的抽样调查，他们统计了电器、母婴、食品饮料、日用品、服饰 5 个大品类 12 个品种中涉及普通消费者日常使用的 56 款产品，以拼多多公布的已拼单数和拼单价格计算，上述产品销售总额为 5.8 亿元。见智研究所得出的核心结论有两个：其一，在总计 5.8 亿元的销售额中，疑似仿冒产品的销售额为 2.58 亿元，占比 44.5%；其二，单个产品的划线价格远超正常范围。划线价格整体上是拼团价格的 10 倍。研究人员查阅了同类产品在其他电商平台的划线价格，拼多多平台的划线价格存在刻意过分夸大的现象。

吴晓波认为，任何商业模式的可行性，都应当建立在两个“基本尊重”的前提之下：其一，对知识产权和品牌的尊重，是一个成熟商业社会的秩序基础，是所有商业行为的法治化前提。无论是制造者还是平台方，都应当自律和维护它的尊严，对知识产权与品牌的刻意漠视，构成商业伦理的沦丧。其二，为消费者提供合适的商品，是对他们的一种基本尊重，这其中包括品质与价格的相当、承诺服务的兑现，也包括商品本身的合法性。消费者对商品的性价比追逐是永无止境的，对消费者这些要求的满足，理应通过技术创新和效率提升来完成。制假贩劣，终非正途，既不值得赞美，也不应给予任何谅解的借口。

众多网民也表达了自己的愤慨。网民“鲁不逊”认为：拼多多的“劣货”之痛没有真正从技术上进行突破，而是瞄准人性弱点，游走灰色边缘，落地于法律空白。

资料来源：吴晓波．拼多多的新与旧．[2018-08-02]．新浪网；拼多多，有3亿人假装在生活．[2018-07-31]．天涯社区．

问题

1. 拼多多的行为合法吗？为什么？
2. 从伦理的角度看，拼多多的经营是否存在问题？存在哪些问题？
3. 拼多多该怎么办？

第 8 章
企业与政府的伦理关系

引导案例

尚德之殇

施正荣一度被看成是海归科学家创业的标本。2000 年，他背着一个双肩包从澳大利亚回到家乡江苏扬中附近的无锡市，包里只有一台笔记本电脑和几页商业计划书。仅仅 6 年后，他就以 32 亿美元的个人资产成为新晋的中国首富。又过了 6 年，神话回到起点。

1963 年，施正荣出生在江苏一个名叫太平村的小村庄。母亲生了一对双胞胎，他是弟弟，此时家里已经有了两个孩子，加上他俩，四个孩子对于家庭负担太重。当时刚刚度过三年自然灾害时期，无奈之下，家里就把他送给了施家。施正荣从小就懂事，从 6 岁开始就帮家里干活，养父母也非常疼爱他，虽然家里贫穷，但一直供他上学。大学时期，施正荣的聪明才智完全发挥出来，在长春读完本科后，他又在中科院拿到了硕士学位，两年后公费留学澳大利亚新南威尔士大学，师从正确生活方式奖得主马丁·格林教授。留学期间，以多晶硅薄膜太阳能电池技术完美地拿到了博士学位，同时手里还握有 10 多项太阳能电池发明专利。这样发展下去，施正荣必将在国际学术界拥有一席之地。

2001 年 9 月，无锡市政府到澳大利亚考察，寻找既是高新技术又能获得高额回报的项目。国家一直鼓励留学人员回国创业，就这样，无锡市政府和施正荣搭上了线。初步接触后，双方达成协议，无锡市政府支持施正荣在无锡创办企业。于是，施正荣放弃了学术研究道路，带着两年的薪水40万美元回国创业。在无锡市政府的帮助下，当地的8家国企出资600万美元，施正荣出资现金加技术估价200万美元，双方以800万美元合资成立了无锡尚德太阳能电力有限公司（以下简称尚德），施正荣任总经理。无锡市政府还在土地和税收政策上予以全面倾斜，甚至安排刚刚退休的经贸委主任担任尚德的首任董事长，为施正荣协调各种公共关系。

虽说刚开始企业经营不顺利，但在施正荣带回的国际领先技术的助推下，市场迅速打开，到2004年年底，尚德电力产能达到540兆瓦，销售收入100亿美元，成为全球光伏行业三巨头之一。2005年，政府又“适时”地令国有股退出。就这样，在无锡市政府的无私帮助下，尚德完成私有化。当年12月14日，尚德在纽约证券交易所上市，收盘时每股股价高达34.02美元，施正荣也以186亿美元的身价成为2006年中国首富。

在产业膨胀和首富的光环之下，科学家施正荣也成了时髦的企业家，原本内向木讷的他学会了滔滔不绝地“布道”，还能够在几千人的论坛上有板有眼地独唱一段锡剧。他曾经花20万美元包一架公务机参加世界经济论坛，同美国前副总统戈尔共进午餐，与英国王储查尔斯谈合作。他甚至对友人说：“从此以后，我再也不会去挣一分钱，我就花钱。”

尚德的成功让许多企业和各地政府眼红，对于这种“科学家＋地方政府＋海外资本”的可复制模式，大家毫不吝啬，争相模仿，一拥而上。当时，全国各地有600个城市把光伏作为战略性新兴产业，纷纷建起了光伏产业和光伏产业园，仅浙江省就有光伏企业205家，它们大多得到了中央政府的产业补贴和地方财政的扶持。2010年前后，中国光伏产业从无到有，产能占全球一半以上，全球十大光伏组件生产商中，中国包揽了前五名。

然而可怕的是，中国的光伏产业是一座建造在沙滩上的漂亮城堡，90%的原材料依靠进口，而90%的产品则全数出口，最重要的原材料多晶硅，基本上掌握在国外厂商手中，价格最高时甚至达到每千克400美元以上，占整个光伏产业链利润的70%。2011年，受欧洲债务危机影响，美国和欧洲开始对中国光伏产业开展反倾销、反补贴的“双反调查”，直接导致全行业的大雪崩。到2011年年底，尚德的银行贷款暴增至17亿美元，业绩也大幅下滑。

在经营中，施正荣似乎比“单纯而无私”的无锡市政府精明得多。他在尚德体系之外，组建了亚洲硅业和其他三家都以荣德命名的公司，它们都独立于上市公司，是施正荣的私人家族企业，其业务是向尚德提供硅料和组件，因此形成利益关联链条。三家荣德系公司在两年时间里，获得了近25亿元的业务收入，亚洲硅业则在2010年与尚德签署了总额15亿美元、为期7年的长期供货合同，更夸张的是，这些家族企业同时得到了尚德的 20 亿元担保资金。

2011 年，尚德净亏损 10 亿美元，到第二年第二季度，情况继续恶化，电池工厂停产，公司大规模裁员，总负债高达 20 多亿美元，公司在纽约证券交易所的每股股价从最高时的 98 美元跌到 1 美元。美国投资者对施正荣提起集体诉讼，指控他借亚洲硅业掏空上市公司，并挪用公司 16.8 亿美元为自己的个人公司提供无息贷款。在最危难的时刻，施正荣拒绝拿出个人资产拯救尚德，他以"科学家理性"战胜了企业家伦理与血性。

2012 年 8 月，施正荣辞任尚德首席执行官。12 月，董事会宣布罢免他的董事会职务，施正荣发表声明，认为此举"违规"。又过了三个月，尚德被当地法院宣布破产重整，无锡的地方国企——国联集团成为政府指定的"接盘侠"。

在尚德风光无限的时候，施正荣成了无锡的城市名片，他的巨幅照片被树立在高速公路入口处，所有进入这个城市的来客第一眼望见的便是他标准式的微笑。无锡市政府甚至为他塑了一座宽 3 米、高 2 米的巨幅半身人像。一位地方政府官员说："对无锡来说，尚德产值的政治意义远大于经济意义。"在尚德破产之后的几年里，施正荣的塑像被拆除，施正荣这个名字在无锡成了一个尴尬的禁忌。

资料来源：亿万黄粱梦碎：7 年赔光 186 亿，从中国首富到身无分文．[2017－09－27]．搜狐网．

尚德的案例揭示了企业与政府之间错综复杂的关系。本章重点讨论企业与政府的伦理关系。首先，简要探讨政府及其主要职能；其次，分析政府对市场的管制；再次，揭示企业与政府关系中的伦理问题；最后，分析企业处理与政府关系的基本原则。

第 1 节　政府及其职能

一、国家与政府

国家是由领土、人民、文化和政府四个要素组成的。从广义的角度看，国家是指拥有共同的语言、文化、种族、血统、领土、政府或者历史的社会群体。从狭义的角度看，国家是一定范围内的人群所形成的共同体。

政府是指国家进行统治和社会管理的机关，是国家表示意志、发布命令和处理事务的机关。广义的政府包括国家立法机关、行政机关和司法机关，狭义的政府单指国家行政机关。

（1）立法机关。立法机关由民意代表组成，代表人民行使立法权。在我国，全国人民代表大会是立法机关，其构成包括：全国人民代表大会；省、自治区、直辖市的人民代表大会；设区的市、自治州的人民代表大会；县、自治县、不设区的市、市辖区的人民代表大会；乡、民族乡、镇的人民代表大会。全国人民代表大会是国家最高权力机关。全国人民代表大会常务委员会是全国人民代表大会的常设机关，对全国人民代表大会负责并报告工作。在全国人民代表大会闭会期间，国务院、最高人民法院、最高检察院对全国人民代表大会常务委员会负责并报告工作，受它监督。全国人民代表大会及其常务委员会的监督，是国家权力制约体系中最高层次和最具权威性的监督，是国家机关规范运作的重要保证。全国人民代表大会专门委员会是全国人民代表大会的常设工作机构，其主要目的是使立法工作专业化和经常化。

立法机关的主要功能是通过立法程序制定法律。立法程序包括法律议案的提出、审议、表决和公布四个环节。

（2）行政机关。行政机关是依法行使国家行政权力，负责对国家行政事务进行组织和管理的国家机关。行政机关是立法机关的执行机关。相对于立法权、司法权行使过程中与普通民众之间固有的距离感，行政机关是政府机关中权力最大、公务员人数最多，对国家和社会发展最为重要的公共权力机构，其行政权力的行使过程完全融入普通民众的日常生活，对于企业的经营活动有着最直接、最广泛与最重要的影响。

我国的行政机关由最高国家行政机关（中央政府）与各级地方行政机关（地方政府）组成。我国中央政府是国务院，是最高国家权力机关的执行机构，是最高国家行政机关，目前由 26 个部门、10 个直属机构、1 个直属特设机构、16 个部委管理的国家局、2 个办事机构及 9 个直属事业单位组成。国务院办公厅是协助国务院领导处理国务院日常工作的机构。

行政机关具有如下特征：

第一，职权法定、依法行政。行政机关是立法机关的执行机关。国家权力属于人民，行政机关行使行政权力，必须有法律授权，严格遵循职权法定、依法行政的原则。

第二，拥有行政自由裁量权。行政机关必须严格依照法律规定行使行政权力。但是，行政事务的复杂性、专业性和技术性使行政机关在执法过程中面临的现实情况复杂多变，立法时滞又导致立法机关不可能通过无所不包的法律规范完全约束行政行为。因此，行政机关具有一定程度的行政行为选择权，即行政自由裁量权。行政自由裁量权是行政机关有效执法的必要条件。

第三，行政公开。行政执法活动直接涉及社会广大个人、企业和其他组织的切身利益，行政公开是社会公众对行政机关进行有效监督的必要条件。

行政机关的功能包括行政立法、行政执行和行政司法。

第一，行政立法。行政立法的主体是国家行政机关，但只有国务院及其主管部门和省、自治区、直辖市和较大市的人民政府才拥有行政立法的权力。由于立法权并非行政机关的固有权力，因此，行政立法必须严格依据宪法、法律规定或立法机关授权的权限、范围及程序进行。

第二，行政执行。行政执行的手段多种多样，主要包括行政许可制度、行政处罚制度和行政强制制度。

第三，行政司法。行政司法是具有准司法权的具体行政行为，是经法律、行政法规授权享受行政司法职权的行政机关（行政复议机关、行政裁决机关），依照准司法程序，对与行政管理有关的行政纠纷、民事纠纷做出行政决定的行为，主要包括行政复议、行政裁决。

（3）司法机关。狭义的司法机关仅指检察机关与审判机关，广义的司法机关则由审批机关、检察机关与司法行政机关组成。我国广义的司法机关包括法院、检察院、公安机关（含国家安全机关）、司法行政机关。狭义的司法机关指人民法院与人民检察院。人民法院是国家的审判机关，依法行使国家的审判权，独立审理案件，不受任何机关、组织和个人的干预。人民检察院是国家的法律监督机关，依法行使国家的检察权，有权对国家公务人员履行职务进行监督。公安机关是治安机关，具有行政、司法机关的双重属性。

与行政职权相比，司法机关具有如下特征：

第一，司法的被动性。行政机关代表国家行使执法权，执法的行政管理行为具有主动性。行政机关面对违法行为不作为，有可能构成渎职。但是，司法机关行使职权以“不告不理”为基本原则，具有被动性。

第二，司法的中立性。行政机关代表国家执行法律，在行政管理活动中既是一方当事人，又是执法者，处于支配地位，体现在即便被处罚者对行政机关的行政处罚决定有异议，也不能停止行政处罚的执行，只能通过行政复议或行政诉讼的方式请求救济。

第三，司法的程序性。为保证司法的公正性，司法权必须严格依照法定程序行使，适用回避制度、法庭辩论制定、合议制度等。

第四，司法的独立性。我国的行政机关按照行政区域划分管理范围，按照管理层次划分管理权限，存在中央政府领导地方政府、上级政府领导下级政府的层级服从性。司法机关中的法院审判系统虽然也按照行政区域分层设置，但不同层级之间审判独立，任何诉讼案件只应由亲历法庭审理的法官独立做出案件判决。上级法院与下级法院之间是指导与监督关系，而非服从性质的领导关系。

第五，司法的终极性。行政机关依法做出的行政许可、行政处罚、行政强制、行政裁决、行政复议等行政决定，虽然具有法律效力，可以强制执行，但其效力是非终极的。司法机关的司法裁断具有终极法律效力，即审判机关依法做出生效的判决、裁断或决定，是最终决定，任何人都必须执行，其他组织无权再度处理。

二、政府的职能

政府职能也叫行政职能，是指政府作为国家管理的执行机关，在依法对国家政治、经济和社会公共事务进行管理时应承担的职责和所具有的功能。政府职能主要包括以下五个方面。

（1）政治职能。政治职能是指政府为维护国家统治阶级的利益，对外保护国家安全，对内维持社会秩序的职能。

（2）经济调节职能。经济调节职能是指政府利用经济、财政、金融、法律和行政手段，从宏观上对经济进行调控、仲裁和服务的职能，目的在于维护正常的经济秩序良性发展，促进经济的繁荣、物质的丰富和生活的改善。

（3）市场监管职能。市场监管职能就是政府依法对市场主体及其行为进行监督和管理，维护公平竞争的市场秩序的职能。政府必须加强市场监管，维护市场秩序，防范经济风险。

（4）社会管理职能。社会管理职能是指政府通过制定社会政策和法规，依法管理和规范社会组织、社会事务，化解社会矛盾，调节收入分配，维护社会公平、社会秩序和社会稳定的职能。

（5）公共服务职能。公共服务职能是指政府提供公共产品和服务，包括完善就业服务体系和社会保障体系，发展教育、卫生、文体等社会事业的职能。

三、中国政府职能的转变

中国政府职能转变是与社会主义市场经济的发展密切联系在一起的。1978年改革开放以前，由于实行计划经济，政府扮演的是万能角色，是社会资源的唯一配置机制，对社会生活施加着全面而深刻的控制和影响。改革开放后的市场化取向，决定了中国政府职能转变的方向，即从适应计划经济的政府转变为适应社会主义市场经济的政府。

（1）1988年机构改革时期的政府职能转变。1987年，党的十三大提出政治体制改革的任务，把改革政府机构、克服官僚主义作为政治体制改革的一项重要内容。1988年进行了国务院机构改革，第一次明确提出政府职能转变这个关键性的问题。

（2）1993年机构改革时期的政府职能转变。1992年党的十四大提出了建立社会主义市场经济体制的目标，并要求积极推进行政管理体制和机构改革，建立适应社会主义市场经济需要的组织机构。1993—1995年自上而下进行了一次全国性的机构改革。一是把适应社会主义市场经济发展的要求作为改革目标，从1994年开始先后对传统的计划、财政、金融、流通体制进行改革，探索构建政府宏观调控体系；二是明确提出了行政管理体制改革的目标，提高了机构改革的广度和深度；三是全国各级党政机关普遍进行了“三定”工作，使机构编制管理进一步科学化；四是从1993年起推行国家公务员制度。

（3）1998年机构改革时期的政府职能转变。根据党的十五大精神，1998年国务院机构改革的目的，是解决机构庞大、机构臃肿、政企不分、官僚主义严重等弊端，进一步深化经济体制改革，推动党和国家领导制度的改革。1998年九届全国人大一次会议审议通过的国务院机构改革方案中，明确把政府职能定为三项：宏观调控、社会管理和公共服务。

（4）2003年机构改革时期的政府职能转变。党的十六大报告指出，完善政府的经济调节、市场监管、社会管理和公共服务的职能，是适应深化改革和扩大开放的新形势，转变和规范政府职能的新要求。为此，要深化行政管理体制改革，形成行为规范、运作协调、公正透明、廉洁高效的行政管理体制。

（5）2008年机构改革时期的政府职能转变。这次国务院机构改革的主要任务是，围绕转变政府职能和理顺部门职责关系，探索实行职能有机统一的大部门体制，合理配置宏观调控部门职能，加强能源环境管理机构，整合完善工业和信息化、交通运输行业管理体制，以改善民生为重点加强与整合社会管理和公共服务部门。

（6）2013 年机构改革时期的政府职能转变。这次国务院机构改革重点围绕转变职能和理顺职责关系，稳步推进大部门制改革，实行铁路政企分开，整合加强卫生和计划生育、食品药品、新闻出版和广播电影电视、海洋、能源管理机构。

（7）2018 年机构改革时期的政府职能转变。2017 年，党的十九大报告指出，要转变政府职能，深化简政放权，创新监管方式，增强政府公信力和执行力，建设人民满意的服务型政府。在《中共中央关于深化党和国家机构改革的决定》中，又明确指出要加强和完善政府经济调节、市场监管、社会管理、公共服务、生态环境保护职能，调整优化政府机构职能，全面提高政府效能。

四、政府行政管理的方式

政府利用一定的行政管理方式行使政府职能，具体而言，政府的行政管理方式包括如下几种。

（1）法律手段。法律手段是指政府部门在行政管理领域内，依照法定职权和程序，把国家法律、法规实施到具体的公共管理活动中，以实现有效而合理的管理。法律手段所依据的法律法规既包括国家立法机关制定的宪法、法律，也包括国家行政机关在职权范围内制定颁布的各种行政法规、自主性法规。

（2）行政手段。行政手段是指政府部门凭借行政权力，依靠从上而下制定、颁布，运用政策、指令、计划的方法，来实现国家对公共事务的领导、组织和管理的目的。行政手段对于维护公共部门的权威、保证国家的集中统一领导、建立稳定的社会公共秩序、实现公共管理的预期目标都是十分必要的。与法律手段比，行政手段具有简便、灵活的特点，能迅速有效地处理各种新情况、新问题，具有一定的弹性。

（3）经济手段。经济手段是指政府部门依据客观经济规律，运用价格、信贷、利率、税收、工资等经济杠杆和方式，通过调整经济利益关系而实施管理的方法。经济手段的特点是间接性、多样性。

（4）思想教育手段。思想教育手段是指依靠宣传、说服、沟通、精神激励等，激励人们的积极性，使被管理对象自觉自愿地去从事政府部门所鼓励的工作或活动，以实现公共管理目标的方法。其方法有启发教育、说服劝告、建议协商、树立典范、舆论抑扬等。2017 年 8 月 1 日，支付宝宣布启动全球首个“无现金城市周”活动，当时预计有超过 1 000 万线下商家参与，阿里巴巴计划在 5 年内推动中国进入无现金社会，同时覆盖 100 个国家。数日后，中国人民银行以“干扰人民币流通”为理由约谈该公司，要求其活动去掉“无现金”字眼，并公开告知参与商户不得拒收人民币现金，尊重消费者支付手段的选择权。

（5）市场化手段。市场化手段是指政府部门利用市场这一资源配置手段来达到提供公共物品和公共服务的目的的管理方式。民营化、用者付费、合同外包、特许经营、凭单制、产权交易、内部市场等，都是市场化的管理手段。

第 2 节　政府对市场的管制

一、市场失灵

经济学研究的核心问题是如何有效率地配置资源，以便能够用有限的资源最大限度地满足人类社会不断增长的物质与精神需求。根据西方古典经济学理论，充分竞争的市场机制是一只“看不见的手”，可以自发引导社会资源配置达到最优状态。市场机制充分发挥作用的五个基本假设是：全部生产要素为私人所有；所有的交易均在市场中进行；每一个市场都有众多的购买者和销售者，无人能单独操纵价格；买卖双方均掌握有关交易的充分信息；市场要素可以不受阻碍地自由流动。在此基础上，市场价格可以充分反映社会边际效益和社会边际成本的变动情况，自发调节市场供求关系使之趋于均衡，实现社会资源的合理配置。然而，完全竞争的市场机制只存在于理论假设之中。

现实生活中，上述五个假设条件不可能同时存在，由此导致市场失灵。市场失灵主要表现在如下几个方面。

（1）垄断导致价格信号扭曲。垄断是建立在市场进入壁垒基础上限制竞争的一种力量。垄断可以分为三种类型：一是由于自然或技术因素形成的自然垄断；二是由少数厂商的合谋行为导致的行为垄断；三是由政府限制竞争的法令和政策导致的法定垄断。垄断使少数经营者控制产品数量，形成垄断价格，扭曲价格信号。一方面使垄断者通过价格转移侵占了消费者的利益，导致分配不公平；另一方面，导致资源配置无效率，包括潜在客户因为高价格而放弃购买产品或服务产生的资源浪费。此外，垄断者因缺乏竞争，丧失提高效率以降低成本的动力，也会造成资源的浪费。

（2）外部性导致市场价格无法体现产品/服务的真实成本。外部性是指收益或成本外溢的现象，即一方因他方的行为而产生收益或支付成本，但实际上并没有为收益付出成本或因付出成本而获得收益。外部性有正、负之分。正外部性是指产品/服务的提供者自己受益也使其他人受益，但受益者无须支付报酬。例如，蜜蜂为果树授粉，养蜂人与果树所有人同时受益，但后者无须支付前者报酬。负外部性是指产品/服务提供者受益是以他人受损为代价的，但受益人无须支付成本。负外部性种类很多，如企业不治理污染，把成本转嫁给附近社区。

（3）公共产品供给不足。公共产品是由社会成员共同受益或非排他性消费、具有正外部性效应的产品和服务，如公共图书馆、公共运动场馆等。由于公共产品的消费无法排除不付费者（搭便车），私人生产成本大于社会生产成本，既不能由市场自发形成充分的供给，也无法强迫消费者为公共产品付费。因此，市场无法通过供需双方的力量形成均衡价格，即市场机制不可能决定公共产品的有效需求和供给。

（4）市场分配结果不公平。古典经济学理论将效率作为衡量社会资源配置是否达到最优的唯一标准，这种标准存在明显缺陷。由于不同的生产要素具有不同的市场价格，人们占有生产要素的类型和数量也各不相同，导致人们获取财富的机会并不均等。尽管人们同样努力工作，但市场机制作用的结果会造成收入分配不公平和贫富两极分化，最终可能会使社会冲突和动荡，产生严重的社会后果。

（5）宏观经济周期性波动。衡量社会资源配置效率，不仅要考虑微观层次企业配置资源的效率，还要考虑充分就业、物价平衡稳定、外汇收支平衡和经济适度增长等宏观经济目标是否实现。然而，信息不对称、市场不充分竞争形成的价格信号失真以及价格调节的滞后性，会导致市场机制不能自动调节社会产品与服务的供求达到理想的均衡状态，经济发展呈现明显的由扩张到紧缩的不断循环运动，高失业率、高通货膨胀率交替出现，生产能力时而不足，时而大量闲置，经济发展不稳定。

这些问题说明市场机制存在着潜在的缺陷，需要政府对市场进行必要的管制。

二、政府管制的原因

西方主流经济理论一直认为完全竞争的市场机制可以有效地配置资源，政府应当奉行“自由放任”的经济政策，其经济职能仅限于保护私有财产权，不应干预市场经济活动。20 世纪 30 年代世界范围内的经济大萧条，暴露了市场经济的缺陷，促使人们对传统的经济理论和经济政策进行认真反思。之后，政府应当积极主动干预经济活动以弥补市场机制缺陷的观点逐渐被理论界、政治家和企业界广泛接受，并成为各国政府制定公共政策的指导思想。

政府对市场进行管制既包括经济原因，也包括社会和政治原因。

(1) 政府对市场管制的经济原因。

第一，矫正外部性。政府通过对私人边际效益或成本的调整，使其与社会边际效益或成本一致，即通过矫正性的税收措施使负的外部效应内在化，如向产生污染的企业征收污染税以增加其生产成本。政府还可以通过矫正性财政补贴措施使正的外部效应内在化，如对公共交通、基础教育进行财政补贴以降低其费用，使正的外部效应内在化，减少、消除外部性导致的资源配置扭曲现象。

第二，维持有效竞争。自然垄断行业，如公用事业因存在规模经济，过度竞争会浪费资源，导致无效率。自然资源具有不可再生的性质，必须由政府统一规划开采。为此，政府有必要授权少数企业特许经营，并规定其服务标准、产量限额、收费标准和利润水平，同时加强政府、社会和舆论监督。为防止过度垄断和过度竞争产生的无效率，国家通过制定法律政策，对特定行业进行反垄断、政府定价和市场准入的管制，通过强制性信息披露制度，保证信息的公开性、及时性与真实性，弥补信息不对称导致的不公平竞争缺陷，促进非竞争性市场有效配置社会资源。

（2）政府对市场管制的社会和政治原因。

第一，保证社会期望的产品与服务。政府管制可以确保企业生产安全产品。比如，农业部设置标准检查食品生产过程；交通运输部要求机动车配备安全带和安全气囊。

第二，保证社会期望的生产方法。有些政府管制禁止企业以有害的方式生产产品，比如，让工人在危险的环境中生产或生产过程中带来污染。政府管制也用于保护工作场所中的人权。

第三，对特殊行业管制。国家发展后，政府有更大的责任解决个人或组织不能解决的问题。比如，对铁路、银行和自然资源进行管制。

第四，保护特殊利益群体的利益。有些政府管制保护特殊利益群体，这些利益群体能够迫使政府制定某些有利于他们的法律和规定。

三、政府管制的方式

政府管制的方式主要包括如下几种。

（1）宏观调控。宏观调控是指通过财政金融政策、收入分配政策和产业区域政策等对国民经济宏观运行状态进行计划性或预期性的调节或控制，其目的是保证经济稳定增长、收入公平分配以及产业结构协调均衡。宏观调控运用的主要经济杠杆包括价格、税收、信贷、财政、汇率、工资等。产业区域政策是为了协调产业之间、区域之间的经济发展不平衡现象，政府在产业政策之间、区域之间进行资源倾斜配置，对一些特定产业（高新技术产业、战略性新兴产业等）、特定区域（开发西部、振兴东北、连片贫困地区脱贫）和小微企业进行重点扶植，包括减免税收、优惠贷款、扶持贷款、损耗补贴以及其他倾斜性优惠政策等。

（2）经济性管制。经济性管制是指政府在自然垄断和存在信息不对称的领域采取各种强制性制约措施，主要是为了防止发生资源配置低效率和确保使用者公平利用。经济性管制的方式主要包括许可、认可等。经济性管制的主要内容如下：一是价格管制。政府制定特定产业或特定业务领域内在一定时期内的最高限价或最低限价。二是进入和退出市场管制。为了维持产业的规模经济性，政府限制新企业进入某些特殊行业。同时，为了保证供给，还会限制企业任意退出产业。三是投资管制。政府既要鼓励企业投资，以满足不断增长的产品或服务需求，又要防止企业间过度竞争，重复投资。四是反垄断管制。反垄断管制主要是针对竞争性领域中具有市场垄断力量的垄断企业及其垄断行为进行的管制。在中国，由于滥用政府权力而造成的行政性垄断也是反垄断的对象。其主要目标是保护社会公平竞争，维护市场竞争机制正常运行。

（3）社会性管制。社会性管制是指政府以保障消费者安全、员工的工作条件、保护环境为目的，对产品和服务的质量和伴随提供它们而产生的各种活动制定一定标准，并禁止、限制特定行为的管制。与经济性管制相比，社会性管制是一种新的政府管制方式，其目的是协调社会发展与环境以及不同利益群体之间的利益冲突。

四、政府管制失灵

政府管制失灵是指政府为解决市场失灵而在对经济进行干预的过程中，因政府行为自身的缺陷致使干预经济的手段失灵，无法有效率配置社会资源的状态。政府管制失灵主要表现在如下方面。

（1）公共选择失灵。公共选择失灵是指公民通过民主投票方式决定国家机关领导人和国家重大决策，由于选民代表并不一定能充分代表和表达民意，从而产生选举失灵。此外，集体行动中的“搭便车”、投票交易和特殊利益集团广泛介入政治程序等行为，都可能导致公共决策成为政客和特殊利益集团之间交换的筹码，导致国家分配的公共资源无效率或产生严重浪费。

（2）政府体系失灵。政府体系失灵包括如下三方面的原因：

第一，政府体系的内部性。内部性是指政府机关内部公职人员，运用公共权力追求部门利益和个人利益，使公共政策的制定与实施偏离了公共利益目标的情形。例如，政府公职人员作为理性的“经济人”，最关注的可能是职务升迁、管理权力扩张、办公经费数量增加、薪酬和津贴等个人收入持续增长等个人利益目标，而非社会上大多数人关注的福利目标。由于公职人员有可能将部门权力最大化作为追求目标，部门权力最大化必然导致政府预算规模最大化。公共政策制定、实施的具体操作过程被国家机关内部人员控制，背离公共利益属性的内部性是政府体系失灵的主要原因。

第二，政府的低效率。首先，政府作为公共产品的提供者具有法定垄断地位，不存在同种公共产品的竞争，因此，政府所提供的公共产品的质量与数量难以用经济指标客观衡量。同时，垄断地位导致政府信息不公开、不透明，社会公众难以对政府的工作效率实施有效监督和控制。其次，公共产品不以市场价格计价销售，政府公职人员也不以利润最大化为工作目标，因此政府官员对公众的评价不敏感，也没有降低成本的压力，导致政府的公共服务往往伴随着官僚作风和较高的成本。最后，政府机构内部的规章制度严格而又死板，缺乏有效的激励机制，在公职人员内部有可能形成逃避风险、不求有功但求无过的心态，使公职人员失去追求效率的内在动力。

第三，官员腐败。由于政府公职人员具体掌握和行使国家的公共权力，有可能以个人利益而非公共利益为追求目标，在公共权力缺乏有效约束和监督的情况下，出现以权谋私的腐败行为。政府官员的腐败行为包括设租、抽租。设租是指政府官员运用公共权力以增加寻租者利益为诱饵，明示或暗示寻租者向其支付回报作为获取租金的条件。例如，承诺给予寻租者特许经营权、对特定行业进行管制或限制其他经营者市场准入等。抽租是指政府官员运用公共权力以减少或取消寻租者利益为威胁，迫使寻租者向其支付回报作为保护现有租金的条件。例如，声称要取消行业管制或特许经营、颁布最低质量标准、强制信息披露、征收资源税或特许费等，以增加寻租者的成本或降低其价格。无论是设租还是抽租，都是政府官员利用公共权力为自己谋取私利的行为，是腐败产生的主要根源。

第3节 企业与政府关系中的伦理问题

一、企业与政府的关系

在市场经济中，企业与政府之间有三重关系。

（1）政府与企业之间的行政管理关系。行政管理关系是基于政府行使公共权力而产生的关系，这是政府与任何企业之间都具有的关系，具有普遍性。宏观经济层面，政府通过转移支付、政府补贴、政府贷款、政府信用担保、税基与税率调整等财政政策与货币政策、产业政策，引导与协调经济发展方向与速度。微观经济层面，企业设立、重大变更与解散需要进行工商注册登记；从事特种行业经营活动需要获得行政许可；经营活动中需要依法纳税，接受物价、卫生、质量、防火、安全、环保等方面的监督检查。

（2）政府与企业的市场关系。政府的行政管理活动需要消耗资源，其中的货物（办公用品等）、工程和服务可以通过政府采购方式从市场购买，因此政府与企业之间基于政府采购合同形成市场关系。一方面，政府采购因批量大、合同金额高，能够为企业带来巨大的商业机会。在许多行业，政府是企业最重要的大客户，争取政府订单是企业战略与营销的核心任务。另一方面，政府采购资金来自国家财政预算和政府借款，采购资金的使用与管理有严格的法律约束，必须遵照《政府采购法》对供应商的资格进行审查，集中采购应当公开招投标，保证政府采购透明化以便社会监督。此外，政府采购还可以运用政府的合同权利调控经济，实现国家特定的产业政策目标。

（3）政府与企业的股权关系。政府承担提供公共产品的职责。政府可以通过市场购买方式向私人企业、社会组织购买公共产品与公共服务，也可以通过设立国有企业的方式直接生产公共产品或提供公共服务。此外，国家还可以在关系国计民生的重要产业中（如道路交通、能源电力、航空和金融等基础设施以及邮政通信、供水供电等）设立国有企业，以直接掌控国民经济命脉，调控宏观经济发展。在国有企业与国有控股企业中，政府是股东，与企业之间存在股权关系。由于国有企业承担着部分政府延伸职能，具有某种特殊的市场地位，如垄断经营特定业务或享受国家特殊优惠政策等，在与非国有企业的竞争中具有明显的体制优势。

二、政府对企业的重要性

在市场经济中，对企业来说，与政府保持良好的关系非常重要，原因在于：

（1）获得稀缺资源。政府手中掌握着资金、矿产等稀缺资源的配置权。对于急需获得这些资源的企业而言，与政府保持良好的关系，可以获得许多便利。

（2）获得政策支持。政府是各项政策的制定者和执行者。企业与政府保持良好的关系，有利于向政府反映自身的诉求，获得政府的支持。

（3）获得行政许可。作为行政管理部门，政府可以通过各种行政手段如行政许可等对特殊行业进行管制。与政府保持良好的关系，便于企业获得相关的行政许可。

（4）获得政府合同（采购、工程等）。在市场经济条件下，政府需要提供大量公共产品，手中握有政府采购的权力。与政府保持良好的关系，可以使企业更有机会获得政府的采购、工程合同。

三、企业与政府关系中的伦理问题

由于政府及政府官员手中握有管制企业的权力，企业有可能采用一些不正当的手段获取政府支持，某些政府官员也会运用手中的权力对企业寻租，从而产生伦理问题。企业与政府关系中的伦理问题包括如下几个方面。

（1）寻租。寻租是指个别企业不是运用扩大生产、降低成本等市场手段增加利润，而是花费相当的人力和财力争取政府的扶持、优惠和授予某种特权等，期望通过政府力量阻碍生产要素在不同行业之间自由流动，以维护其垄断地位和垄断利润。由于立法者与政府管制机构也是追求自身利益最大化的理性人，因此特殊利益集团能够俘获立法者与政府管制机构，使管制政策成为特殊利益集团谋取垄断的工具。

具体而言，寻租包括如下两种行为：

第一，推动法律规则调整，使自身的利益诉求上升为法律上的权利。这类寻租行为的领域通常是法律与行政法规的立法过程。企业通过寻求有权起草、修改和表决法律议案的民意代表、政府官员以及相关人员和机构，在相关的法律、法规条款中扩大自身权利，减少对自身义务的限制或减免责任。

第二，谋求形成、维护或打破市场的法定垄断，获取或消除垄断性收益。市场经济中最常见的谋求法定垄断的寻租行为有以下几种类型：一是在实行政府管制的垄断性行业，如自来水、燃气、电力等，由于缺乏竞争，产品或服务的成本价格构成不透明，垄断企业为谋求垄断利润，通过寻租使提价等行为常规化、合理化，导致消费者利益受损。二是在实行政府特许经营的垄断性行业，通过寻租获取和保护特许经营权，限制其他经营者进入该行业，以获取长期垄断利润，剥夺其他企业进入该市场的机会。如某些城市长期控制出租车数量，事实上维持了现有出租车公司的垄断地位。三是在国际贸易中，通过寻租让政府实施关税壁垒、非关税壁垒、进出口补贴等贸易保护政策来阻碍生产要素流动，获取垄断利润。四是在政府采购活动中，通过寻租谋求供应商的地位，获取垄断利润，造成不公平的竞争。

（2）绑架政府。企业作为一种利益集团，可能会持续不断地进行利益导向明确的活动，以引发国家机关、社会大众与大众传媒对其利益偏好的关注，并期望形成足够的社会压力使国家机关或利益相关者对其利益偏好做出积极的反应。比如，在企业产品标准或行业产品标准制定或修改问题上，同行业的企业之间、不同行业的企业之间以及企业与消费者之间基于利益诉求的差异而产生的利益博弈尤为突出。2011 年以来，我国的高压锅安全标准、速冻食品卫生标准、生乳收购标准等国家标准修订后“标准倒退”，就是企业通过行业协会绑架政府的结果，引起社会广泛关注。

（3）贿赂政府官员。贿赂是一种针对政府官员的可疑或是不公正的支付行为，是为了影响政府官员做出本来他们可能不做的决定，或者让政府官员采取一些本来他们可能不采取的行动，为企业谋求非法利益。

（4）官商勾结。官商勾结是指政府或个别官员徇私渎职，在制定或推行政策时，向个别企业集团输送利益，利用公权帮助某些商人或企业，而这些企业也可能通过种种方式回报这些官员的现象。官员勾结体现出政府或政府官员向资本或企业主倾斜，为了资本利益，不惜牺牲公众利益。

第 4 节　如何处理与政府的关系

一、企业处理与政府关系的误区

企业在处理与政府的关系时，存在以下认识误区：

（1）将政府官员与政府混为一谈。事实上，下面是大多数企业与政府关系的现状：将处理政商关系视为简单的“拉关系、跑路子”，认为处理政府关系就是跟政府主管部门的人搞好关系，别得罪对方，最好能让对方对自己有好感，从而使政府关系的职能表面化、形式化，使宝贵的政府资源被浪费。

（2）对政府缺乏敬意。有些企业把政府看作为企业服务的机构，骄傲地认为只要有大笔投资和先进技术，只要有重大贡献，政府就应该为其提供所有支持和帮助。

(3) 忽略政府组织程序。有些企业认为，主要官员可以一人说了算，只要保住同政府主要官员的关系，一切事情就都好办了。

二、处理与政府关系的基本原则

企业与政府的关系中存在的伦理问题危害极大。严重的伦理问题一旦暴露，不仅牵涉政府及政府官员，企业及企业领导者也难以幸免。企业在处理与政府的关系时，应该遵守一些基本原则，避免出现伦理问题，以有利于企业的健康成长。

(1) 不违法、不逾规。无数的事实证明，企业违法、逾规的代价太大。违法或者“傍上”一位政府官员，企业或许可以得到一时的好处，但也有可能转瞬间灰飞烟灭，身败名裂。因此，企业家要有“底线意识”，即判断自己的行为是否超出了社会容忍度。企业家的底线高于社会底线，有利于企业的长久生存和发展。企业家要勇于放弃眼前需要通过权力寻租获得的短期利益，转变为重视追求长期利益，通过积累的方式赢得企业和个人的最大收益。

(2) 动机要良善，手段要合法。企业处理与政府的关系时，需要智慧和胆量，更需要诚意和信誉。政府追求的是社会总福利的最大化，企业则追求自身利益的最大化，但两者并不是水火不相容的，因为它们之间也存在利益重叠的部分。企业应该关注这些重叠的部分，应该以良好动机作为出发点，并采取相应的公关策略，同政府构建良好的战略合作关系，在将自身与政府目标相契合的前提下实现自身经济利益的最大化。

(3) 要发展核心竞争力。企业只要练好内功，把事情做好了，肯定会得到政府的支持。企业要明白，政府是愿意看到企业发展的，只有企业发展了，才能带动产业和经济发展。做企业要专注发展核心竞争力，成为业绩好的企业，这样的企业才可以获得更大的自由，回避不健康的政商关系。

(4) 建立合适的沟通渠道。企业可以设立政府事务办公室或者利用代表企业利益的组织如协会、商会等，同政府建立合适的沟通渠道。企业应当明白，政府需要企业提出富有建设性和创造性的建议和解决方案供其决策选择。企业还应当明白，只有合法、规范地运营并做好企业公民，才有可能得到政府的全力支持，从而获得战略性竞争优势。沟通有多种渠道。与政府的沟通可以通过正式渠道如会见、会谈、书面报告、参观访问等。当企业的政府关系雇员同政府部门的相关官员已相互熟悉并建立起信任关系时，或当前者可以通过第三方与后者进行沟通或协调关系时，便可以采用非正式沟通渠道，如电话、电子邮件等。当沟通渠道尚未建立或打通时，企业的品牌、市场地位和口碑对能否建立有效的沟通渠道意义重大。对于从事政府关系的商务人员来说，其所代表的雇主品牌对其工作的有效性是有直接影响的。

（5）识别政府的政绩需求。企业与政府可以形成合力，推动社会发展，而这种合力也很受政府及政府官员的欢迎。参与公益是企业与政府建立良好关系的重要手段。在我国，很多企业都通过捐建希望小学、赞助体育盛会、开展社区志愿者服务、参与救灾捐赠、成立公益性基金等慈善活动，以获得政府的好感、信任与支持。除传统慈善捐款外，企业还可采用“战略公益”模式获得政府的支持。“战略公益”不是单纯的慈善捐款或公益赞助活动，而是鼓励企业全面审查生产、营销、人力资源、研发、财务等管理层面以及供应链全部环节，一方面积极去除可能外溢的社会成本，如治理问题、环境污染等；另一方面主动在供应链管理及发展战略上采取倡导社会价值、促进正面发展的行动，如更透明的公司治理、公益营销、振兴社区发展等。

（6）以法人关系替代个人关系。党的十八大后，中央反腐工作不断突破禁区和惯例，打击腐败的力度前所未有，对涉及贪腐的官员与涉案企业经营者进行伤筋动骨式的打击。2016 年 3 月，习近平首次提出要建立新型政商关系，概括起来就是要“亲”“清”，即政府官员与企业的关系既要亲近又要清白。这代表着政商关系未来的发展方向是制度化与规范化，个人因素将会逐渐减弱。因此，企业要利用法人身份与政府交往，与政府构建主动的、合法的、阳光的新型政商关系。此外，要利用行业协会的力量，形成行业影响力，与政府公开沟通。

三、处理与政府关系的程序

企业在处理与政府的关系时，应该遵守如下程序：

（1）画出清晰、准确的政府关系路径图。企业要了解有哪些部门和人员与自己公司的业务相关。在此基础上，确定哪些部门和人员是决策者，哪些是执行者；哪些是关键决策者，哪些是非关键决策者；继而确定每一位关键决策者的态度和主张，以及决策程序。画出路径图的好处和功用在于能让企业看清楚自己的竞争地位和处境，明确面对的问题和阻碍，有针对性地进行政府沟通活动，免除无用功或适得其反的努力。

（2）建立一支政府关系团队，并以组织形式确定下来。可行的办法是同主管政府部门成立某种关系促进委员会，由双方的最高层参与并主持该委员会，由双方的中层人员组成工作小组，负责执行和协调委员会的决议和常规工作。这样做的好处是，只要委员会不解散，政府关系团队的结构就永远存在，所谓“铁打的营盘，流水的兵”，不怕主管部门人事更迭。

（3）与政府建立伙伴关系，实现互利双赢。企业的领导者要了解政府的经济和行业发展目标，使公司的发展成为行业发展的一部分。企业的政府关系管理者应当了解政府关系团队中核心官员的职业发展目标和方向，使团队的工作尽可能有助于核心成员职业发展目标的实现。企业项目的成功不仅是企业领导者的业绩，也是政府官员的政绩。了解了这一点，就不难与政府建立起互利双赢的伙伴关系。

思考题

1. 政府是否应该对企业进行管制？请用具体事例说明。
2. 除了管制，政府还可以为企业提供哪些支持？请用具体事例说明。
3. 企业与政府的关系重要吗？为什么？
4. 企业处理与政府的关系时，应该避免哪些误区？
5. 企业处理与政府的关系时，应该遵循哪些原则？

案例 1

鲁冠球的政商之道

2017 年 10 月 25 日，中国改革开放后的第一代民营企业家鲁冠球去世，享年 72 岁。

1969 年，鲁冠球带领 6 位农民集资 4 000 元创办了萧山宁围公社农机修理厂，当时的厂房面积仅有 84 平方米。到 2017 年，在鲁冠球的带领下，农机修理厂发展成控股四家上市企业，在美、英、德等国拥有 22 家子公司，海外员工超万人，年营业收入超过千亿元的万向集团。鲁冠球在 48 年的创业史里创造了许多辉煌：最早在乡镇企业进行产权制度改革，把一个小作坊发展为中国首家上市的乡镇企业、国内第一个为美国通用汽车公司提供零部件的原始设备生产商（OEM）；开创乡镇企业收购海外上市公司的先河；登上《时代周刊》封面等。他也因此被冠以“企业家中的不倒翁”、浙商群体中的“教父级”人物、民营企业家中的“常青树”等称号。

在公司成长的过程中，鲁冠球总是能顺应政府的政策导向，顺利实现转型。鲁冠球处理与政府关系的原则可以概括为如下几点。

1. “捆住双手，获得自由”

现代企业制度要求赋予企业经营自主权，但在改革开放早期，现代企业制度远未建立起来，企业都是集体或国有性质的，企业家要得到经营自主权势必遭遇与体制的碰撞。鲁冠球在与体制的碰撞环节做得极其明智，坚持守住“捆住双手，获得自由”的原则，将个人财富目标与群体发展目标结合起来。这可以从万向的三次制度变革中看出来。1983 年，鲁冠球以自家自留地里的苗木为抵押，承包了农机修理厂。所有资产的 50%归企业所有，50%归乡政府所有，乡政府不参加企业利润分配，企业以销售额的 20%作为管理费上缴给乡政府，并作为销售费用计入成本。这样，既避免了承包企业可能引发的体制变动，又实现了对企业的控制。1984 年，鲁冠球以企业名义打报告，要求实行股份制。没被批准，他就土法上马，搞内部职工入股，在保证员工积极性的同时再次避免了陷入政策灰色地带。1992 年，新一轮改革大潮涌动，鲁冠球把总厂制结构变为集团式结构，通过资产清晰的方式剪断了企业同当地镇政府模糊不清的产权关系。万向从此轻装上阵。“捆住双手，获得自由”，是那个时代成功的企业家主动适应、改善外部环境的重要手段。这个素质，同时期的成功企业家同样具备。

2. 做“思维上的红顶商人”

鲁冠球有一个坚持了数十年的习惯，就是看党报、看新闻联播。每天，万向集团办公室都要给鲁冠球准备3万多字的阅读材料。从今天来看这或许老派，但鲁冠球保持这个习惯的目的不是要接近权力，而是接近政治，保持对政策乃至政策表述的高敏感度。正如他自己所说：“企业要远离政治权力，但不能没有政治觉悟。”这一说法确实是他的亲身体会——鲁冠球和万向之所以选定汽车零配件为主业，就来源于《人民日报》的一篇报道。实际上，无论是处在哪种市场形态下的企业家，都会承认，政治引领市场、引领企业，是企业生长的现实土壤。对企业家来说，依据现实制定、调整企业发展策略，比思想争论更重要。与热衷于当“红顶商人”的企业经营者相比，鲁冠球更像是“思维上的红顶商人”。他志在将企业经营策略与政治走向相匹配。这就保证了企业面对宏观政策转向时能够理性决策，面对权力的诱惑、干扰时能够守住边界，建立起相对清晰的政商关系。鲁冠球的这个素质，在倡导建立“亲”“清”新型政商关系的今天，对新一代企业家也不无启示。

3. 与政治保持若即若离的关系

鲁冠球还是一个政治参与热情高昂的企业家，也是中国政治色彩最浓重的企业家之一。这位学历仅为初中毕业的农民企业家先后发表过120多篇学术论文。早在1987年，他就提出在乡镇企业内部建立“企业利益共同体”的机制；1988年又提出“两袋投入论”，既重视对职工口袋的投入，又不放松对职工脑袋的投入；1989年，他提出通过兼并调整资产存量，使乡镇企业走上高效、规模经营之路；1991年，在搞好国有企业成为新一轮改革主方向的时候，他又提出“老虎出山好，猴子照样跳”，为乡镇企业打气；1992年，他提出“花钱买不管”，要求通过资产清晰的方式剪断乡镇企业与当地乡镇政府模糊不清的产权关系；1993年，他提出“对按劳分配的再认识”和在企业内部实行多种饭碗并存的用工制度改革；1994年，他提出加快东西部企业的优势嫁接；之后数年，他对乡镇企业的公司化改造、《乡镇企业法》的修正等，都提出过许多富有建设性的观点和意见。鲁冠球深谙一个道理：一位大企业家应该善于保护自己的政治羽毛，在政治话语上拒绝进行任何冒险。鲁冠球与政治始终保持着一种若即若离的关系，他的社会观察始终是以乡镇企业为圆心、以中国改革的现实阶段为半径、以自身的企业实践为基础展开的，而他提出的诸多观点基本上与他经营的企业利益无关。其观点在不同的改革阶段发挥了不同的现实效应，鲁冠球也因此成为各方乐于接受的企业家代表人物，他几乎获得过所有跟企业家有关的荣誉，并出任过中国企业家协会副会长和中国乡镇企业家协会会长。

激荡岁月里，以鲁冠球为代表的第一代、第二代企业家之所以能够成为常青树，源于他们具有的共性：能够将个人财富目标与群体发展目标结合起来；能够将政策调整与企业战略结合起来；有鲜明的实干家气质及与时代同方向发展的使命感。这些特质，让他们能够规避政策风险，成为推动中国企业、中国经济变革的实践者。

从鲁冠球身上，可以寻找到老一代企业家之所以成功的内在密码，寻找到中国企业家在改革开放四十年中积累起来的经验。对于新转型时代的中国企业和中国企业家来说，激荡岁月还没有过去，鲁冠球等先行者的人生故事和价值尺度，也远没有过时。

资料来源：追忆鲁冠球：寻找改革开放第一代企业家成功内在密码．新京报，2017-10-26；吴晓波．大败局．杭州：浙江大学出版社，2013.

问题

1. 鲁冠球是如何处理与政府的关系的？
2. 本案例对你有何启示？

案例 2

追求阳光下利润的万科

1978 年，27 岁的王石只是广州铁路局的一名技术员。年轻的王石做梦也没有想到，5 年后他会来到深圳下海经商。正是在这片神奇的土地上，王石引领万科从一家小小的贸易公司，脱胎为中国房地产行业的领先者。

万科的前身是 1984 年成立的深圳现代科教仪器展销中心，隶属于深圳特区发展公司（以下称深特发）。深特发是一家特别的企业，其前身是深圳经济特区管理委员会（以下称管委会）。在深圳初期的引资中，许多项目都是由管委会负责谈判并签合同具体实施的。因此，这家公司还行使特区政府职能。1988 年，展销中心更名为深圳现代企业有限公司，全力以赴进行股份制筹备的推进工作。1988 年 11 月 21 日，深圳市政府批准了公司的股改方案，公司更名为深圳万科企业股份有限公司。

1988 年 9 月，党的十三届三中全会把“加快出售公房、逐步实现住房私有化”作为治理经济环境、整顿经济秩序、全面深化改革的主要内容之一。11 月，万科参加了深圳的土地拍卖。以 2 000 万元的高价，拿到了进入房地产的敲门砖。

1989 年，万科地产有限公司成立。当时，中国处于计划经济向社会主义市场经济的转型过程中，原来的行政管制松动了，新的产权和法制又尚未建立，在亦此亦彼、非此非彼之间，机会巨大，诱惑甚多。万科从事的房地产行业，更是一个极度缺乏约束规则、野蛮生长的行业。行业中存在许多潜规则，其中之一就是向政府官员的贿赂问题。

但万科一直坚持不行贿、不受贿的原则，追求阳光下的利润。由于不贿赂，万科拿到的土地大部分在城乡接合部，是其他开发商不要的，而万科在市区繁华地带屈指可数的几块土地，也都是几经转手后以高价购得的。在开发威登别墅、天景花园、荔景大厦等项目时，万科坚持“高来高走”的原则，即建高档房、定高售价，精心策划、精心设计、精心施工、精心经营。通过精细化管理、严控房屋质量、住宅产业化、优质服务、宜居理念等方面的探索，万科地产确立了自己高档化的品牌特点，得到了社会各界的认可，逐渐成为中国房地产行业的领先者。

正是由于坚持不贿赂的原则，在因土地批租而暴露的众多腐败案中，万科作为中国最大的房地产开发商，从未牵涉任何丑闻。这与万科坚持规范运作，拒绝通过台下交易获得土地有很大关系。万科的固执使它失去了许多机会，很多人为万科遗憾，但万科人并不这么认为，在他们看来，遵守规则的人最轻松，用王石的话来说：“规范做事，睡得着觉。”规范自身，才能让企业产生更高的效率，让企业摆脱对环境的依赖，获得一个健康的成长环境。

资料来源：王石，等．道路与梦想：我与万科（1983—1999）．北京：中信出版社，2014；王石．大道当然：我与万科（2000—2013）．北京：中信出版社，2014．

问题

1. 你如何评价万科坚持不行贿的原则？
2. 如果万科行贿，可能带来何种后果？
3. 本案例对你有何启示？

案例 3

万达缘何海外撤资

王健林的名字第一次出现在《胡润富豪榜》的前十名榜单上是 2009 年，排名第 9，资产 290 亿元。2013 年，王健林跃居首富，2015 年、2016 年蝉联首富，资产达到2 150 亿元。

万达的模式是大商业地产，业界称为城市综合体。王健林常年坐飞机奔赴各地，说服正在为城市扩容雄心勃勃的市长们拿出一块地，营建面积在 40 万～200 万平方米的万达广场。万达出售一部分店铺、办公楼及配套的住宅，基本可收回成本，然后将自持物业抵押给银行，继续滚向下一个目标。万达模式被视为中国式城市化运动的最佳标本。

2013 年，当李嘉诚抛售内地物业的时候，王健林也开始转型。他的战略有两个：第一，从重资产企业转型为轻资产企业；第二，从国内企业转型为跨国企业。轻资产的方向是电影院线。在数以百计的万达广场中，电影院是标配，王健林以此为支点坚决切入，在国内收购了一批中小院线和票务网站。在国际市场上，他以26亿美元收购美国第二大院线AMC，以9.21亿英镑并购欧洲第一大院线欧典，以35亿美元购入美国传奇影业。2015年，万达院线在深圳证券交易所上市。到2016年年底，万达共拥有401家影院、3 564块银幕，其中国内348家影院、3 127块银幕，总计拥有全球12%的票房市场份额。跨国公司的战略实施中，除了收购美欧院线，王健林将更多的资金投入其他文化领域和不动产。万达以3.2亿英镑收购了英国的一家游艇俱乐部，以6.5亿美元收购美国铁人公司WTC，还入股了马德里竞技足球队。他还宣布以9亿美元建设芝加哥第三高楼，以12亿美元拿下洛杉矶的一块土地，以20亿～30亿英镑在伦敦建设一个城市综合体，与法国欧尚集团联手以30亿欧元在巴黎建设娱乐城。万达金额最大的项目在印度的哈里亚那邦，王健林宣布将投资100亿美元在那里建设一个世界级的产业园区。

万达的高调国际化，在王健林看来是理所当然的事情。在牛津大学的一次演讲中他说："世界那么大，我想去看看。"2015年11月，在哈佛大学的一次演讲中他说："你问海外投资是不是转移资产？确实是转移资产，但关键是看合法还是非法，这才有对错。万达的钱既不是偷的抢的，也不是自己印的，完全是我们自己辛辛苦苦赚出来的，爱往哪儿投就往哪儿投。企业的投资自由或者资本流动自由本身，就是国家法制水平的基本衡量标准。企业如果没有投资自由权，这个社会也就无所谓自由和公平了。"

但是，他的这番话在另外一些人听来却可圈可点。首先，中国国内的经济建设仍然需要大量的资金，而民营企业家的投资热情下降让决策层头痛不已，如果"王健林效应"发酵，那一定不是一件愉快的事情。其次，万达涉嫌"内贷外投"。2017年年初，有媒体统计万达的海外投资额已经达到2 250亿元。与此同时，万达在国内金融体系的贷款额也达到2 000亿元的规模。

万达现象在国内并非孤例，安邦、复星、海航等公司纷纷进行海外投资。在这一波以民营资本为主力的对外投资潮中，也分实体资产和轻资产两部分。以美的为代表的制造业，实施并购的对象是拥有核心技术和制造能力的欧美工厂。另一部分企业则聚焦于房地产和影院、俱乐部等文娱产业，它们的价值标的非常模糊。

2017年6月中旬，银监会紧急电话要求各银行，对海航、安邦、万达、复星和浙江罗森这5家公司的境内境外融资支持情况及可能存在的风险进行摸底排查，重点关注所涉及并购贷款、"内保外贷"等跨境业务风险情况。海航、万达和复星的股价应声而跌。

2017年7月19日，王健林召开新闻发布会，宣布将总值637.5亿元的资产打包出售，其中包括13个文旅项目和77家酒店。万达此次巨额出售，创下了民营企业史上的新纪录。但它显然非深思熟虑之举，也与万达既定的战略目标不符。仅在两个月前，王健林仍公开宣布文化旅游产业是万达未来的核心业务之一。

2017年7月21日，王健林对媒体表态："积极响应国家号召，我们决定把主要投资放在国内。"

资料来源：吴晓波．激荡十年，水大鱼大：中国企业2008—2018. 北京：中信出版社，2017.

问题

1. 你如何评价王健林在哈佛大学的演讲?
2. 你如何评价王健林事后对媒体的表态?
3. 从本案例中你学到了哪些处理与政府关系的经验教训?

第 9 章

经营者人生境界与企业伦理

引导案例

白方礼的支教公司

在企业史上，白方礼大概是最不像企业家的企业家。之所以说他是“企业家”，因为他的确创办了一家公司。之所以说他不像企业家，因为跟所有显赫的企业家相比，他肯定是最穷的一个。他的个人生活几近乞丐，92 岁时他走了，私有财产账单为零。但是，他为社会创造的“财富”却无人可比。这位老人在 74 岁以后的生命中，靠着一脚一脚地蹬三轮车，挣下 35 万元人民币，捐给了天津的多所大学、中学和小学，资助了 300 多名贫困学生。

1913 年，白方礼出生在河北省沧州市沧县一个乡村里，祖辈贫寒，13 岁起就给人打短工，从小没念过书。1944 年，白方礼逃难到天津，流浪几年后当上了三轮车夫。起早贪黑蹬三轮车糊口度日，经常挨打受骂，让人欺负，再加上苛捐杂税，终日食不饱腹。新中国成立后白方礼到天津市河北运输厂工作，依靠自己的勤奋与努力，成为劳动模范。1974 年，白方礼退休，闲不住的他在一家油漆厂干零活。1982 年，老人开始从事个体三轮车客运服务，每日早出晚归、辛苦奔波，攒下一些钱。1986年，白方礼有感于贫困孩子没钱读书，就把每年蹬车所得全数捐给学校。从那以后，原本准备告别三轮车的白方礼，又蹬上了三轮车。1994年开春，他把整整一个寒冬挣来的3 000元辛苦钱交给一所学校。校领导把全校教师和300名贫困生召集到操场上，排成整齐的队形，一起朝他举手敬礼。从学校回到家后，白方礼思量了一夜，做出了一个决定。第二天一早，他就把女儿家的门敲开了："我准备把你妈给我留下的那两间老屋卖了，再贷点款办个公司，赚钱支教。"

没过几天，在紧靠天津火车站的一小块地盘上，出现了一个7平方米的小售货亭，里面摆着一些糕点烟酒等，当头挂着一块牌子——"白方礼支教公司"，白方礼当上了经理。他对受雇的员工宣布："我们挣来的钱姓'教育'，每月结算，月月上交。"

小售货亭让白方礼增加了不少支教的财力，却一点也没有改变他蹬三轮车的生活。他把售货亭交给伙计打理，自己照样天天出车拉活。他说："我蹬一天车能挣回二三十块钱，够十来个苦孩子一天的饭钱。"为了在车站前拉活方便，他索性挨着亭子搭了个3平方米的小铁皮棚子，里面用砖头支起一块木板算是"床"，棚顶上的接缝处露出一道道青天。夏天，棚里的温度高达40摄氏度；冬天，放杯水就可以冻成冰坨子。白方礼就在这里面住了整整5年。

为了能够多攒点钱，十多年来，白方礼从头到脚穿的都是捡来的衣衫鞋帽，一日三餐经常是馒头加凉水。他对记者说："我从来没买过衣服，你看，我身上这些衬衣、外裤，都是平时捡来的。还有鞋，两只不一样。瞧，里面的里子不一样吧！还有袜子，也是捡来的。今儿捡一只，明儿捡一只，多了就可以配套。我从头到脚、从里到外穿的东西没有一件是花钱买的。"有一次，他从果皮箱中捡来一块馍馍当午饭吃，女儿看到了心疼不已，他说："这有嘛苦？这馍是农民兄弟用一滴一滴的汗换来的。人家扔了，我把它拾起来吃了，不少浪费些吗？"

白方礼把支教公司和他蹬三轮车所赚的钱全部捐给了天津的各个学校，从1994年到1998年，他资助了红光中学的200多名藏族学生，月月给他们补助，直到高中毕业。他还向南开大学捐款，总额近3.4万元，200多名南开大学的贫困学生得到了资助。据不完全统计，他的累计捐款超过35万元，其中包括300多名大学生的学费和生活费。还有人计算，如果以每蹬1公里三轮车赚5角钱计算，十多年间，老人奉献的是相当于绕地球赤道18圈的奔波劳累。

白方礼的支教公司开了5年。1999年，天津火车站进行整顿，所有商亭一律拆除，"白方礼支教公司"也不例外。那一次，老人哭了。2001年，88岁的他已经无力再蹬三轮车，于是就在车站给人看车，他把一角、两角的零钱装在一个饭盒里，存够

500 元后又捐了出去。2005 年 9 月 23 日早晨，92 岁的白方礼去世，他的私有财产账单是零。

20 世纪初的美国首富安德鲁·卡内基在遗言中说："死而富有是一种耻辱。"白方礼显然比他做得还要彻底。

白方礼去世后，艺术家为他在天津憩园塑铜像以作纪念，一些大学生专门为他开了一个网站，网站的颜色是最单纯的黑白两色，上面有一行字："总有一种平凡，让我们泪流满面。"

资料来源：吴晓波．激荡三十年：中国企业 1978—2008. 北京：中信出版社，2014.

本案例阐释了经营者境界与企业伦理之间的关系。不同的人有不同的人生目的。人生目的不同，人生境界也会有所不同。不同的经营者，有不同的人生境界，所经营的企业也会有不同的伦理决策方法。本章首先讨论人生目的及人生境界。其次讨论经营者的人生境界，以及经营者人生境界与企业伦理策略之间的关系。最后探讨经营者人生境界的提升，以及企业伦理氛围的营造。

第 1 节　人生之目的

人为什么而活着？这是每个人不得不终生思考的一个重要问题。中西方不同的哲学家给出了不同的答案。

一、西方哲学家对人生目的之思考

从古希腊开始，西方哲学家就开始对人生之目的进行思考。大致可以分为如下几个流派。

（1）成为一个有美德的人。在古希腊时期，苏格拉底（前 469—前 399）、柏拉图、亚里士多德三位哲学家最早开始追问人应该如何生活，应该成为一个什么样的人。在他们看来，一个按照某种道德义务而行动的人，行为未必是道德的，因为这样做未必出于真心，未必是道德品质的体现。人们不应该着眼于遵守规则的问题，应该更多地着眼于做一个有美德的人。当代美国哲学家麦金泰尔复兴了这种观点。

(2) 为了进入天堂。古希腊、古罗马之后，从公元1世纪开始，欧洲进入中世纪，基督教教会势力渗透到社会的方方面面。基督教教义认为，上帝创造了宇宙万物。但人们的始祖亚当和夏亚违逆上帝出于爱的命令，偷吃禁果，因此有罪。人生的目的就是赎罪。人依生前行为，死后接受审判，生前信仰基督者，进入天堂获得永生；不信仰者，进入地狱遭受刑罚。在基督教教义的影响下，人生而有罪的观念主宰着欧洲社会，人类的世俗生活演变为一种赎罪的生活。人们舍弃各种世俗的欲望，过一种清贫的生活，只是为了死后能够进入天堂获得永生。

(3) 世俗利己主义。14世纪中叶，欧洲进入文艺复兴时期，摆脱了基督教的束缚，世俗利己主义盛行。追求自我保全和现世幸福生活，成为人生之目的。霍布斯认为，自我保全的动机是个人肉体生存的保持和促进，意志的其他一切活动都服务于自我保全。判断是非没有别的客观标准可以奉行，只有对于自我保全来说是有利还是有害的。爱尔维修试图建立以人性论为基础的道德学说，认为自爱心是人的本性，利益是决定人的行为的动力和判断人的行为的道德标准。根据这些西方哲学家的看法，自私是人的本性，人应该自爱自利。人生之目标，就在于追求对自己有利的东西。

(4) 追求社会的幸福。边沁、穆勒是这一流派的代表人物。在他们看来，自然把人类置于快乐与痛苦的统治之下，人类求乐避苦是一种本能，人的义务就是做能引起人们快乐的事情，拒绝做使人痛苦的事情。因此，幸福就在于使大多数人的快乐最大化，使快乐总体上超过痛苦，这也是判断一切事物和一切行为好坏的标准。

(5) 成为一个有理性的道德人。康德是这一流派的代表。康德以绝对命令禁止种种感性主义诱惑，提倡理性主义的人生观。在康德看来，人不同于动物，是一种理性存在，值得拥有尊重和尊严。他反对边沁、穆勒的幸福观，主张将人作为目的本身加以尊重，认为人应该成为一个有理性的道德人。

二、中国哲学家对人生目的之思考

在春秋战国的动荡时代，中国涌现出许多思想家，对生命之目的给出了不同的回答。

（1）超世俗的利己主义。超世俗利己主义的代表人物是杨朱（约前450—前370）。杨朱认为，必须“知生之暂来，知死之暂往”而“乐生”，以“存我为贵”。既不能“损一毫利天下”，也不能“悉天下奉一身”。在杨朱看来，人不能为世俗的“寿”“名”“位”“货”所累，要求得“全生”。杨朱从个人本位出发，提倡“贵己”“为我”“轻物重生”，视个人生命高于世俗的名、利、财富、地位等一切，因此，杨朱的利己主义并不是纵欲恣情的享乐派，而是追求“全性保真，不以物累形”的超世俗主义，与西方的利己主义有着本质的区别。

（2）成为君子/圣贤。孔子作为儒家的代表人物，将人分为三类：小人、君子、圣贤。在他看来，人生的目标在于通过不断的修养，从小人变为君子甚至圣贤。所谓君子，就是有仁爱之心的人，是能“先天下之忧而忧，后天下之乐而乐”的有道之士，是能“发愤忘食，乐以忘忧”“安贫乐道，直道而行”的人，是“己欲立而立人，己欲达则达人”“达则兼济天下，穷则独善其身”的人。

（3）成为圣人/真人。老子是道家的代表人物，他认为人生的最高境界是成为圣人。圣人的特征是：清心寡欲、善而不争、功成而不居、化育天下。在他看来，圣人应该虚怀若谷、谦卑处下、淡泊恬静、不慕富贵、知足而乐、无私无欲。

庄子作为道家的另一代表人物，视世俗的一切功名利禄为粪土，追求精神和思想的绝对自由，希望成为不受世俗一切所累的真人。在他看来，只有真人才能获得绝对的自由与幸福，进入“天地与我并生，而万物与我为一”的境界。

（4）成为阿罗汉/菩萨/佛。佛家的创始人是印度的释迦牟尼（约前565—前486），东汉初期传入中国，很快被本土化。佛家从更开阔的视野看待人生。在佛家看来，人生是循环往复的轮回过程，每一生每一世都在不断学习有关世界、宇宙、人生的新经验和智慧。按照对世界、宇宙、人生的感悟程度，人可以成为阿罗汉、菩萨和佛。阿罗汉是小乘的最高果位，舍弃对欲界的一切贪欲与爱恋；菩萨是大乘的果位，根据证悟程度的不同，有十信、十行、十回向、十地等不同果位，菩萨自度而度人，为了众生不惜舍弃生命；佛是佛乘的最高果位，是觉行圆满、智慧圆满者，但为了救度世人脱离苦海，不断乘愿重返尘世。

第2节 人生境界

世界是同一世界，人生是同样的人生，但其对于每个人的意义，可能有所不同。中西方哲学家眼中不同的人生目的，反映了不同的人生境界。冯友兰认为，就大的方面看，人所处的境界可以分为四种：自然境界、功利境界、道德境界、天地/宇宙境界。①

一、自然境界

在这种境界的人，其行为是顺才或顺习的。所谓顺才，就是率性。所谓顺习，就是一个人的个人习惯，也可以说是一个社会的习俗。顺才而行，是指“行乎其所不得不行，止乎其所不得不止”。这种境界的人，对于所做事情的性质并没有清楚的了解。所做事情，对他也没有清楚的意义。从这个方面看，这种人所处的境界处于混沌之中。在这种境界的人，不能说是不识不知，只是不著不察，对宇宙、世界、人生没有了解和觉知。在自然境界中的人，也有为自己之利的行为，但他对于自己及自己的利，并无清楚的觉解，他不自觉地有这种行为。

在自然境界中的人，本来不打算做其才能所不能做的事。他顺才而行，能够做的事情，总是受到才能的限制。

对于自然境界中的人，生没有很清楚的意义，死也没有很清楚的意义，所以这种境界的人不知怕死。

二、功利境界

在这种境界中的人，其行为是“为利”的，是为他自己的利益。大多数动物的行为，也是为自己的利益的，但出于本能的冲动，不是出于心灵的计划。在功利境界中的人，对于自己及自己的利益有清楚的了解。他了解他的行为是怎么一回事。行为虽然不同，最后的目的是为他自己的利益。他追求

① 冯友兰．新原人．北京：三联书店，2007.

自利的行为可能损害别人，也可能对他人有利，且可能有大利益，但并非有意为之。在功利境界中的人，大多以为社会与个人是对立的。在功利境界中的人，其行为以占用为目的，是“取”。在功利境界中，人即使在“给予”的时候，其目的也是“取”。

在功利境界中的人是自私的。见别人的才能比自己的高，则感到愤恨。

在功利境界中的人，生是“我”的存在的继续，死是“我”的存在的断灭。因此，功利境界中的人怕死。这种境界中的人，对付死的办法有三种：一是追求避免死；二是追求眼前的快乐；三是相信灵魂不灭。

利己主义者追求个人的快乐与享受。西方的世俗利己主义、中国的超世俗利己主义属于这种境界。

三、道德境界

在这种境界中的人，其行为是“行义”的。求自己之利益的行为，是行利的行为；求社会之利益的行为，是行义的行为。在这种境界中的人，对于人的本性已有觉解，他了解人的本性是蕴含在社会中的。社会制度、道德及政治规律都是可以制约个人行为的。在道德境界中的人，知道社会与个人并不是对立的，人不但在社会中才能存在，并且必须在社会中才能完全、完善。社会是整体，个人是社会的一部分，社会制度、道德及政治规律并不是压迫个人的，这些都是人之所以为人的道理中应该有的东西。人必须在社会制度、道德及政治规律中才能得到发展，才能成为人。在道德境界中，人的行为以“贡献”为目的，是“给予”。在道德境界中，人即使在“取”的时候，其目的也是“给予”。

在道德境界中的人，在精神上不受才能的限制。因为其行为都是求义的，以尽伦尽职为目的。人有大才，做大事，可以尽伦尽职；有小才，做小事，也可以尽伦尽职。

在道德境界中的人，视别人的才能如同自己的才能，视别人的成就如同自己的成就。所以即使自己的才能或成就不及别人，也不感到受才能限制的痛苦。

在道德境界中的人，生是尽伦尽职的开始，死是尽伦尽职的结束，所以不怕死。在道德境界中的人，不注意死后，只注意生前，注意使其一生行事充分表现道德价值，使其一生如一件完美的艺术品，自始至终全无一处败笔。一个人的一生，如果想在道德方面始终完美，是一刻不能疏忽的。所以在道德境界中的人，在必要时宁可牺牲生命，也不肯让其行为有道德方面的不完善。

古希腊哲学家的美德伦理希望人成为有美德之人；康德的义务论认为人是有理性的人，类似于道德境界；儒家讲修身养性成为君子、圣贤，属于道德境界。

四、天地/宇宙境界

在这种境界中的人，其行为是“事天”的。他们了解社会、了解宇宙。人只有在知道宇宙时，才能使人之所以为人者尽量发展，才能穷尽人的本性。这种人对宇宙、人生有高一层的觉解。他知道人不但是社会的一部分，而且是宇宙的一部分；不但对于社会人应该有贡献，对于宇宙人也应该有贡献。

在天地/宇宙境界中的人，没有受才能限制与不受才能限制的问题。在这种境界中的人，其行为以事天赞化为目的，才大者做大事可以事天赞化，才小者做小事也可以事天赞化。

在天地/宇宙境界中的人，生是顺化，死也是顺化。这种境界的人对于生死有彻底的觉解，无所谓怕死不怕死。道家“一物我，齐死生”，佛家不惜自我牺牲、自度而度人，他们的境界是天地/宇宙境界。

五、不同境界之比较

在自然境界及功利境界中的人，对于人之所以为人的道理并没有觉解。他们不知人的本性，对宇宙、人生没有高一层的觉解。所以这两种境界是在未觉醒的一边。在道德境界、天地/宇宙境界中的人，知性知天，对宇宙、人生有高一层的觉解，所以这两种境界是在觉醒的一边。

普通人做道德之事，其境界不一定是道德境界。他做道德的事情，可能是由于天资或习惯。如果这样，其境界依然是自然境界。他做道德的事情，如果是为了得到名利尊敬，则他的境界是功利境界。一个人必须对道德真有了解，根据了解做道德之事，其境界才是道德境界。

天地/宇宙境界对宇宙、人生需要最多的觉解。但这种境界在觉知上又有些混沌，因为在天地/宇宙境界中的人，最后自同于宇宙，属于大全。严格地说，大全是不可说的，也是不可思议的。这种觉解是佛家所谓的“无分别智”。不过这种混沌不是不了解，而是完全了解。

在自然境界中的人不知“有我”，他的道德行为是由于习惯或者冲动。在功利境界中的人“有我”，一切行为皆是为我，他做道德的事情，不是因为道德而做，而是将其作为求名求利的工具。在道德境界中的人“无我”，这种境界的人做道德的事情，是因为道德而做。在天地/宇宙境界中的人也“无我”，不过这种“无我”是“大无我”。人在道德境界、天地/宇宙境界中所舍弃的“我”，并不是人的“真我”。人的“真我”必须在道德境界中才能发展，在天地/宇宙境界中才能完善。

六、人生境界之提升

一个人的人生境界可以有变化。人生境界不变化的，只有普通人与圣贤。

自然境界及功利境界是自然的产物，道德境界、天地/宇宙境界是精神的创造。自然的产物是人不必努力就可以得到的。精神的创造则依赖人的努力，之后才可以获得。就一般人来说，人在婴儿期，其境界是自然境界。到了成人，其境界是功利境界。这两种境界是人不必努力而自然得到的。有而不知，一切皆在无明之中，所以为凡人。其他两种境界为圣人，圣人有最高的觉解。

在不同境界中的人，可以做相同的事。虽然做相同的事，但对他们的意义可能有很大的不同。这些不同的意义构成他们不同的人生境界。人的境界就在人的行动中。

四种境界表示一种发展，这种发展就是“我”的发展。“我”自天地间之一物，发展至“与天地参”。在道德境界、天地/宇宙境界中的人，可以说真正地“有我”。在道德境界中的人，“无我”而“有我”。在天地/宇宙境界中的人，“大无我”而“有大我”。

中国儒、道、佛家的修养方法，是使人成为圣人的方法，是让人进入天地/宇宙境界的方法，其要义在于修身养性。程朱的方法是“涵养须用敬，进学在致知”，其中“用敬”是注意，“致知”是觉解。陆王的方法是

“识得此理，以诚敬存之”。这一派的修养方法是：先有深度觉解，然后用敬。程朱一派认为，人对于宇宙人生较深的觉解，并非一蹴而就，必须“今日格一物，明日格一物”。这样稳扎稳打，步步为营，最后才能常驻于天地/宇宙境界。陆王一派则认为，人对于宇宙人生的觉解，在于发现自己内在的良心，在于“致良知”。总的说来，中国传统的道德修养方法可以归纳如下：

第一，学习求知。人的道德修养是与认知联系在一起的。孔子说：“三人行，必有我师焉。择其善者而从之，其不善者而改之。”“学而不思则罔，思而不学则殆。”《中庸》要求人们“博学之，审问之，慎思之，明辨之，笃行之”。学习求知是提升人生境界的基础。

第二，内省自讼。内省自讼就是要提倡自省自查的道德修养。“见贤而思齐焉，见不贤而内自省也”，看见贤人便要向他看齐，看见不贤的人便要检查自己。

第三，克己自律。克己自律意味着人不再把道德规范看作一种外在的束缚或负担，而是能够将其转化为自身积极的、内化的意念，以实现个体道德修养的完善。孔子说：“己所不欲，勿施于人”；“夫仁者，己欲立而立人，己欲达而达人”。自己想要立身于社会，也要帮助别人立身于社会；自己想要在事业上成功，也要帮助别人在事业上成功。

第四，积善为德。良好的道德修养不可能是一日养成的，它必然要经过一个漫长而艰苦的过程。在养成修养的过程中，不仅要重视大节，也要重视小节，做到“勿以恶小而为之，勿以善小而不为”。

第五，慎独。慎独是儒家提出的一种道德要求和道德修养方法。《中庸》写道：“道也者，不可须臾离也，可离非道也。是故君子戒慎乎其所不睹，恐惧乎其所不闻。莫见乎隐，莫显乎微。故君子慎其独也。”这就是说，做人的道德原则是一时一刻也不能离开的。因而，品行高尚的人在别人看不见的时候，总是非常谨慎，在别人听不到的情况下，总是十分警惕。最隐蔽的东西最能看出人的品质，最微小的东西最能显示人的灵魂。所以，品行高尚的人，当他独自一人无人监督时，总是小心翼翼地不做任何不道德的事情。

西方哲学将人生境界视为固定不变的事物，看不到人生境界的可变性和不同层次，自然也就看不到人生真正的意义之所在，虚无主义、物质享受主义、消费主义、娱乐至死主义盛行，也就不足为奇了。

第 3 节　经营者的人生境界

经营者面临巨大的竞争压力和金钱诱惑，与普通人相比，其形成良好道德修养的难度更大，保持较高的人生境界也尤为困难。

经营者在经营中必须思考的一个重要问题是：如何平衡企业盈利和伦理之间的关系。在这个问题上，不同的经营者给出了不同的答案，展示了经营者不同的人生境界。

一、利己主义境界

这种境界的经营者将企业盈利放在首位，对他而言，能否赚钱是决策的第一要素。这种经营者在决策时很少或者根本不做伦理方面的考虑，“唯利是图”是这种经营者的真实写照。这种境界的经营者，其行为是“为己的”。他们在对事物做出判断时，往往以自我为中心进行思考：“这件事是否对自己有利”“这么做是否能让公司赚钱”，这是一种基于“本能模式”的做事方式。利己主义境界又可以分为绝对利己主义境界、相对利己主义境界。绝对利己主义境界的经营者为了自己的利益，可以不择手段，甚至不惜伤害他人，奉行绝对的利己主义。相对利己主义境界的经营者追求自己的利益，但绝不伤害他人，奉行相对的利己主义，是有底线的利己主义者。

当今西方绝大多数企业经营者都属于绝对利己主义境界。中国许多企业的经营者也属于这种境界。

二、道德境界

这种境界的经营者在决策时不仅考虑是否能够盈利，而且考虑盈利是否会对社会、对他人造成伤害。“君子爱财，取之有道”，是对这种境界经营者的真实写照。这种境界的经营者，其行为是“利己利他”的，奉行相对的利他主义，能够将利己与利他很好地结合起来，以合乎伦理的方式赚钱。中国明清时期的四大商帮、日本的一些著名企业家都属于这样的境界。

清代北京有个经营绸缎布匹的王掌柜，人称“缎子王”。缎子王经商的指导思想是重信誉、行仁义、施公道。他总是对自己的伙计强调“买卖不成仁义在”。他的经商哲学信条是“个人和商号的名誉高于一切”。久而久之，他不断赢得顾客的赞誉。一次，乾隆皇帝召见外国驻华使臣，请他们谈谈在华观感。他们说：“在中国不仅看到士大夫们读书识礼，就连商人也很讲礼貌，行仁义。例如，东华门外绸缎铺的王掌柜就是这样的人。我们外国人到那儿买东西，对绸缎布匹的行情不熟悉，经常给的钱多于实物价格，但他从不多收钱，总是把多付的钱如数退回来。一次，我们买东西忘了带钱，他居然肯赊给我们。当时是正午，他又热情款待我们用午饭，使人有宾至如归之感。中国确确实实是礼仪之邦啊。”乾隆皇帝听后非常高兴，后来专门召见缎子王，称赞他仁义经商，并给予嘉奖。从此。缎子王的名声更是传遍北京城。①

早在日本明治维新时期，当时著名的企业家涩泽荣一就提出一个著名的理论：“论语＋算盘”。他为此还专门写了一本《论语讲义》。在这本书中，他写道：“拨算盘是利，读《论语》是道德。余则相信《论语》、算盘二者，应该相伴随、相一致，故咀嚼《论语》的教论以为处世之信条。”涩泽荣一根据他那独特的“论语＋算盘”理论，使企业得到了发展，也终于使自己成为日本企业界一个楷模式的成功企业家。他曾这样总结自己从事的企业经营活动：“自明治六年辞官，进入本来就向往的实业界之后，我和《论语》就有了特别的关系。我成为商人时心里有所不安，即想到今后要在锱铢必较中度过一生，应该有怎样的操守呢？此时，我想起来以前学过的《论语》。《论语》里说的是‘修己教人’的日用之教。我可以按照《论语》的教谕经商谋利。”②

吉田忠雄是日本的著名企业家，他提出了“善的循环”理论。1948 年，吉田办起了吉田兴业会社，专门生产拉链。不久，这种拉链不仅垄断了日本市场，而且占领了很大一部分世界市场。他每年生产的拉链长度可以在地球和月亮之间拉上 4 个来回，年销售额高达 20 多亿美元，在日本有拉链大王之称。吉田取得如此辉煌的成就，秘诀就在于奉行一套独特的经营管理哲学——“善的循环”。按照吉田的解释，所谓“善的循环”，就是“一贯主张办企业必须赚钱，多多益善。但是，利润不可独吞。我们将利润分成三部分，三分之一以低廉的价格交给消费者，三分之一交给销售我们产品的经销商及代理商，三分之一用在自己的工厂”。他认为：“不为别人的利益着想，

① 彭正穗．孔子与商战伦理．武汉：湖北人民出版社，1996.
② 同①.

就不会有自己的繁荣。如果我们播撒善的种子，予人以善，那么，善还会循环给我们。善在我们之间不停地循环运转，使大家都得到善的实惠。”从“善的循环”哲学出发，吉田让利于员工，准许并鼓励雇员购买本公司的股票；从“善的循环”哲学出发，吉田注意使产品适销对路，物美价廉，让利于消费者；从“善的循环”哲学出发，吉田在海外开办工厂时，也注意让利于他国。①

稻盛和夫是日本四大经营之圣之一。他于1959年创办了京都陶瓷株式会社，1984年、1987年、1993年分别创办了第二电铝株式会社、关西塞尔乐公司、日本铱化学公司。他在企业经营中用“利他之心”作为企业经营的基本理念和原则。在他看来，在我们每个人的心里，既有“只要对自己有利就行”的利己心，也有“即便牺牲自己也要帮助他人”的利他心。仅凭利己之心判断事物，因为只考虑自己的利害得失，所以无法得到别人的帮助。同时，只以自我为中心，则会视野狭窄，容易做出错误的判断。相反，以利他之心做判断，因为是为他人好，所以能够获得周围人们的帮助。同时，因为视野开阔，所以能够做出正确的判断。他认为，利己之心是人的本能，如果在思考问题时仅仅基于本能，就可能做出损人利己的事情，而这会引发日后的严重问题。

三、天地/宇宙境界

这种境界的经营者在决策时，能够将社会利益置于企业利益之前，哪怕牺牲企业利益也要造福社会，“有所为有所不为”是这种境界的真实写照。这种境界的经营者，行为是事天赞化的，奉行绝对的利他主义，即使不赚钱也要造福社会、造福人类。

中国历史上出现过这样的企业家。这些企业家秉持儒家“家国天下”的理念，忧国忧民，经商、创办企业不是为了一己之利，而是为了整个国家、民族的复兴。

公元前627年的春天，郑国有一位叫弦高的商人，赶着牛群到京都洛邑去做买卖，行至滑地（今河南偃师县），碰到一个从秦国来的老乡。这位老乡告诉弦高：秦国已经发动大军偷偷进攻郑国，很快就到滑国地界了。显

① 赵宏．经营管理的金钥匙．北京：解放军出版社，1988.

然，立即赶回去报告已经来不及了，弦高急中生智，一面派手下的人乘着驿车迅速回去报告郑国国王，一面赶着牛群向秦军迎过去。在不远的地方，果然碰上秦军。弦高自称是郑国派来的使者，专程来犒劳秦军。他从自己的货物中挑出 4 张上等皮革和 12 头肥牛，献给秦军主将孟明视，并不卑不亢地说："我们国王听说您带了军队要来我国，派我带上微薄的礼品慰问您的部下。这一点小意思可不能算是犒劳，不过给将军吃一顿罢了!"弦高的慰问让秦将很吃惊，他们不知道郑国为什么已经得到了偷袭的消息。既然郑国有准备，很难偷袭成功。于是，他们就把滑国灭掉，掠些财物，班师回国了。[①]

民国时期的张謇、范旭东、卢作孚也是天地/宇宙境界的典型代表。1895 年，大清帝国新科状元张謇决定弃官从商，实现实业救国的梦想。他筹办了大生纱厂，公司名字取自《易经》中的一句话"天地之大德曰生"。人们都说张状元疯了，张謇自己也将此举称为"舍身喂虎"。之后，张謇创办了海通垦牧公司，专营棉花种植；后又创办广生油厂、复新面粉厂、资生冶厂等，还兴建了天生港、发电厂。在短短 10 年的时间里，张謇创办了 10 余家企业，成为当时最为显赫的民营企业家。企业构建了从原材料生产到运输的完整纺织产业链，成为当时最大的民营企业集团，为中国的现代纺织工业打下了坚实的基础。张謇在叱咤商场时，却一直没有放弃"治国平天下"的儒家理想。大清末年，张謇主张立宪改革，多次请愿，失望而归，之后在南通大搞自治，并创办了复旦公学（复旦大学的前身）、农业学校、女子师范学校、通海五属公立中学（即今南通中学）、吴淞商船专科学校等，传播思想，启迪民智。民国政府建立后，张謇出任农商总长。作为振兴实业的负责人，张謇深知责任重大。在学习日本、欧美的经验后，张謇认识到"农林工商部第一计划，即在立法"。在他的主导下，民国政府在 1929 年颁布了一部《公司法》，袁世凯政府颁布了《合股企业法》，推出商业注册和公司注册规则。北洋政府还颁布了《公司条例》《公司保息条例》《商人通则》《证券交易所法》《矿业条例》《商业注册规则》等一系列商法。这些法律为公司奠定了稳定、合法的基础。1926 年，83 岁的"状元企业家"突然破产，病逝在他呕心沥血经营的南通，为实业救国理想耗尽了毕生财富和心血。[②]

范旭东是爱国实业家。早年怀抱救国之志东渡日本求学，学成回国后报效祖国。1915 年，范旭东创办了久大精盐公司。他与别人合作，经过多年

---

① 彭正穗．孔子与商战伦理．武汉：湖北人民出版社，1996.

② 吴晓波．跌荡一百年：中国企业 1870—1977. 北京：中信出版社，2009.

的苦心钻研、呕心沥血，攻克了一道道技术难关，击败外国公司的一次次阻挠，独立自主地创建了制盐、制碱、制酸的民族化学工业，打破了日本和英国长期垄断中国盐业、碱业、制酸业的局面。1933年，《塘沽协定》准备在范旭东创办的黄海学社的图书大楼内签字，因遭到范旭东的抵制而未能得逞。后来，日本侵略者又威胁他，企图使他变节，同意再次举行签字仪式，范旭东愤然拒绝。他说："宁举丧，不受奠仪。"也就是说，宁肯工厂、学社被劫沦陷，宁肯牺牲自己的生命，也绝不允许卖国的行径在自己的眼皮底下发生。1937年"七七事变"后，范旭东眼看着自己几十年来一手创办、经营的工厂相继沦于日寇之手，更增加了对敌人的憎恨和对祖国的热爱。他冲破重重包围，率领全部技术人员，南迁入川，在华西重建民族化工基地，继续进行盐碱事业，以支援抗日战争。①

卢作孚创办了民生公司。1938年，上海沦陷，国民政府迁往重庆，大量难民、社会名流、工厂跟着洗钱。日本人在制造了惨绝人寰的南京大屠杀后快速西进，调集30万大军进攻华中重镇武汉。大量难民和几百家西迁工厂紧急转移至宜昌。不久，武汉沦陷，宜昌告急。宜昌是当时入蜀必经之地，长江航运是西迁的唯一通道。在距离已经沦陷的武汉仅300公里的宜昌，民生公司第一艘撤退轮船满载着物资和难民启航，几百名难童扒在栏杆上放声高歌，挥舞着小手向民生公司的卢作孚告别。情景悲壮，令无数人动容、哽咽。宜昌沦陷前，民生公司运送部队、伤兵、难民等各类人员，总计150万人，货物100余万吨，其中包括2万吨空军器材和广东炮厂的物资，承担了宜昌撤退中90%以上的运输量。宜昌大撤退撤出的部分单位有兵工署22厂、兵工署23厂、兵工署24厂、兵工署25厂、金陵兵工厂、兵工署陕西厂、湘桂兵工厂、南昌飞机厂、宜昌航空站、航委会无线电厂、航委会安庆站、扬州航空站、钢铁迁建委员会、上海钢厂、大鑫钢铁厂、中福煤矿、大成纺织厂等，还有国民政府机关、科研机构、学校、图书馆、博物馆等。有人曾对此评述道："那些抢运入川的物资，很快在西南建立了一系列新的工业区，尤为重要的是以重庆为中心的兵工厂、炼钢等行业的综合性工业区，构成抗战时期中国的工业命脉。"宜昌大撤退完全依靠卢作孚和他的民生公司。在整个大撤退运输中，民生公司损失轮船16艘，116名职员牺牲，61人受伤致残。卢作孚的民生公司完成了一项政府都没有办法完成的伟大历史任务。在历史关头，民生公司挽救了中国抗战的最后火种和中国民族工业的最后血脉。②

---

① 吴晓波．跌荡一百年：中国企业1870—1977．北京：中信出版社，2009．

② 同①．

第 4 节 经营者人生境界与企业伦理策略

假如一个企业的领导者只想赚钱，他的员工也可能会不顾人情道义，只顾赚钱。企业伦理策略主要受经营者个人境界的影响。经营者的人生境界不同，企业的伦理策略不同。

一、利己主义境界与非道德管理/不道德管理

如果企业经营者属于利己主义境界，则企业伦理策略有两种：非道德管理、不道德管理。

（1）非道德管理。非道德管理是指企业没有把道德思考纳入决策、行动和行为当中。非道德管理又可以分为两种：无意的非道德管理、有意的非道德管理。

无意的非道德管理是指企业对他们的决策或行动可能对他人产生的负面或有害影响不关心或者疏忽大意。这些管理人员缺乏伦理意识和道德感觉，他们只是进行他们的管理工作，没有考虑他们正在做的事情具有伦理含义。

有意的非道德管理是指企业认为商业活动不属于道德判断应用的范围，将商业领域中应用的原则与生活其他领域应用的道德原则相分隔。

非道德管理倾向于在法律/法规框架内获取最大利润，不考虑其他目标。其特点是采用遵从策略，受法律驱动，在导向上不是趋于伦理或正直，而是更多地趋向遵从现有的法律和法规。决策者对他们选择的个人成本和利益最容易产生反应，但他们不关心选择对他人利益的影响。

（2）不道德管理。不道德管理不仅反对伦理原则或者规则，而且暗示对伦理采取一种积极的反对姿态。在具体决策时，只考虑经济责任，不考虑其他社会责任，不关心他人希望被公平对待的主张，不考虑决策可能出现的后果对他人是否公正或诚实。他们认为道德规则/法律标准是障碍，必须绕过这些障碍，或者为了达到其目的必须克服这些障碍。

二、道德境界与道德管理

如果企业经营者属于道德境界，则企业可能采取道德管理的伦理策略。

道德管理超越于法律之上，在决策时自觉考虑企业行为对他人的影响，遵守伦理行为的最高标准或者行业行为标准。虽然不太清楚流行的伦理标准是什么，但致力于道德管理，把重点放在较高的伦理标准和行为标准上，在合理的伦理规范内，依据公正、公平、尊重权利、不侵害他人利益等伦理价值观进行决策。道德管理也渴望获得利润，但仅限于在合理的伦理规范内：公正、公平、尊重权利、不侵害他人等。道德管理对法律的遵循不仅是字面上的法律，还是法律精神。

三、天地/宇宙境界与企业

如果经营者属于天地/宇宙境界，则会超越于盈利之上，将企业视为一种造福人类和社会的工具，而不是赚钱的工具。白方礼属于这样的境界。孟加拉国的尤努斯也属于这样的境界。他在孟加拉国创办了格莱珉银行，专门为当地穷人提供低利息、无担保的小额信贷，帮助穷人摆脱贫困，彻底颠覆了传统商业银行不为穷人贷款的理念。之后，他又创办了格莱珉达能、格莱珉电信等不以营利为目的社会企业，旨在服务更多的穷人。

第 5 节　经营者人生境界的提升

一、提升经营者人生境界的重要性

从公司诞生之日起，企业行为就对社会产生着重大影响。这种影响不仅是经济方面的，而且涉及社会、文化、技术、环境、政治等各方面。

（1）经济影响力。经济影响力是企业通过控制资源特别是控制财富影响事件、活动和人类的能力。企业组织对人类的生活质量起着举足轻重的作用。人类的生存离不开衣、食、住、行。正是因为有了现代企业，才使人类在衣、食、住、行方面有了质的飞跃。

（2）技术影响力。技术影响力是企业影响技术创新方向、速度、特征与结果的能力。虽然现代人所享受的物质文明离不开科学技术进步，但科学只有通过企业的生产才能真正施惠于人类。如果没有企业的大规模生产，一种发明充其量只能供少数人享受，而与普通人无缘。1914 年，亨利·福特采用流水线生产技术，使汽车进入普通百姓家，将富人享用的奢侈品变成了大众消费品。

（3）政治影响力。政治影响力是企业影响政府的能力。企业可以通过各种方式向立法者和管理当局游说。

（4）文化影响力。文化影响力是企业影响文化价值观、习俗以及家庭等体系的能力。企业改变了公众的思维和生活习惯，改变了人们的日常生活模式。当今社会，人们受企业支配。企业告诉人们如何挣钱，如何把钱花出去；企业引导人们吃什么、穿什么、住什么样的房子、开什么样的车，甚至人们最私密的个人事务——恋爱、结婚，也逐渐由企业帮助打理。

（5）环境影响力。环境影响力是指企业对自然环境的影响。自 17 世纪以来，为工业提供动力而燃烧木材、煤和石油所排放的气体，已经改变了地球大气层的化学成分。

美国著名的未来经济学家托夫勒认为：21 世纪是企业家的世纪，不仅工商企业的发展支撑着社会，而且企业家将成为社会的真正精英。正是因为企业对社会各方面都会产生重大影响，因此，提升经营者的人生境界，无论对经营者本人、对社会还是对整个人类，都是非常重要的。

二、经营者道德意识发展的不同阶段

经营者作为道德主体，其道德意识也遵循意识发展的一般规律，表现为从感性形式向理性形式的过渡。道德意识在道德主体的自我意识中则表现为“自发-自觉-自由”的发展过程，或者说，表现为道德认识、道德情感、道德意志共同作用、相互协调的建构和发展过程，表现为逐步把握道德必然性从而获得道德自由的发展过程。我们可以把这个发展过程划分为如下三个具体阶段：

（1）道德意识发展的自发阶段。这是道德自我意识的萌芽阶段。人作为主体从一开始就是一个充满各种欲望的存在。当他和社会及他人发生联系时，总带着实现自我欲望的冲动，可经验又使他能自觉意识到在他实现欲望时有一个他人和社会的“可以”和“不可以”的回答，以及随之而来的相应的对其行为结果的善恶评价。这样一个“可以”和“不可以”的经验积累，再加上家庭、学校和社会的教育，就必然导致主体意识认知内省的出现。这个基于经验和直观基础上的认知内省，便形成自发的道德自我意识。在自发阶段，道德主体只有不自觉的道德自我意识，因而道德主体对道德规范及其规范所蕴含的必然性表现为无知或知之甚少的状态。道德意识的主要形式是无知、惘然和犹豫。当然，处于自发阶段的道德主体也有自己的道德选择和道德评价，但这却是不自觉的。道德主体对道德规范的无知，使他可能在道德行为选择上表现为稚童的天真无邪，而这种天真无邪是以不自由为代价的。事实上，自发的道德意识决定了道德主体在进行道德选择时要么是不知所措，要么是凭自己情感的倾向性而不由自主地选择行为。同时，在进行道德的善恶判断和评价时也往往迷失了自我，人云亦云，缺乏独立的判断。因此，当道德自我意识处于自发状态时，道德主体是非常不自由的。

（2）道德意识发展的自觉阶段。这是道德自我意识的“知情冲突”阶段。在自觉阶段，道德主体通过不断的知觉内省，从而对道德规范及其内含的必然性有了较多、较全面的认识，道德自我意识开始摆脱自发和无知的状态。与自发阶段主要表现为情感的作用不同，道德自我意识在自觉阶段主要表现为意志的作用。也就是说，道德主体在认识和把握了道德规范的必然性以后，在道德实践中能凭借意志勉力而行。这种勉力而行的过程往往是以克服不合道德规范的欲望冲动而表现出来的。当然，道德自我意识在这里尚未获得完全意义上的自由意志。因为只要主体还把道德规范的必然性视为异己的东西，只凭意志自觉而不是自愿地接受这个“必然之则”，就表明主体的道德选择和评价依然没有真正的自由。而且，在自觉阶段中，道德主体由于意志不够坚定，还常常会有一种摆脱道德规范约束和限制的欲望冲动。但道德规范实质上又是一种必然性的东西，试图摆脱它的努力都是徒劳无益的，这正表明道德主体在这里依然是不自由的。

（3）道德意识发展的自由阶段。这是道德自我意识的“自律”阶段。这一阶段是道德自我意识发展的最高阶段。在这里，道德主体不仅对道德规范的必然性有了正确的认识，而且无须或很少借助意志就能自愿接受道德规范的约束。道德规范作为一种“必然之则”已经转化为道德主体自身的“当然之则”了。由于道德主体不再把道德规范消极地视为异己的、外在的东西而强制自己遵循，而是自觉自愿地把道德规范转化为内心的一种信念，因而道德主体凭着这种内心信念能很自然地使自己的言行合乎一定社会的道德规范。道德自我意识只有达到这样的境界，才可以说是获得了真正意义上的自由。在这个境界里，不仅外在的道德规范变成了内在的道德要求，而且单纯被动地遵循道德规范的过程变成根据自己的意愿主动地、有创造性地去实践道德规范的过程。

只有经历了这样一个“自发-自觉-自由”的历程，完整意义上的道德自我意识才能形成。正是在这种意识的指引下，个人道德才能达到孔子所称的“从心所欲，不逾矩”。

三、提升经营者人生境界的路径

经营者的人生境界可以通过以下途径提升。

（1）学习道德推理。人生境界与道德观念密切相关。一个人在成长过程中逐渐形成了一定的道德观念。根据美国心理学家劳伦斯·柯尔伯格的研究，个人道德发展会经历从幼儿到成年人的过程。在成长过程中，他们的道德推理一般要经历由低到高的三个层次、六个阶段。

第一个层次：前习俗层次。这一层次的两个阶段是：逃避惩罚导向、寻求奖赏导向。按照逃避惩罚导向，能逃避惩罚的行为是正当的；按照寻求奖赏导向，能获得奖赏的行为是正当的。

第二个层次：习俗层次。这一层次的两个阶段是：良好关系导向、守法导向。按照良好关系导向，能获得家庭、朋友、同事赞同，或者能使他们高兴的行为是正当的；按照守法导向，履行个人的义务，尊重权威、法律，维护社会秩序的行为是正当的。

第三个层次：后习俗层次。这一层次的两个阶段是：社会契约导向、普遍伦理原则导向。社会契约导向认为，虽然在大多数情况下应该遵循规则和法律，但一些根本的价值观如生命、自由、公正等，更应该得到维护；普遍伦理原则导向认为，正当的行为是由个人基于普遍伦理规则的良心决定的。

三个层次六个阶段的道德推理过程，意味着个人的道德推理能力从遵守外部规则的外在激励，向内心的自我约束方向提升。

（2）将伦理外化为行动。“知易行难”，经营者人生境界的提升必须根植于日常的行动中，知行结合才可行。将伦理外化为行动，可以采取如下方式：

第一，开诚布公地面对伦理问题。

第二，将想法转化为行动。

第三，培养对他人的同情和仁慈之心。

第四，为下属树立榜样。已有研究表明，企业员工的伦理行为直接受经营者的影响。孔子认为，作为领导者，“其身正，不令而行；其身不正，虽令不行。”“苟正其身矣，于从政乎何有？不能正其身，如正人何?”孟子也认为：“以力服人者，非心服也，力不赡也。以德服人者，中心悦而诚服也。”行动是最具说服力的，特别是在危急时刻。要使员工坚守企业伦理规范，经营者就必须任何时候都旗帜鲜明地固守企业伦理规范。经营者越是细微的、不经意的言行，越是员工关注的对象。

第 6 节 企业伦理氛围的营造

如果企业认为伦理与企业经营无关，就不能履行伦理责任。因此，经营者应该关注企业伦理氛围的营造。

第一，将伦理意识渗透到企业的制度中。企业应该在企业使命陈述、企业价值观、企业战略选择等制度设计中体现伦理要求，以保证做出正确的伦理判断。

第二，设立伦理委员会，建立伦理规范。伦理规范是企业全体成员应该遵守的道德规范，企业应该以多种方式让全体员工参与规范的制定，以增强认同感和自觉性。

第三，指派一名高管负责实施、监督伦理规范。伦理主管的职责有：检查员工是否遵守企业的伦理规范；检查员工是否遵守包括各种法律法规在内的规章制度；指导员工进行伦理决策判断；负责员工的伦理教育计划，使他们在面对伦理问题时能够坚持伦理原则。

第四，不将有不道德行为的人放在重要的位置。一个人道德品质的形成是一个长期的过程，从小就开始了。到了工作年龄，道德品质已经基本形成，虽然以后还可以改变，但如果能找到符合企业伦理标准要求的人，就可以省去很多麻烦。因此，不能把曾经违背伦理规则的人放在重要的位置。

第五，定期就伦理规范与所有员工沟通，并进行必要的培训。社会心理学研究表明，当人们公开宣扬某一观点的时候，他们就倾向于在行动上与这种观点保持一致，即使他们以前根本不信奉这种观点。因而，为了使员工树立伦理观念，有必要对他们进行伦理培训。企业伦理培训要以企业伦理规范为依据。在培训中，单纯的说教、灌输乃至惩罚都可能引起员工的逆反心理，而讨论交流的方式能够使被培训者自愿转变态度，而不是被迫做出改变。培训方式越生动、形象，越容易影响被教育者。因此，企业伦理培训除了课堂教学外，还要采取灵活多样的形式，如参观访问、典型事例分析、演讲比赛、辩论赛等。

第六，监督组织违反伦理规范的行为，建立一个汇报可疑行为的体系，打消员工害怕打击报复的心理。

第七，通过奖励举报和惩罚错误行为的机制来强化伦理标准。人们愿意从事会受到奖励的事情，逃避会遭到惩罚的行为。因此，应奖励那些遵守企业伦理规范的行为和个人，惩罚那些违反企业伦理规范的行为和个人，而且奖励和惩罚的力度要足够大。如果不道德行为不加以惩罚，甚至得到鼓励，这种不道德行为会越来越频繁、越来越严重。如果不对不遵守规范的人加以惩罚，伦理守则将成为一纸空文。事实上，这比没有伦理规范还要糟糕，因为它传递的是不遵守规范不要紧的信息。

思考题

1. 你是否同意每个人的人生境界不同这一观点？用具体事例加以说明。
2. 你认为决定人生境界的因素有哪些？
3. 人生境界是否可以提升？你认为可以如何提升？
4. 经营者的人生境界与企业伦理决策之间有关系吗？请用具体事例予以说明。
5. 你觉得企业应该如何营造伦理氛围？

案例 1

东京湾轮船公司

东京湾轮船公司是一家日本公司，经营从东京到奥志摩岛的轮船旅游业务。该公司在岛上还有一个餐馆，生意一直很冷清。1933 年 2 月，一位名叫松本的 19 岁大学生在岛上跳进火山岩浆自杀身亡，公司的生意才有了起色。松本留下了一份富有诗意的遗嘱，通过报纸报道，日本公众开始了解他的故事。

不久，其他日本人开始模仿松本。在 10 个月内，有 143 人跳入岩浆中。更多的人加入观赏的队伍中。人们云集在岩浆的周围，等待试图跳入岩浆的人，甚至大叫："谁是下一个?""从这里跳，这里还有地方。"

东京湾轮船公司抓住这个热点，将渡船增加至 30 艘，并新开了 19 家饭店。奥志摩岛的警察采取各种措施阻止自杀行为。不少自杀行为被阻止了，但也有一些人成功自杀。在岩浆边打算自杀而遭到阻止的 29 个人，在返程的路上跳入了大海。

但是，东京湾轮船公司的生意却发达了，后来还成功上市。

资料来源：约翰·斯坦纳，等．企业、政府与社会．北京：人民邮电出版社，2015.

问题

1. 你如何评价东京湾轮船公司经营者的人生境界？
2. 公司采用何种伦理策略经营？
3. 这种伦理策略可能给社会带来何种后果？

案例 2

诚品书店的经营之道

20 世纪 50 年代，吴清友出生在中国台湾西南沿海，小时候是家里最调皮的孩子，但得到非常多的爱，尤其是他父亲的爱。在那个年代，家里很贫困，吴清友的父亲经历了非常大的风波，但一直把“留得清白在人间”作为自己的座右铭。父亲虽然没有钱，但很有骨气，希望他的孩子将“诚”字作为生命的信仰。在吴清友的父亲看来，“财物终会有用完的时候，唯有‘诚’字是终身受用不尽的”。这句话，成为吴清友成家立业之本。

成年后，吴清友通过十几年的工作积累了一些财富。20 世纪 80 年代，吴清友经营一家小公司时读到一本书，书中讲了一个新的概念：当你做一个新计划时，可不可以把一切想法归零再去考虑呢？这让吴清友思考两个问题：第一，不做原来的行业，自己能做什么？第二，生命归零，自己又期待什么？

吴清友患有先天性心血管疾病，动过三次很危险的大手术。在病痛之中，他的内心非常迷茫，这迫使他思考生命的问题。这时，《弘一大师传》和史怀哲的《文明的哲学》给了他重要影响。在吴清友看来，弘一大师和史怀哲，一位在东方，一位在西方，在 30 多岁就决定此生要度己度人，这种生命的壮阔实在不是普通人所能达到的。史怀哲在书中讲到，大自然是上帝最伟大的创作，人类最伟大的创作尽在书本当中。这引发了吴清友对经营书店的兴趣。

之前，吴清友对书店根本没有任何了解。他本以为准备一点小本钱赔 5～8 年就可以实现书店的自负盈亏了，没想到一直赔了 15 年。诚品书店赔钱的 15 年，是吴清友一生中最珍贵的时间段，也是吴清友对生命的一种探索。

吴清友上过很多美式、欧式商学院的课，但对于如何经营企业，一直没有得到满意的答案。商学院学习的案例，全部和金钱有关，和得到客户的欢心有关，和职位升迁有关。显然，很多从事服务业的人不光要这些，他们也有自己的人生追求。那么，书店作为服务业，其意义到底是什么？吴清友开始思考这个问题。最终，他找到了答案。在他看来，书店作为服务业，其终极目标是精进自己、分享他人。这成为诚品书店的经营理念。在诚品书店，有很多大学本科、研究生毕业的员工，愿意站在结账柜台用恭敬的态度，双手递一本书给读者，在与读者的互动中实现自己的生命价值，让自己一天比一天美好，而读者也在其中体会到诚品书店对服务和生命的态度。

在吴清友看来，商学院的教育一般把客户当成消费者，而诚品书店则把顾客看成一个读者、一个人。诚品书店不光是为了卖书，更要推广阅读，为读者提供精神食粮。因此，在诚品书店，吴清友摆了近 400 个公共座位供读者阅读。在环境的设计上，书店从人、空间、活动的角度来考虑问题，将颜色、灯光、布置都考虑进去。诚品书店还专门准备了一个 30 平方米的独立空间，让年轻创作者去进行实验或者其他创造性活动。

在所有书店拼命扩张的竞争中，诚品书店的一个基本理念是“连锁不复制”。吴清友认为，利益有近利、远利、短利、长利之别。复制可以快速发展、降低成本，但诚品书店不复制，每一家诚品书店都不同：书的组合不同，装修的风格也不同。在大学，诚品书店用的材料非常简朴但又自成风格，因为那里是学生们进出的地方，不必用光亮的大理石等豪华材料。但是，那里的装修要让学生进入书店之后，感觉到这个空间是属于他的一部分，人和空间相互融合，不让学生觉得这是一个奢华的空间。

他在经营中注重对社会、文化、城市、读者的全面关照。他认为，卖一本八卦杂志和卖一本好书，在POS机上可能显示的都是25元，但有良心的经营者会知道，那是不一样的。他把诚品书店开在医院里，并提供简餐，为病人带来阅读的愉悦。

吴清友提出了以人文、艺术、创意和生活为理念的诚品之旅。诚品书店还有诚品画廊，是与美有关的；诚品艺术空间则希望通过各类艺术活动，通过展览、表演或对话，把美展现出来。诚品书店专门开设了一个音乐厅，一年要补贴400万元，但它是诚品书店铸就的一个梦：为平时不能在殿堂级舞台表演的人提供一个演出的空间。诚品书店办的活动绝大部分是免费的，因为在吴清友看来，人文思维关乎人和自我、人和他人、人和社会、人和天地之间的关系。2010年，到诚品书店看书者超过了1亿次。2013年，诚品书店的营业收入是30亿元，会员98万，书店营业收入占30%左右。

在传统的书店行业，大家都在讲网络化、电商，但诚品书店讲的是人和人之间、人和空间之间、人和书本之间、人和讲座之间的互动。吴清友说："当你不能改变世界的时候，必须要改变自己，要厘清自己的价值，保有心灵的安宁。有一位很有名的文学家曾经讲，活在当今社会，如果没有一点文学和艺术的涵养，日子是很难从容过下去的。生命终究是我们最重要的关口，而不是生意和钱。"

在早期，诚品书店在商业模式上备受批评，但吴清友信守当年的信诺，希望一本书、一句格言、一首名曲、一件艺术创作品、一栋感人的建筑与空间，都能产生一份灵动，丰富人们的精神与心灵。经营20多年来，吴清友陆续实现了这些愿望。现在，诚品书店有电影院、音乐表演厅、画廊、艺文空间、诚品讲堂。2015年11月，诚品书店在苏州建造了在大陆的第一个项目。

吴清友认为，一个企业真正的创新是在价值和理念部分。假如把事业和人生进行一个整合性的思考，以物质的生活、精神的生活、心灵的生活三层次对应到经营上来，就是先求生存，再求领先，领先之后，有的人要成为产业的第一，而诚品书店则希望让顾客满意。在繁忙的都市当中，希望书店成为城市人的客厅，希望顾客到书店里可以放松，可以从容。

吴清友说："没有钱，诚品活不下去。但我心里也非常明白：如果没有文化，我也不想活了。很多人可以买到香奈儿，但买不到气质；可以买到很好的床，但买不到安稳的睡眠；可以买到豪华别墅，但买不到温馨的家庭；可以买到很好的食物，但不一定能买到很好的食欲。"他还说："当代的企业家要有更好的人文素养，必须关怀这个社会，不能仅仅依靠政府。过度精明取得的利益是一种掠夺。"

吴清友还说："书店是供人阅读的一个空间，人在阅读的时候是最从容的，最容易展现自我和本我。诚品就是要让人实现作为个体的价值，所以，最奥妙、最精彩的永远不是建筑，也不是书，而是书店里的人、人内在的心灵。诚品书店承载着我们对文化的渴望。"正是这份渴望，使很多人把诚品书店当作繁华都市中一个灵魂自我疗愈、洗涤的小天地。

资料来源：吴清友．我为什么能承受诚品书店长达15年的亏损．尚书苑，2016-08-05.

问题

1. 中国传统文化是否对吴清友的人生境界有影响？举例说明。
2. 吴清友的诚品书店采取何种伦理策略进行经营？为什么？
3. 你如何看待经营者人生境界与企业伦理策略之间的关系？

案例3

"作秀"的成良面馆

在杭州的一个小巷子里，有一家不起眼的面馆。来到这家面馆，人们就能吃到一碗热乎乎、香喷喷的杭州地道风味卤肉面。和其他面馆唯一不同的地方是：在这家面馆吃面不要钱。这家面馆的老板，是个叫作张成良的中年男人。

2013年，这家面馆开业了，店门口贴了一句话：当您遇到困难时，可以在成良面馆免费吃上一碗热气腾腾的面。本来是一件好事，结果很多人路过都要很不屑地说一句："作秀!"但是这"秀"一"作"就"作"了5年，"作"到最后让所有人都闭上了嘴。

每当夜幕降临，杭州各个地方的清扫工、流浪汉，都会急匆匆地赶来这家面馆。一碗看似朴素的面里，却有着浓厚的美味。大骨浓汤配着爽口榨菜，加上一颗张成良亲手做的卤蛋，还有分量十足的大块肉，就是最真诚的温暖。大家边吃边聊，热乎美味的面条让他们放下一天的疲惫，尽情享受美食带来的慰藉。很多清洁工不好意思总是免费吃面，吃过一次就不再来了，张成良就打电话一个个去叫："大姐，你不来了就是不给我面子啊！今晚快来！我等你啊，今天我新卤了鸡蛋，好吃得很!"因为张成良知道，肚子饱了，人心就不会冷了。

几年来，张成良的面馆从杭州建国南路开到建国北路。据不完全统计，到2018年年初，他免费提供的面有5万多碗，一天少则100多碗，最多时则送出了359碗爱心面。张成良说，自己的能力和资金都有限，做不了什么太大的事。能让一部分人得到一点点温暖和安慰，自己就很高兴了。

张成良还说："这家店会一直开下去，只要我在，就不会让它倒闭。"可是，就在

2018年12月19日，张成良食言了。在那个飘着冷雨的清晨，他静静地躺在杭州殡仪馆里，再也没有起来。那一天，年仅57岁的张成良因病去世。当天，杭州无数的清洁工都来送他上路。他们哭倒在他的照片下，不是因为再也吃不到那一碗免费的面，而是因为这个世界上，又失去了一个真正的好人。

其实，免费面馆只是张成良这短暂一生中众多善事里的九牛一毛。张成良的父亲在他很小的时候就去世了。为了达成父亲的遗愿，张成良从小就努力奋斗，30多岁便拥有了自己的公司，迈入成功人士的队伍。他还是身边朋友眼中出了名的大孝子，当钱赚得够花了之后，他就放慢事业上的脚步，带着自己年迈的老母亲周游世界。父亲当年没能享福就走了，他不想给自己和妈妈之间留下任何遗憾。所以要趁着妈妈还能动弹，好好带她去看看这个美好的世界。但那时候的他，还没有起过帮助别人的心思，只是想照顾好自己的家人。

直到有一次他去柬埔寨旅游，看到一群不到10岁的小女孩。这些小女孩骨瘦如柴，在路边售卖明信片和当地特产。他心疼地买下了她们手中所有的东西，其中一名小女孩给他写了一句话：哪怕你以后丢了这张明信片也不要紧，但请不要忘记那些需要你帮助的人。这句话深深地烙在了他心里。

2013年，他了解到索马里的民众正处于水深火热中，决心要去这个世界上最危险的地方，做中国志愿者。他带着自己花巨资购买的药品、一台医用氧气机和几百桶奶粉、无数箱糖果，头也不回地踏上了去往索马里的飞机。到了索马里，他被那里的惨状震惊了。遍地是破烂不堪的帐篷、瘦得皮包骨的孩子和妇女，连一件完整的衣服都没有，更不用说吃饱饭了。在这里的每一天，他尽力地说着英语，实在不会说就比画，为每个需要帮助的妇女和孩子带去温暖。

这一去就是大半年。在这些日子里，他无数次躲过了枪林弹雨，吓得喘不过气，但依然没想过回国，他在内心告诉自己："帮到实在帮不上了，我再走……"在他离开的那一天，无数当地难民来送他，嘴里不断说着中文："谢谢！谢谢！"

回国不久，张成良就看到偏远山区贫困学生需要帮助的消息。他马不停蹄地联系了相关人员，还自掏腰包买了大量文具、书本和衣服，坐了十几个小时的面包车，去了大山里分给需要的孩子们。孩子们抱着新书包，喜欢得不想撒手。要知道，这是很多大山孩子人生中的第一个书包。最开始的时候，学校校长和村书记，甚至孩子的父母们，都以为张成良是来"作秀"的。但张成良并不在乎这样的眼光，他说："能为大家做点什么，是我活下去的动力。"从那之后，他一年至少来两次，每次都要待上好几天，除了带来一大堆好东西，还要陪孩子们玩耍，问他们过得好不好，还需要什么。这一坚持，就坚持到他生命的最后一刻。孩子们还记得成良叔叔温暖的怀抱，叔叔给的文具和衣服还静静躺在自己的身边，陪伴自己度过童年。可是，叔叔却不在了。

在去世前的一段时间，张成良在自己朋友圈里发过一句话："这个世界的改变不是一个人做了很多，而是大多数人做了一点点。正是因为大多数人做的这一点点，才让人间变得越来越温暖，让人生值得过。"

资料来源：这家店开了5年不要钱，老板去世后才明白原因．人民日报，2019-01-13.

问题

1. 张成良的人生境界属于哪一种？为什么？

2. 本案例对你有何启示？

第 10 章 学习和研究中的科研伦理问题

本书的读者大多还在学校学习和研究，没有进入社会，可能对前述企业伦理的知识和案例没有亲身体验，但总要写论文或发表些成果，因此，本章结合在校学生的课程和论文发表，讨论科研中的伦理问题，以便学以致用。

科研伦理涉及的多是知识产权领域的问题，包括商标、专利、著作等内容，我们这里主要学习与论文等相关的著作权问题，以防犯错。

有学生说："我要写毕业论文了，看了不少杂志上发表的论文，还是所谓的核心期刊呢，好像天下文章一大抄，没看到几篇好的。"也别太牛了！还是认真找些好的论文去学习吧！但他说的这种现象确实在某种程度上存在。社会上流行一个段子：小学靠念，中学靠背，大学靠抄，研究生靠编。但如此下去，研究也就失去了赖以生存和发展的社会基础，还是从自己做起为好！

论文要当孩子生，当宝贝看，在此先提出四个注意点：一是要优生优育，不能胡生乱养，不能假造，不能马虎；二是不能不管研究成果的去向和价值实现或者可能涉及的国家秘密、商业秘密而随意公开发表，不能胡说，不能妄议；三是不能把别人的孩子领来当自己的孩子，不能抄袭，不能剽窃；四是不能让自己的孩子被人拐走，要保护自己研究成果的知识产权。[①]

第1节 剽窃和抄袭

剽窃和抄袭行为是违反学术科研伦理的重要问题之一，一直为有良知的研究者所不齿，曾受剽窃和抄袭之害的研究者更是对其深恶痛绝。剽窃和抄袭不仅仅是违反伦理，由于著作权法的存在，严重的剽窃和抄袭行为还会违反法律。对于什么是剽窃和抄袭，无论是学术界还是法律界均没有太大的异议：把别人的思想和语言作为自己的发表就是剽窃和抄袭。然而在现实情况中，判定是不是剽窃和抄袭行为的确是一个令人头疼的问题。随着科学研究的积累和发展，任何人的研究中都不可避免地会引用别人的一些文献，这是一些对研究者的思想和写作产生重要影响的他人的思想和成果，但不管什么时候直接引用或者诠释他人的成果时都应该加以注明。那么，是否只要指出了被引用作品的作者与作品名称，就不构成剽窃、抄袭的侵权行为呢？还是不一定。

有些情况下，随着研究问题的深入，研究者对最初参考借鉴的一些观点甚至是表达会感到深切地赞同，以至到最后很难区分到底是自己的观点还是借鉴了前人的观点；还有些情况下，即使从未听闻过某个人的观点，却也会发现英雄所见竟是惊人地相同，比如有人关于“社会”有个新观点，旁边有人听完后说，你这算什么新观点，孔子早在两千年以前就说过了，修身、齐家、治国、平天下，齐家、治国就是“社会”的概念，那么，这个人是否剽窃了孔子的观点呢？再比如我常说，三流管理者自己做事，二流管理者带人做事，一流管理者让人做事，超一流管理者让人思考，有人则说，你的观点和韩非子的基本是一样的：下君尽己之能，中君尽人之力，上君尽人之智。这下君、中君和上君，不就是你说的三流、一流和超一流吗？不过没有你说的二流！仔细一想，也真是！你之前可能没有看过《韩非子》，文字上除了“人”字之外没有相同，但一旦说出来，也少不了观点

① 杨杜，等．管理学研究方法．3版．大连：东北财经大学出版社，2018.

意义上的剽窃和抄袭之嫌!

区分思想、观点上的剽窃和抄袭很困难，即使是文字表达，有时也很难说清是由于粗心而无意剽窃和抄袭了别人的成果，还是有意将别人的成果占为己有。有时有的被以剽窃和抄袭定罪的学者会感到很无辜，怎么连自己都没有觉察到就掉进了剽窃和抄袭的陷阱。在这里，我们要对剽窃和抄袭的认定标准，以及防止剽窃和抄袭的原则做一详尽说明。

一、剽窃、抄袭的认定

要划清合理引用和剽窃、抄袭的界限，主要是要把握一个“度”的问题，“在适当范围内引用他人的作品是合法的，一旦超过了‘适当引用’的‘度’，就会构成侵权的剽窃、抄袭行为”。如何把握这个度，我国的《著作权法》中并没有做出明确的规定。山西大学法学院的金帛在《剽窃、抄袭他人的作品是一种严重的侵权行为：兼谈对剽窃、抄袭行为的认定》一文中指出了四种在司法实践与编辑部的审稿工作中，会被认为是剽窃、抄袭作品的情况，我们在这里列举这些情况供读者参考。

（1）与他人某部（篇）作品的字句完全相同或基本相同，比如仅仅作了某些删减、个别修改或结构上的调整，这种“作品”会被认定为剽窃的作品。另外，将别的作品翻译或者编译成其他文字之后占为己有，这也是一种剽窃行为。学术作品的主要特征之一就是它的独创性，每个作者在进行创作时都会有其独到的认识，表达方式和遣词造句上也会有体现个人鲜明特点的烙印。如果某人的作品与他人作品的句子、段落甚至是整篇都完全或者基本相同，很难让人相信这不是剽窃之作。表 10-1 列出了剽窃、抄袭行为的一些示例。

表 10-1　剽窃、抄袭行为的一些示例

示例 1

原文：对所有管理者而言，检讨自己用来思考的时间有多少，是一个非常有用的起点。如果不够充足，原因何在？是工作压力使我们无法排出时间？或是我们花了太多时间在不该做的事情上？不论属于哪一种情形，能够改变的杠杆点在哪里？对某些人而言，可能需要改变个人的习惯；对另一些人而言，则可能需要缓和组织对不停工作以达“最高效率”的要求。自己以及工作伙伴管理时间的方式，将对团体的学习有很大的影响。（转引自彼得·圣吉．第五项修炼：学习型组织的艺术与实务．上海：上海三联书店，2002.）

比照：对所有管理者而言，检讨自己用来制定计划的时间有多少，是一个非常有用的起点。如果不够充足，原因何在？是工作压力使我们无法排出时间？或是我们花了太多时间在不该做的事情上？不论属于哪一种情形，能够改变的杠杆点在哪里？对某些人而言，可能需要改变个人的习惯；对另一些人而言，则可能需要缓和组织对不停工作以达"最高效率"的要求。自己以及工作伙伴管理时间的方式，将对团体的学习有很大的影响。

比照上面的文字，除了"思考的时间"变成了"制定计划的时间"，其他部分完全是复制原文。这样整段的文字都基本相同，认定为剽窃毋庸置疑了。

示例 2

原文：马歇尔认为："竞争可以是建设性的，也可以是破坏性的；即使当是建设性的时候，竞争也没有合作那样有利。"因为"'竞争'这个名词已经充满了罪恶的意味，而且还会包含某种利己心和对别人的福利漠不关心的意思。如果将竞争与为公众利益而无私工作的有力的合作对比，那么，即使是最好形式的竞争也是相当地有害的；至于它的较为苛刻的和卑鄙的形式简直是可恨了。"（转引自乔洪武．论马歇尔的经济伦理思想．经济评论，2000（1）：45－48.）

比照：笔者认为：竞争有建设性和破坏性之分。但是，即使是建设性的竞争，因为它包含一种利己和漠视他人利益的意思，所以也不如合作有利。尤其是将竞争与为公众利益而进行的无私合作相比，即使是最良性的竞争也是那么不受欢迎。

在比照的文字中，没有一句话、一个词组与译文完全相同，但是，主要观点、文句和段落的结构都是对译文的改写。作者没有引用原文的词句，故没有必要使用引号，但是，作者把马歇尔的原创观点说成是自己的，这也是一种剽窃。

表 10－1 中那样赤裸裸的剽窃行为是比较罕见的，大多数情况下出现这类问题只是因为研究者尊重他人的知识产权的意识薄弱，认为在一篇洋洋洒洒上万字的文章中有一小段来自别人的文字也没什么大不了。在正文中，无论任何时候，如果需要直接引用前人的一些句子或者段落，那么应该将直接引用的内容纳入双引号，通过注解或者其他方式显示作者的姓名和作品来源，这样做才符合直接引用的基本原则。

（2）有些"作品"虽未与他人作品的字句完全相同或是基本相同，但在引用他人的作品时超过了规定的篇幅，这也是一种剽窃、抄袭。我国在《著作权法》颁布前的 1985 年，曾颁布了《图书、期刊版权保护试行条例实施细则》，虽然它已被《著作权法》及其实施细则替代，但其中有关认定剽窃、抄袭的量的标准还是可以供我们使用的。该细则规定：

第一看被剽窃（抄袭）的作品是否依法受著作权法保护；第二看剽窃（抄袭）者使用他人作品是否超出了"适当引用"的范围。

"适当引用"是指：引用非诗词类作品不得超过 2 500 字或被引用作品的十分之一；多次引用同一部长篇非诗词类作品，总字数不得超过 1 万字……凡引用一人或多人的作品，所引用的总量不得超过本人创作作品总量的十分之一，专题评论和古体诗词除外。

（3）量的标准应该是比较好把握的，但也不是说只要不超过这个“适当引用”的量就万事大吉了，认为总数不超过1万字，那我就引用9 999个字吧。有些作品虽然引用的量没有超过上述规定，但是关键的部分、有价值有特色的部分与另外一部作品相同也会被认定为剽窃、抄袭的“作品”。

这就是剽窃、抄袭行为的第三种类型。作品关键的部分、有价值有特色的部分与他人的先作相同，我们称为实质相同。当然，这种实质相同也要占到作品的一定比重。比如，一篇学术论文基本的观点、主要的论据或者论证方法与先作一样，尽管在遣词造句上不甚相同，也难逃剽窃、抄袭之嫌，除非被指控者能拿出有力的证据，证明他的作品确为自己所写，所出现的实质相同，仅仅是一种创作中的巧合而已。

（4）还有一些“研究成果”，完全是他人多篇作品的片段拼凑，而非汇编。这种剽窃、抄袭的行为也屡见不鲜。整篇文章都是这里摘一段，那里拼一章，几乎很难找到作者自己的话，毫无思想和创意可言。正所谓：抄一个人文章的叫剽窃，抄十个人的文章叫综述，抄一百个人文章的叫研究。你没听见不少人调侃“天下文章一大抄”吗？这其实是自欺欺人，一是自己的研究能力不能长进，二是抄出事再后悔就晚了。

剽窃行为侵犯了他人的智力成果，对学术研究领域带来的危害是显而易见的。有的学者甚至认为剽窃已经不仅仅是道德问题，还是等同于偷盗的法律问题。除了积极地建立学术道德体系，培养科研伦理的意识，国内外对于剽窃行为，从国家的法律法规到各种机构的规章制度都规定了严格的处理办法，对那些玷污学术尊严、败坏学术风气的学术败类绝不姑息。剽窃抄袭者一旦被揭发，轻则被免职、剥夺专业资格，重则要承担法律责任，甚至是锒铛入狱，其付出的代价是极其高昂的。我们屡屡听闻某著名经济学家，某知名教授、研究员就因为剽窃而被停职。英国杜伦大学商学院院长托尼·安东尼奥（Tony Antoniou），甚至因被翻出20年前两宗有关学术剽窃案的旧账而被校方开除。据了解，很多学术网站，例如爱思唯尔、中国知网等，已具备了剽窃稽查的功能，凭借后台强大的高质量的数据库的支持，可以轻而易举地验证某篇文章的原创性。看来在信息技术的支持下，学术成果在世界范围内的共享越来越充分，社会化程度越来越高，学术剽窃者也越来越难以遁形了。表10－2给出了美国圣迭戈州立大学对剽窃行为的界定。为保证意思的准确性，这里直接给出英文，下同。

表 10-2 美国圣迭戈州立大学对剽窃行为的界定

Plagiarism is defined as the act of incorporating ideas, words, or specific substance of another, whether purchased, borrowed, or otherwise obtained, and submitting same to the university as one's own work to fulfill academic requirements without giving credit to the appropriate source. Plagiarism shall include but not be limited to:
(a) submitting work, either in part or in whole, completed by another;
(b) omitting footnotes for ideas, statements, facts, or conclusions that belong to another;
(c) omitting quotation marks when quoting directly from another, whether it be a paragraph, sentence, or part thereof;
(d) close and lengthy paraphrasing of the writings of another;
(e) submitting another person's artistic works, such as musical compositions, photographs, paintings, drawings, or sculptures; and;
(f) submitting as one's own work papers purchased from research companies.

资料来源：Cheating and Plagiarism. [2018-10-01]. http://go.sdsu.edu/student_affairs/srr/cheating-plagiarism.aspx.

二、防止剽窃、抄袭的原则

金帛先生总结的四种常见的剽窃、抄袭行为类型让我们知道了很多明显的或者隐蔽的剽窃、抄袭行为表现，你可能会拿自己的行为对照这些表现，突然发现“我没有犯上面提到的这些错，怎么也算剽窃了呢”？确实，这四种基本类型并不能涵盖所有的剽窃、抄袭形式。为了避免剽窃、抄袭行为在你还不知道的时候或者无意识中发生，最好还是从预防着手。

下面一些原则可以帮助你防止剽窃、抄袭的行为发生（Myers & Hansen，1997）。

（1）采用完整的注释，包括对资源完整的引用、著者的姓名、发表的年代、论文的标题、杂志的名称、卷号和页码。如果是书籍，还要列明出版者及其所在的城市。

（2）标明任何不属于你自己的思想、语句和信息的来源。

（3）通过在引用的开始和结束处加引号而将直接引用区分出来。

（4）从其他来源获得整段语句或精彩表述，都要以引用的形式给予原著者应有的声誉，同时要给予仔细的解释。

（5）在论文的最后要有完整的参考文献列表，参考文献要包括第（1）条中所列的所有信息。

（6）如果拿不准某一条引用是不是必要，那还是不引用为好。谨慎地对待这些事是没有坏处的。

诸公写论文时，最好拿这些原则对照检查一下。研究者写论文重要，保护自己的名声安全更重要，否则将来你发表什么论文，人家都要首先怀疑你的研究的可信度。

上面提到的这些原则，或许可以告诉那些无辜的“剽窃者”，如何在自己的学术创作中正确地披露观点、信息、数据的来源，避免剽窃的嫌疑。但是，发生剽窃行为的原因多种多样，有时并不完全是方法的问题，而是一个观念认识的问题。有的学生常常担心“引证太多”会失去自己的观点，会被认为缺乏思考。恰恰相反，“使用引证能使你清楚地证明，你能很好地理解教材，而且，你还能清楚地区分作者的观点和你的分析。”（方流芳，2005）远离剽窃、抄袭，还要正确地认识引证的功能，掌握引证的规范。在美国北卡罗来纳大学的学术诚信手册中，学生得到的规劝是：避免剽窃的第一步，就是“转变你对引证的态度”。

表 10-3 美国北卡罗来纳大学学术诚信手册建议学生转变对引证的态度

Now that you understand what plagiarism is, you're ready to employ the following three simple steps to avoid plagiarizing in your written work.

Step 1: Accentuate the positive. Understand the value of citations.

Do you feel that you use too many citations? Too few? Many students worry that if they use too many citations, their instructors will think that they're relying too heavily on the source material and therefore not thinking for themselves. In fact, however, using citations allows you to demonstrate clearly how well you understand the course material while also making clear distinctions between what the authors have to say and your analysis of their ideas.

Thus, rather than making your paper look less intellectually sophisticated, using citations allows you to show off your understanding of the material and the assignment. And instead of showing what you don't know, citing your sources provides evidence of what you do know and of the authority behind your knowledge. Just make sure that your paper has a point, main idea, or thesis that is your own and that you organize the source material around that point.

Are you worried that you have too few citations? Double-check your assignment to see if you have been given any indication of the number or kind of source materials expected. Then share your writing with another reader. Do you have enough evidence or proof to support the ideas you put forward? Why should the reader believe the points you have made? Would adding another, expert voice strengthen your argument? Who else agrees or disagrees with the ideas you have written? Have you paraphrased ideas that you have read or heard? If so, you need to cite them. Have you referred to or relied on course material to develop your ideas? If you, you need to cite it as well.

资料来源：Plagiarism. [2019-07-30]. https://writingcenter.unc.edu/tips-and-tools/plagiarism/.

第2节 欺诈

一、区分误差与欺诈

剽窃的行为可能有时比较隐秘，很难判断，但是学术欺诈行为就很难让人相信是无心之举了。欺诈就是研究者明显极力地进行欺骗和错误地呈现研究的数据。欺诈行为虽然在学术研究领域发生的频率相对比较少，但是其危害程度却比剽窃更为严重。剽窃只是利用不正当的手段盗用了他人的研究成果，使自己获得不该获得的荣誉，同时也损害了他人的知识产权。但是如果在研究中有欺诈行为，伪造或者编造了研究数据而没有被发现，那么将使别人的研究建立在错误的数据、信息基础之上，从而给研究带来极大的浪费。

每一个研究者都知道研究行为应该建立在诚实信任的基础之上，都清楚欺诈的行为可能会给自己的声誉和事业，以及其他研究者带来危害，但是为什么还是有些研究者铤而走险，在研究中故意呈现错误的数据呢？这主要与研究者面临的激烈竞争有关。大多数从事研究工作的研究者都是为了经费、名声、地位，而少有人出于纯粹创造知识的目的。加之一些国家的基金组织和学术机构可能设高额奖金鼓励在国际期刊上发表论文，所以尽管被发现的可能性很大，一些人也抵不住诱惑要以身试法。这些人善于玩一些数据游戏，使实验的结果看上去更“完美”，却在衡量学术欺诈的后果时用了一杆倾斜的天平。学术欺诈的行为若想人不知，除非己莫为，否则总有东窗事发而追悔莫及的时候。无论是出于什么原因，欺诈的行为都是我们应该杜绝的。

讨论研究中欺诈的行为，首先要区分两个概念——误差与欺诈，这是十分重要的。格雷维特尔（Frederick J. Gravetter）在他的《行为科学研究方法》一书中是这样总结误差和欺诈的区别的：误差是在研究过程中发生的诚实的错误，相反，欺诈则是明显竭力地欺骗和呈现错误的数据。研究中可能存在很多导致误差的机会，比如收集资料、测量计分、把数据录入计算机或者出版排版时。出现误差有时是不可避免的，但是通过反复仔细的检查将误差尽可能降到最低也是研究者的责任。欺诈则是一种有目的的、蓄意的行为。欺诈的主要表现就是篡改、编纂实验的数据或者结果，如果一个研究者捏造或者修改数据以迎合自己的假说，那么就构成了欺诈。表 10－4 列出了中国香港大学对滥用数据问题的界定。

表 10－4　中国香港大学对于滥用数据问题的界定

3.2　Abuse of data-this includes

● Fabrication of data-making up data and/or results where no or different data have been obtained, and publishing them as if they were real or true or representative;

● Falsification of data-manipulating research materials, equipment, or processes, or changing or omitting data or results such that the research is not accurately represented in the research record;

● Unethical collection of data-collecting data through exploitation of vulnerable or disadvantaged groups, or unnecessarily infringing upon the privacy of participants; the data collection process harmful to participants, or putting them at more risk than necessary;

● Unauthorized use of data-infringing on the data ownership rights of others, or using data involving human participants without their informed consent;

● Publication or use of irreproducible data-report of data that came out from experiments that are irreproducible or experiments that have not been optimised, unless clearly stated in the report (e.g., as pilot data).

资料来源：Policy on Research Integrity. [2019－08－01]. http://www.rss.hku.hk/integrity/rcr/policy#Research Misconduct.

二、如何避免欺诈

除了解和遵守一些外部的预防和制约欺诈行为的机制，作为研究者本人，除非你是故意为之，否则为了避免陷入“欺诈门”的麻烦，在处理实验研究中的数据时也应当注意一些方法。

首先，为了避免任何形式的欺诈行为，最明智的办法就是精确完整地保存实验中的数据。复现实验的过程是判定研究中是否有欺诈行为的一种方法，而保存实验的数据则是复现实验过程的需要。实际上，保存精确完整的实验数据，除了是证明实验结果真实可信的必要方式，同时有利于其他研究者在此基础之上进行更深一步的研究。

其次，可能在某些情况下，由于种种原因，例如受到限制的数据源使用权或者对于数据保密的协议等，研究者不能对研究所使用的原始数据进行保存或者完整地呈现，那么这时也要对数据的来源或者获得方式，以及整个研究的过程、方法做出比较详尽的书面解释。

最后，研究者一旦发现他们已发表的数据存在明显错误，就要采取适当的方法校对、撤回、勘误或以其他公开方式来纠正这些错误。表 10－5 列出了澳大利亚墨尔本大学对研究数据和记录的要求。

表 10－5 澳大利亚墨尔本大学对于研究数据和记录的要求

Research workers must comply with the University's Policy on the Management of Research Data and Records' and related policy that may be promulgated form time to time. This policy includes, but it is not limited to the following requirements:

(a) data and record should be accurate, complete an din sufficient detail to enable verification of research results and to reflect what was communicated, decided or done;

(b) data (including electronic data) must be recorded in a durable and retrievable form, be appropriately indexed and comply with relevant privacy protocols;

(c) data must be retained intact for a period of at least five years from the date of any publication which is based up on them or longer than this if discussion of results continues, if there are regulatory or sponsor requirements, or if the data has historical or archival value;

(d) a research unit or department must establish procedures for retention of data and maintain a register of the data and records and their location; data and records will normally be kept in the department or unit where the research was conducted;

(e) data forming the basis of publications must be available for discussion with other research workers; where confidentiality provision apply, the data should be kept in a way that allow reference by third parties without breaching the confidentiality; and;

(f) when data are obtained from limited access data base, or via a contractual arrangement, written indication of the location of the original data, or key information regarding the data base from which it was obtained must be retained by the research worker or research unit.

资料来源：Research Integrity and Misconduct Policy (MPF1318). [2019－08－01]. https://policy.unimelb.edu.au/MPF1318.

第 3 节 其他科研伦理问题

一、署名问题

署名看似简单，实则是学术研究中一个十分重要的问题。学术作品中的署名不仅涉及一个人在一项研究中的荣誉、产权归属，还涉及对研究结果的责任承担问题。

一个比较典型的有关署名问题的争论就是应该享有作品的著作权而没有

署名。例如某个教授没有征得研究生的同意而将该研究生的作品作为自己的成果发表了，这种情况就不单纯是署名的问题了，还是一种将他人学术成果据为己有的剽窃行为。这种事情在高校恐怕也时有发生。

在现实中，还有一种情况是没有参加作品的实际创作而被署名。这又分为两种情况：一种是一些人为了沽名钓誉，谋求个人的利益，利用自己的权威、地位或者权力迫使原作者在其作品上为自己署名，这种行为侵犯了作者的著作权，是著作权法所禁止的。还有一种情况可能是作者主动要求他人在自己的作品中署名。可能的原因有很多，例如为了借助名人效应而邀请名人在自己的作品中署名，学生为了感谢导师而主动加上导师的名字或者导师为了帮助学生而挂上学生的名字等。这些做法都是违反学术规范的行为，即使有时主动为他人署名是出于好心，也可能会给挂名的人带来麻烦。在唐纳德·肯尼迪所著的《学术责任》一书中有这样一个例子，现转引如下：

> T 教授在递交的一份论文摘要中署上了研究生 K 的名字，研究生 K 是第二作者。尽管发表该摘要的期刊并不进行同行评审，但人们通过其他期刊随后发表的几篇文章所引用的材料发现，该摘要中一些专门的数据早就有其他人发表了，因此该摘要所反映的部分工作的真实性受到了怀疑。在此摘要发表的时候，K 研究生已经转到其他单位工作，在听到了消息后，他惊奇自己的名字竟然会出现在摘要上，于是立刻打电话给 T 教授要求解释原因。T 教授回答说是因为 K 研究生为这项工作出了一个好主意，并帮他做了部分分析工作，所以才把他的名字放在其中。他说："那时你已经离开了，由于你确实有一定贡献，我想帮助你，就将你的名字加到了论文中。"

T 教授的这种做法非但没有给 K 研究生带来荣誉，还因为剽窃、抄袭之嫌给无辜的他惹来了麻烦。所以说，在署名的问题上，还是实事求是为好。

今天，很多研究成果都是由一个团队完成的，每个人在其中都承担了不同的角色，有的人最先提出了研究的设想，有的人设计出研究的方案并使其实现，有的人对研究的结果做出了解释……每个人对研究的结果都有显著贡献，这时如何确定在署名中的先后顺序呢？一般来说，合理的做法是考虑各人对学术成果的学术贡献，而不应该参考个人的职位或者权威的高低。有时为了简单，会采用按姓氏笔画排序，那么就要做出明确的说明，因为一般情况下，人们会把作者的排序作为衡量研究者对研究所做贡献大小的指标。研究报告或论文被其他出版物引用或者制成索引时，更多的也是用第一作者的名字。表 10-6 是清华大学对署名权的规定。

表 10-6 《清华大学教师学术道德守则（试行）》对署名权的规定

第六章 署名权与鸣谢

第二十二条 只有对研究成果做出实质性贡献（从选题、设计、实验、计算到得出必要结论的全过程中完成重要工作）者，才有资格在论文上署名。对虽对研究有帮助但无实质性贡献的人员应予鸣谢，不宜列入作者名单。

第二十三条 对于确实在可署名成果中做出重大贡献者，除应本人要求或保密需要外，不得以任何理由剥夺其署名权。

第二十四条 对于合作研究的成果，应按照对研究成果创造性的贡献大小，或根据学科署名的惯例，确定合作成果完成单位和作者（专利发表人、成果完成人）署名顺序。

第二十五条 学生或研究助理如果在研究中做出重要贡献，应作为联合作者获得署名权。

第二十六条 署名者应为成果内容的正确性与合法性承担责任。任何成果均应在发表前经所有署名人审阅；除非明确标明不同作者的责任，否则成果因失误或欺骗而产生的责任由全部署名作者承担。

第二十七条 不得一稿多投，即不得将同一论文、作品或实质内容基本相同的论文、作品同时投寄多个出版社或会议发表。一稿多投一经发现，署名者应做公开道歉并接受出版社处罚，还应接受学校相关处理。

第二十八条 任何人不得以拥有的科技资源和条件（如经费、奇缺实验试剂、精良实验设备或者难以公开检索到的资料等）为手段，迫使因缺乏这些研究条件而不得不与他们“合作”的研究人员出让署名权。

资料来源：清华大学教师学术道德守则（试行）. http：//www. tsinghua. edu. cn/publish/xswyh/10028/index. html.

二、一稿多投，重复发表

《中华人民共和国著作权法》第三十二条规定：“著作权人向报社、期刊社投稿的，自稿件发出之日起十五日内未收到报社通知决定刊登的，或者自稿件发出之日起三十日之内未收到期刊社通知决定刊登的，可以将同一作品向其他报社、期刊社投稿（双方另有约定的除外）。”这条规定表明，作者向报社投稿 15 日以内或向期刊社投稿 30 日以内，只能选择一个出版机构，否则即构成一稿多投的事实。出现一稿多投、重复发表的现象，无非是作者希望自己的作品有更高的命中率、更多的发表机会。从人情上说，我们可以理解某些研究者的这类做法，但是一稿多投、多发不仅浪费了资源，是不尊重编辑的劳动的行为，同时也会影响作者和编辑出版部门的声誉。一稿多投并非完全不可以，如果有特殊的原因需要这样做，那么作者必须附函向编辑部说明理由和情况。

一稿多投、重复发表有很多常见的形式，例如：有些研究者将主要内容相同的论文巧妙地改头换面，对题目稍做变化，或者将论文的结构进行调整，在不同的刊物发表；或者将一个完整的问题分成若干个小问题单独讨论，分别发表，使发表的论文最小单元化，从而实现发表论文数量的最大化；或者对图表精心处理，如把一套数据采用不同的组合方式以多篇论文的形式发表。以上情形实质上就是一稿多投、多发现象，是违反学术规范的行为。表 10－7 列出了澳大利亚墨尔本大学对发表学术成果的规定。

表 10－7　澳大利亚墨尔本大学关于发表学术成果的规定

Publications: a) Publication of more than one paper based on the same set (s) or subset (s) of dater is not acceptable, expect where each subsequent paper fully cross-references and acknowledge the earlier paper or papers as the case may be (for example, in a series of close related work, or where a complete work grew out of a preliminary publication and this is fully acknowledge)   b) An author who submits substantially similar work to more tan one publisher must disclose this to the publisher at the time of submission

资料来源：Research Integrity and Misconduct Policy (MPF1318). [2019－08－01]. https: // policy. unimelb. edu. au/MPF1318.

上面我们比较详细地说明了学术研究领域一些违反科研伦理的不正当行为（research misconduct）。违反科研伦理的行为当然不仅仅限于这些，授意、指使、协助他人进行有违学术规范的行为，故意夸大研究成果的经济价值及社会影响，对资助方、学校、期刊或者研究基金等隐瞒可能会影响它们决策的一些利益冲突，对学术评价的过程实施不正当的影响，滥用研究基金等，都属于违反科研伦理的范畴。

违反伦理和违反法律是密切相关的，故列于本书，以示警醒！

推荐阅读书目

1. 迈克尔·桑德尔．金钱不能买什么：金钱与公正的正面交锋．北京：中信出版社，2012.

2. 阿克洛夫，等．钓愚：操纵与欺骗的经济学．北京：中信出版社，2016.

3. 布莱恩·伯勒，等．门口的野蛮人．北京：机械工业出版社，2010.

4. 论语. 张燕婴，译注．北京：中华书局，2006.

5. 老子. 饶尚宽，译注．北京：中华书局，2006.

6. 庄子. 孙通海，译注．北京：中华书局，2006.

7. 阿尔伯特·史怀特．有大用的中国思想史. 南京：江苏人民出版社，2018.

8. 迈克尔·桑德尔．公正：该如何做是好. 北京：中信出版社，2011.

9. 让·波德里亚．消费社会. 南京：南京大学出版社，2001.

10. 尼尔·波兹曼．娱乐至死. 桂林：广西师范大学出版社，2011.

11. 尼尔·波兹曼．童年的消逝. 北京：中信出版社，2015.

12. 吴晓波．大败局Ⅱ. 杭州：浙江大学出版社，2013.

13. 吴晓波．激荡十年，水大鱼大：中国企业2008—2018. 北京：中信出版社，2017.

14. 亨利·福特．我的工作和生活．北京：新世界出版社，2010.
15. 松下幸之助．自来水哲学．海南：南海出版社，2008.
16. 盛田昭夫，等．日本制造．北京：中信出版集团，2016.
17. 针木康雄．本田宗一郎传．北京：时代文艺出版社，2002.
18. 稻盛和夫．经营为什么需要哲学．北京：中信出版社，2011.
19. 王石，等．道路与梦想．北京：中信出版社，2006.
20. 王石．大道当然．北京：中信出版社，2014.
21. 毛基业，等．社会企业家精神．北京：中国人民大学出版社，2018.
22. 穆罕默德·尤努斯．新的企业模式．北京：中信出版社，2008.
23. 穆罕默德·尤努斯．穷人的银行家．北京：三联书店，2006.
24. 杨杜，等．管理学研究方法．3版．大连：东北财经大学出版社，2018.
25. 杨杜．文化的逻辑．北京：经济管理出版社，2016.

图书在版编目（CIP）数据

企业伦理/杨杜主编．—北京：中国人民大学出版社，2019.9
教育部经济管理类核心课程教材
ISBN 978-7-300-27255-9

Ⅰ．①企…　Ⅱ．①杨…　Ⅲ．①企业伦理-高等学校-教材　Ⅳ．①F270-05

中国版本图书馆 CIP 数据核字（2019）第 171475 号

教育部经济管理类核心课程教材
企业伦理
主　编　杨　杜
副主编　许艳芳
Qiye Lunli

出版发行	中国人民大学出版社		
社　　址	北京中关村大街 31 号	**邮政编码**	100080
电　　话	010－62511242（总编室）		010－62511770（质管部）
	010－82501766（邮购部）		010－62514148（门市部）
	010－62515195（发行公司）		010－62515275（盗版举报）
网　　址	http://www.crup.com.cn		
经　　销	新华书店		
印　　刷	北京密兴印刷有限公司		
规　　格	185 mm×260 mm　16 开本	**版　　次**	2019 年 9 月第 1 版
印　　张	14.75 插页 1	**印　　次**	2021 年 7 月第 2 次印刷
字　　数	253 000	**定　　价**	36.00 元

教师教学服务说明

中国人民大学出版社管理分社以出版经典、高品质的工商管理、统计、市场营销、人力资源管理、运营管理、物流管理、旅游管理等领域的各层次教材为宗旨。

为了更好地为一线教师服务，近年来管理分社着力建设了一批数字化、立体化的网络教学资源。教师可以通过以下方式获得免费下载教学资源的权限：

在中国人民大学出版社网站 www. crup. com. cn 进行注册，注册后进入“会员中心”，在左侧点击“我的教师认证”，填写相关信息，提交后等待审核。我们将在一个工作日内为您开通相关资源的下载权限。

如您急需教学资源或需要其他帮助，请在工作时间与我们联络：

中国人民大学出版社　管理分社

联系电话：010-82501048，62515782，62515735

电子邮箱：glcbfs@crup. com. cn

通讯地址：北京市海淀区中关村大街甲 59 号文化大厦 1501 室（100872）